教育部人文社会科学研究青年基金项目资助
（批准号:17YJC890028）

|国|研|文|库|

法学视野下体育健身
休闲市场社会治理研究

童志坚 —— 著

光明日报出版社

图书在版编目（CIP）数据

法学视野下体育健身休闲市场社会治理研究 / 童志坚著. -- 北京：光明日报出版社，2021.6
ISBN 978-7-5194-6026-6

Ⅰ.①法… Ⅱ.①童… Ⅲ.①健身运动—服务市场—市场管理—研究 Ⅳ.①G883

中国版本图书馆 CIP 数据核字（2021）第 078013 号

法学视野下体育健身休闲市场社会治理研究
FAXUE SHIYEXIA TIYU JIANSHEN XIUXIAN SHICHANG SHEHUI ZHILI YANJIU

著　　者：童志坚	
责任编辑：宋　悦	责任校对：陈永娟
封面设计：中联华文	责任印制：曹　净

出版发行：光明日报出版社
地　　址：北京市西城区永安路 106 号，100050
电　　话：010-63169890（咨询），63131930（邮购）
传　　真：010-63131930
网　　址：http://book.gmw.cn
E - mail：songyue@gmw.cn
法律顾问：北京德恒律师事务所龚柳方律师
印　　刷：三河市华东印刷有限公司
装　　订：三河市华东印刷有限公司
本书如有破损、缺页、装订错误，请与本社联系调换，电话：010-63131930

开　　本：170mm×240mm			
字　　数：287 千字		印　　张：17	
版　　次：2021 年 6 月第 1 版		印　　次：2021 年 6 月第 1 次印刷	
书　　号：ISBN 978-7-5194-6026-6			
定　　价：95.00 元			

版权所有　　翻印必究

内容介绍

2019年，国务院办公厅公布了《关于促进全民健身和体育消费推动体育产业高质量发展的意见》（国办发〔2019〕43号），从深化"放管服"改革、完善产业政策、促进体育消费、建设场地设施、加强平台支持、改善产业结构、优化产业布局、促进融合发展、强化示范引领、夯实产业基础等10个方面，提出了35项具体措施。而早在2016年10月，国务院公布《关于加快发展健身休闲产业的指导意见》，提出到2025年基本形成布局合理、功能完善、门类齐全的健身休闲产业发展格局，产业总规模达到3万亿元。《体育产业发展"十三五"规划》（2016）等一系列政策，亦提出要大力发展体育健身休闲产业。普华永道于2018年12月19日发布的《2018年普华永道体育行业调查报告》称，预计未来5年中国体育产业的年化增长率将达到15%，远高于GDP年增速，其中体育健身休闲市场发展更快。随着体育健身休闲市场的快速发展，单纯依靠政府的管理与完全依靠市场自发调节都有其局限性，也与"社会能办的事交给社会办，将治理还给社会"的理念相违背。为此，在当前体育健身休闲市场大发展、政府倡导社会在治理中发挥更大作用的大背景下，引入社会主体参与体育健身休闲市场治理有其现实的必要性。广州、常州等地体育健身休闲市场社会治理蓬勃发展的实践显示，社会主体在广泛参与治理的同时也面临诸多挑战，表现为体育社会主体发展滞后，参与健身休闲市场治理缺乏法律保障，政府与社会合作治理欠缺规范性，忽略社会主体治理能力建设，互联网健身平台治理混乱，缺乏对社会投资体育的实质支持等方面，因此有必要研究予以解决。本书研究的问题具有实践上的应用价值。

从理论角度来看，本书基于多方参与、民主协商、权力分散等治理理论的核心理念，对社会主体参与体育健身休闲市场治理展开研究，能够促进市场治理中政府—市场—社会三者关系重构，为更好地发挥社会主体在规范体育健身休闲市场中的作用提供理论思路。随着我国社会的发展，人们观念的变迁，国家治理理念的进步，简政放权、清单管理、"大社会，小政府"国家治理思想逐步为人们所接受，体育健身休闲市场治理中社会的作用逐步为人们所重视，社会主体积极参与体育健身休闲市场治理具有时代的必然性，对原来国家主导的治理模式产生了解构作用。这样的发展趋势，昭示着健身休闲市场由政府主导的"管理"向社会与政府合作"治理"的变迁，体育社会组织、市场经营主体、社会公众在这一过程中将深入地分享政府权力，参与民主协商，与政府展开合作共治，成为影响体育健身休闲市场治理与发展的重要力量。在此背景下，在理论上厘清国家、市场、社会三者在健身休闲市场治理中的地位，构建起和谐、民主、高效、多方参与的治理体系有其必要性。本书对此问题的研究，对于社会主体明确自身与政府及市场的关系，合理界定自身在健身休闲市场治理中的地位、权限，促进新型治理体系形成有其重要价值。

本书以体育健身休闲市场社会治理为研究对象，从理论、实践角度探讨了社会治理的主体（谁来治理）、社会治理机制（如何治理）、社会治理的完善三大方面的内容。本书除绪论外共分五章，具体内容如下：

第一章是关于体育健身休闲市场社会治理的概述。探讨了体育健身休闲市场社会治理的主体、发展历史、治理现状、面临的挑战。其中，社会治理的主体包括政府、健身经营主体、体育社会组织、社会公众等。

第二章研究的是体育健身休闲市场政府与社会合作治理。合作治理主要有两种形式，包括政府购买公共体育服务背景下的政府与社会合作治理，以及清单管理背景下的政府与社会合作治理；而每一种合作治理形式，又可以根据具体情况分为多种具体的合作治理情形。基于理论研究与实践分析，从而得出当前体育健身休闲市场政府与社会合作治理存在的问题。

第三章研究体育健身休闲市场社会治理与社会资本的关系。体育健身休闲市场社会投资者通过行使所有者权益、影响资金投向、利用金融体系的监督管理制度等，对市场治理产生重要影响。基于理论研究与实践分析，得出当前制约社会资本投资体育健身休闲市场的主要因素。

第四章研究体育健身休闲市场社会治理能力建设。围绕体育健身休闲市场社会治理能力的组成要素，即社会治理技术、社会治理体系、社会治理观念、社会主体自我治理四方面，加强社会主体能力建设。基于理论研究与案例分析，总结了当前体育健身休闲市场社会治理能力建设存在的主要问题。

第五章研究体育健身休闲市场社会治理的完善。体育健身休闲市场社会治理完善的目标是"善治",体现着合法、透明、责任、法治、回应、有效等几方面的诉求,具体实现路径包括:加强社会力量建设、促进政府与社会合作治理、构建社会资本参与体系、强化社会主体治理能力建设。

本研究的创新之处包括:

第一,基于合作、分权、多中心、沟通、协调、参与、多种治理工具并行等治理理论的核心理念,对体育健身休闲市场社会治理展开研究,促进市场治理中政府—市场—社会三者关系重构,为更好地发挥社会主体在规范体育健身休闲市场中的作用提供了理论思路。

第二,探讨了体育健身休闲市场社会治理所涉及的政府与社会合作治理、社会资本与社会治理、社会主体治理能力建设三大核心问题,在此基础上提出了体育健身休闲市场社会治理完善的方案,对促进我国体育健身休闲市场社会治理实践发展有着重要意义。

致谢我的恩师袁古洁教授。

本书在写作过程中难免会出现纰漏或者错误之处,请读者批评指正。

目录 CONTENTS

绪 论 ·· 1

第一节 选题背景、研究目的与意义 1
  一、选题背景 1
  二、研究目的 4
  三、研究意义 4

第二节 研究对象、内容、重难点及创新 7
  一、研究对象及内容 7
  二、研究重点、难点 7
  三、研究的创新 8

第三节 研究方法与思路 8
  一、研究方法 8
  二、研究思路 10

第四节 研究的理论基础 10
  一、治理理论 10
  二、法治理论 14

第五节 概念界定 17
  一、社会治理 17
  二、体育健身休闲市场 18
  三、体育健身休闲市场社会治理 20

第六节 研究综述 22
  一、治理理论应用研究述评 22
  二、体育健身休闲市场社会治理研究述评 28

本章小结 34

第一章 体育健身休闲市场社会治理概述 ……………………… 35

第一节 体育健身休闲市场社会治理主体 35

一、元治理主体——各级政府 35

二、营利性主体——体育健身休闲市场经营主体 41

三、非营利性主体——体育社会组织 46

四、参与性主体——社会公众 53

第二节 体育健身休闲市场发展历史与社会治理现状 55

一、我国体育健身休闲市场的发展历史 55

二、域外体育健身休闲市场治理相关立法现状 59

三、我国体育健身休闲市场社会治理现状 64

第三节 体育健身休闲市场社会治理面临的挑战 73

一、社会主体发展滞后 73

二、政府与社会合作治理面临诸多挑战 77

三、缺乏对社会资本投资的实质性支持 80

四、忽略社会主体治理能力建设 80

本章小结 81

第二章 体育健身休闲市场政府与社会合作治理 …………………… 82

第一节 政府与社会合作治理的类型与特征 82

一、体育健身休闲市场政社合作治理类型 82

二、体育健身休闲市场政社合作治理的特征 86

第二节 政府购买背景下政府与社会合作治理 88

一、政府购买公共体育服务的依据 88

二、政府购买公共体育服务的内容 91

三、政府购买对政府与社会合作治理的影响 94

四、政府购买中政府与社会合作治理的形式 96

第三节 清单管理背景下政府与社会合作治理 99

一、体育健身休闲市场清单管理的依据 99

二、体育健身休闲市场清单管理的内容 103

三、清单管理对政府与社会合作治理的影响 106

四、清单管理中政府与社会合作治理的形式 108

第四节 体育健身休闲市场政府与社会合作治理存在的问题 110
　一、政府购买中政府与社会合作治理存在的问题 110
　二、清单管理中政府与社会合作治理存在的问题 113
第五节 体育健身休闲市场政府与社会合作治理案例分析 116
　一、常州市体育健身休闲市场政府与社会合作治理 116
　二、广州体育健身休闲市场政府与社会合作治理 123
　三、美国汉德森市体育健身休闲市场政府与社会合作治理 130
本章小结 135

第三章 体育健身休闲市场社会治理与社会资本 …… 136

第一节 社会资本类型、准入及其在治理中的价值 136
　一、体育健身休闲市场社会资本的类型 136
　二、体育健身休闲市场社会资本的准入 139
　三、体育健身休闲市场社会资本在治理中的价值 141
第二节 社会资本影响治理的依据及路径 142
　一、体育健身休闲市场社会资本影响治理的依据 143
　二、体育健身休闲市场社会资本影响治理的路径 147
第三节 体育健身休闲市场社会投资存在的问题 150
　一、体育健身休闲市场各类融资工具发展滞后 150
　二、体育健身休闲市场风险类投资存在诸多局限性 152
　三、缺乏鼓励社会资本投资体育健身休闲市场的税费政策 152
　四、部分市场主体缺乏获取社会资本能力 153
第四节 社会资本影响体育健身休闲市场治理的案例分析 154
　一、社会资本影响中体培力俱乐部治理分析 154
　二、银行信贷对健身休闲市场治理影响的案例分析 155
　三、风险类投资对健身休闲市场治理影响的案例分析 157
本章小结 161

第四章 体育健身休闲市场社会治理能力建设 …… 163

第一节 社会治理能力建设的依据及其必要性 163
　一、体育健身休闲市场社会治理能力建设的依据 163

二、体育健身休闲市场社会治理能力建设的必要性　166

第二节　体育健身休闲市场社会治理能力建设的内容　167
　一、治理技术现代化建设　168
　二、治理体系现代化建设　169
　三、社会主体治理观念建设　170
　四、社会主体自我治理能力建设　171

第三节　体育健身休闲市场社会治理能力建设存在的问题　172
　一、先进治理技术的应用无法满足现实需要　172
　二、社会主体参与市场治理体系不完善　173
　三、社会主体自我治理能力有待提高　175
　四、对互联网健身产品的治理能力不足　176

第四节　体育健身休闲市场社会治理能力建设案例分析　177
　一、体育健身休闲市场政府治理能力建设案例分析　177
　二、体育健身休闲市场经营主体治理能力建设案例分析　179
　三、体育社会组织治理能力建设案例分析　186
　四、基于案例的理论拓展　188

本章小结　189

第五章　体育健身休闲市场社会治理的完善 …………………… 190

第一节　社会力量建设：加大社会主体的培育力度　190
　一、促进体育健身休闲市场经营主体的发展　190
　二、加强体育社会组织建设　193
　三、引导社会公众参与对体育健身休闲市场治理　198

第二节　政社合作治理：促进体育行政权力向社会回归　199
　一、加强体育行政部门权力向社会回归的制度建设　200
　二、完善政府购买公共体育服务中的合作治理　205
　三、完善体育健身领域清单管理制度　209

第三节　鼓励社会投资：构建社会资本参与体系　211
　一、改革体育健身休闲业税费政策以鼓励社会投资　211
　二、创新支持健身市场主体融资的政策性金融工具　214
　三、完善体育健身休闲市场商业信贷政策　215

四、发展健身市场主体非金融企业债务融资工具　217
　　五、扶持体育健身休闲市场经营主体上市　218
　　六、发展并规范体育健身投资领域的风险投资基金　219
　第四节　治理能力提高：强化社会主体治理能力建设　221
　　一、加强体育健身休闲市场社会治理的制度建设　221
　　二、通过发展体育文化提升社会主体治理能力　224
　　三、创新与推广先进的体育健身休闲市场治理技术　225
　　四、构建体育健身休闲市场社会治理评估体系　227
　　五、提升社会主体对互联网健身产品的治理能力　228
　本章小结　228

研究结论 ·· 230

参考文献 ·· 232

后　记 ·· 253

绪 论

随着时代的发展，人们已经普遍意识到，市场治理不仅是政府的事情，也与每一个社会主体有着密切的联系。因此，我们有必要探讨社会主体参与体育健身休闲市场治理的问题。作为研究的逻辑起点，本章主要探讨研究的选题背景、研究目的与意义，研究对象、主要内容、重点难点，研究创新，研究方法等一系列基本问题，为接下来的深入研究奠定基础。

第一节 选题背景、研究目的与意义

一、选题背景

（一）体育健身休闲市场的发展呼唤社会参与治理

改革开放40年来，我国体育健身休闲市场获得了巨大的发展，体育产业在国民经济中的地位日益重要，已经成了我国经济与社会发展的新增长点。2014年的《国务院关于加快发展体育产业促进体育消费的若干意见》（简称"2014年国务院46号文"，下同）提道："到2025年，基本建立布局合理、功能完善、门类齐全的体育产业体系，体育产品和服务更加丰富，市场机制不断完善，消费需求愈加旺盛，对其他产业带动作用明显提升，体育产业总规模超过5万亿元，成为推动经济社会持续发展的重要力量。"[①] 国际的经验也表明，一国的人均国民收入达到中高收入水平以后，体育健身休闲市场将迎来爆炸式增长时期；

---

① 《国务院关于加快发展体育产业促进体育消费的若干意见》（国发〔2014〕46号）。

根据世界银行的标准及数据①，2015年我国人均国民收入约合8016美元②；国家统计局数据更是显示，2018年人均国民收入攀升至9732美元，属于中高等收入国家；可以预见，在未来的很长一段时间内，体育健身休闲市场在我国将迎来更为快速的发展时期，它在国民经济中的地位将会进一步提高。体育健身休闲市场的发展对治理提出了更高的要求，不仅要求充分发挥市场对于资源配置的作用，并且在政府简政放权的大背景下，充分发挥社会在治理中的作用有其必然性。

（二）国家治理模式的变迁，要求社会主体更多参与市场治理

我国国家治理体系在进行着重大的变革，"完善和发展中国特色社会主义制度，推进国家治理体系和治理能力现代化"③成了当前我国全面深化改革的总目标。在这样的大背景下，我国政府加速地从传统的管理型政府向服务型政府转变、全能政府向有限政府转变，简政放权、"将治理还给社会"④、"社会可以做好的，就交给社会"⑤是政府职能转变的具体体现；治理正在"从党政主导转向依靠法治和社会自治力量"⑥。作为我国经济体制改革与政府体制改革的趋势，政府对于体育健身休闲市场的治理，除了少数必须介入的事项外，其他的很多事务均在逐步地将其还给市场与社会；面对政府简政放权所形成的治理真空，加强体育健身休闲市场社会治理的建设，由社会承接政府转移的部分职能，成了我国体育健身休闲市场发展的必然选择，也是深化我国体育健身休闲市场改革的现实要求与具体体现。

（三）体育社会组织的发展为市场社会治理奠定了良好的基础

社会组织是社会治理最重要的载体；促进社会治理的发展，其首要的前提是促进社会组织的广泛成立，逐步将能够由社会组织承担的职能转移由社会组

---

① 按照世界银行2012年的标准，高人均国民收入水平国家人均收入不少于12616美元；较高人均国民收入水平国家人均收入介乎4086~12615美元；较低人均国民收入水平国家人均收入介乎1036~4085美元；低人均国民收入水平国家人均收入不高于1036美元。
② 慎言跨越"中等收入陷阱"[DB/OL]．搜狐，2016-06-13．
③ 十八届三中全会公报．
④ 王名，等．社会组织与社会治理[M]．北京：社会科学文献出版社，2014：140．
⑤ 国务院总理李克强答中外记者提问（实录）[EB/OL]．中国网，2013-03-17．
⑥ 王名，等．社会组织与社会治理[M]．北京：社会科学文献出版社，2014：140．

织承担。十八届三中全会提道,"要改进社会治理方式,激发社会组织活力"[1];最近几年,我国社会组织登记设立的程序在进一步地简化,社会组织大规模地成立;另一方面,我国政府在有意识地将社会服务、社会管理的职能向社会组织转移,国家与地方政府层面已经出台了一系列的规定,将政府的很多职能转移到由社会组织承担。正是在这样的大背景下,我国体育社会组织数量得以迅速增加,质量得以快速提高,为我国体育健身休闲市场社会治理奠定了良好的基础。

(四)依法治国为社会主体参与体育健身休闲市场治理提供了保障

1999年,我国正式将"依法治国"写入宪法,明确规定:"中华人民共和国实行依法治国,建设社会主义法治国家"[2];这意味着我国在基本法层面确认国家的治理模式为"法治"而不是人治,这是传统国家治理模式终结的标志,翻开了中国法治建设的新篇章。自2008年以来,我国每年都发布《中国的法治建设》白皮书,系统地介绍了我国在法治建设领域所取得的成就,并对存在问题进行分析;这意味着我国在法治建设过程中,更加地注意经验的积累及对存在问题的反思,这必将会对我国的法治的完善起着巨大的促进作用。2014年10月,党的十八届四中全会专题研究部署全面推进依法治国,并提出要"促进国家治理体系和治理能力现代化"[3]。可以看出,无论是宪法还是党的纲领性文件,均明确地提出要依法治国、建设社会主体法治国家。

依法治国原则的确立,为体育健身休闲市场社会治理提供了法律保障。我国法律、党的纲领性文件、国务院制定的文件等诸多具有规范意义的文件,都可以引申出鼓励社会主体参与体育健身休闲市场治理的内容;还有很多地方的规范性文件、国务院部委制定的规范性文件中,也有很多鼓励、支持社会主体参与体育健身休闲市场治理的规定。按照依法治国原则,社会主体参与体育健身休闲市场治理是法律赋予的权利,国家机关、社会组织、公民等,都有义务保障这种权利的实现,为治理的开展提供保障。

综上所述,改革开放以来,随着我国经济、政治、社会的发展,党和政府治理国家的模式也在不断地变迁。在这样的社会大背景下,我们有必要探讨在体育健身休闲市场治理中如何充分发挥社会力量作用的问题。可以说,我国体

---

[1] 十八届三中全会公报。
[2] 《中华人民共和国宪法》第五条第一款。
[3] 《中国共产党第十八届中央委员会第四次全体会议公报》(2014年10月23日中国共产党第十八届中央委员会第四次全体会议通过)。

育健身休闲市场社会治理的推进，是我国治理理念转变及治理现实需求双重作用的结果。体育健身休闲市场的发展、国家治理理念的转变、体育社会组织的发展、依法治国的推进等诸多背景要素，决定了我国必然重视社会在体育健身休闲市场治理中的作用，因此，我们有必要从法学角度探讨体育健身休闲市场社会治理问题。

二、研究目的

本研究的目的有两方面：一是，促进社会参与体育健身休闲市场治理。长期以来，我国体育健身休闲市场治理倚重政府宏观调控以及市场机制的调控，社会在其中的角色并不重要。随着我国社会的发展，人们观念的变迁，国家治理理念的进步，"大社会、小政府"国家治理思想逐步为人们所接受，体育健身休闲市场治理中社会的作用逐步为人们所重视。因此，探讨体育健身休闲市场社会治理有其现实的必要性，有利于改变人们长久以来的治理观念，充分发挥各类社会主体在市场治理中的积极作用，构建科学、民主、高效、多方参与的治理体系。二是，促进我国体育健身休闲市场社会治理的完善。本书通过分析影响体育健身休闲市场社会治理的核心要素，具体如政府购买、社会资本、社会主体治理能力建设等，并分析国内外体育健身休闲市场社会治理的典型案例，有利于我们找出体育健身休闲市场社会治理存在的问题，进而提出相应的完善策略。

三、研究意义

（一）有利于政府、市场、社会关系三者关系的重构

社会力量参与体育健身休闲市场治理，可以对政府的治理行为形成制约，促进政府依法治理，减少决策失误。社会治理强调充分调动社会主体参与治理中来，变政府单一治理为合作治理。在强调政府单一治理时期，政府掌握着大量体育健身休闲市场的资源，并且决定着体育资源的分配，因而在治理过程中往往具有"说一不二"的权威。社会各方主体参与体育健身休闲市场治理当中，使得政府不再是唯一的治理主体，政府需要协调自身与其他治理主体之间的关系，这将会对政府的行为形成制约。特别是涉及重大利益的治理行为，政府与其他社会治理主体之间会形成博弈关系，有利于监督与制约政府的治理行为，将政府行为限制于法律的框架之内，促进政府依法治体，从而形成有利于体育健身休闲市场长远发展的治理环境与治理氛围。

除了监督和制约政府的治理行为,社会治理还能够为政府的体育健身休闲市场治理行为提供有力的支持。这主要表现为以下两个方面:(1)社会治理过程中所形成的非正式制度①,如社会信用制度、行业运作惯例、社会价值信念、人们的道德习俗等,能够为政府治理提供强有力的支持。政府对于体育健身休闲市场的治理,主要通过颁布政策、法规,并依靠行政力量予以落实;但是,法律有其自身的局限性,体育健身休闲市场单靠国家正式制度的治理难以取得良好效果,还需要道德、社会信用等非正式制度的参与,方能够实现善治②。(2)社会治理所倚重的社会组织,可以成为政府治理的重要助手。我国体育健身休闲市场治理存在的一系列问题,与缺乏利益各方的博弈、政府一方独大,基本把持话语权、资源的分配权密切相关。也就是说,在现实的政治生活中,政府作为决策者,是难以摆脱有限理性的;要改变这种状况,推进政府治理结构的改善,有必要将社会力量(特别是社会组织)作为相对独立的一方,引入政府对于体育的治理过程中,帮助政府做出科学的决策,做一些政府做不好或者不愿意做的事情。

(二)能够为匡正市场运行缺陷提供社会治理路径

　　马克思认为,人类的经济基础决定了上层建筑,上层建筑也会对经济基础产生反作用,在多方面对市场经济的运行产生影响。③ 由此我们可以知道,体

---

① 非正式制度:根据 Schultz, Theodore W. 的观点,制度是人们在社会中应当遵循的行为准则,它可以分为正式与非正式制度。[SCHULTZ T W. Institutions and the Rising Economic Value of Man [J]. American Journal of Agricultural Economics, 1968 (5):1113.] 综合学者的观点,一般认为正式制度是由立法机构、行政机构等权威机构制定,通常有强制力保障其得到遵守的规范;与之相对应,非正式制度"是人们在长期交往中无意识形成的,由价值信念、伦理规范、道德观念、风俗习惯和意识形态等因素组成,而意识形态和习惯处于非正式制度的核心"。[王廷惠. 非正式制度、社会资本与经济发展[J]. 开放时代,2002 (3):82-94.]

② 善治:英文为 good governance,即良好的治理;俞可平在《治理与善治》一书中,认为善治是"使公共利益最大化的社会管理过程。善治的本质特征就在于它是政府与公民对公共生活的合作管理,是政治国家与公民社会的一种新颖关系,是两者最佳状态"。陈广胜在《走向善治》一书中亦持相似观点。

③ 上层建筑:在政治学上通常指政治上层建筑;上层建筑理论由马克思和恩格斯所创立。马克思在1843年写的《黑格尔法哲学批判》、马恩在1845—1846年合著的《德意志意识形态》、马克思在1859年写的《〈政治经济学批判〉序言》等著作中,创立与发展了经济基础与上层建筑理论。在政治学领域,上层建筑主要指在一定经济基础上建立起来的法律制度、国家政治组织、国家机器、社会组织、社会的结构等;很显然,本书所讨论的社会治理问题属于上层建筑问题。

育健身休闲市场从根本上决定了社会治理的相关问题，社会治理也会对体育健身休闲市场的发展有着重要的影响。

市场经济在运行过程中，有其天然的缺陷，典型表现为市场的盲目性、自发性、市场调节的滞后性，并由此产生一系列的诸如效率低下、诚信缺失、非理性竞争等问题；社会治理具有的主动性、协作性等特征，至少可以在下面两个方面对于体育健身休闲市场运作存在的缺陷进行匡正：(1) 可以利用社会组织的力量，参与塑造公平合理、可持续发展的体育健身休闲市场发展环境。在体育健身休闲市场经营活动中，经营者往往拥有信息优势、专业优势，经营者与消费者的信息并不对称、交易地位并不平等，加强社会治理是解决这些问题的重要途径之一。社会组织可以通过加强对体育消费者的教育、发布违法企业信息等途径，提高消费者的辨别能力，帮助消费者理性地进行体育消费，维护健康的市场秩序。(2) "市场有关的公民社会组织的自我约束与行业约束"①，有助于建立诚信的体育健身休闲市场。公民社会的典型特征，便是具有较强的自律性；它通过行业协会等社会自治组织，促进行业的发展，维护行业的声誉，为行业发展争取各方面的支持；为了达到这一目的，作为协会成员的各个主体，通常会"自发地协调签订本行业的诚信公约或准则"②。也就是说，通过社会治理的力量，有利于建立体育健身休闲市场诚信机制，促进市场治理标准的确立与市场治理目标的实现③。由此可知，本研究对于体育健身休闲市场治理的规范化也有着重要的意义。

(三) 具有一定的理论意义

十八大以来，我国国家治理现代化的进程在加快，与治理相关的研究在蓬勃地开展，人们致力于将治理的基本理论与具体的实践结合起来，促进理论与实践的发展。然而就体育领域而言，将治理理论融入其中的研究还比较少，还存在很多研究的空白，其中体育健身休闲市场相关治理的研究成果就非常匮乏。本研究尝试运用治理的基本理论探讨社会主体参与体育健身休闲市场治理的相

---

① 周学荣，何平，等. 政府治理、市场治理、社会治理及其相互关系探讨 [J]. 中国审计评论，2014 (1)：107–126.

② 周学荣，何平，等. 政府治理、市场治理、社会治理及其相互关系探讨 [J]. 中国审计评论，2014 (1)：107–126.

③ 李劲. 社会转型视域中的中国公民社会问题 [D]. 北京：中共中央党校博士学位论文，2008：131–135.

关问题，不仅有利于体育健身休闲市场治理实践的推进，也丰富了治理理论本身。

第二节 研究对象、内容、重难点及创新

一、研究对象及内容

本书的研究对象是体育健身休闲市场社会治理。社会主体参与体育健身休闲市场治理涉及诸多的问题，主要包括社会主体的类型有哪些，它们是如何参与体育健身休闲市场治理的，应当如何完善它们参与治理的策略等，这实际是三个方面的问题：体育健身休闲市场社会治理的主体（谁来治理）、体育健身休闲市场社会治理机制（如何治理）、我国体育健身休闲市场社会治理的完善。本书在对这三个方面问题进行探讨的基础上，从宏观角度总结了我国体育健身休闲市场社会治理的实践经验，并以其中典型的个案为分析对象，试图以贴近实践的视角提出相应的措施，促进我国体育健身休闲市场社会治理的发展。

本书主要以治理理论、法治理论为理论视角，对体育健身休闲市场社会治理展开探讨。论文共分为六部分，包括绪论及正文五章；绪论着重阐述本研究的选题背景、研究的重点难点、理论基础、前人研究成果等基本问题，为后面研究奠定基础；第一章作为研究的逻辑起点，探讨体育健身休闲市场社会治理的基本问题，阐述了体育健身休闲市场社会治理相关的基本概念、社会治理的主体、社会治理的价值维度、历史、现状及面临的挑战等方面的问题；第二章研究了体育健身休闲市场政府与社会合作治理的问题；第三章研究了社会资本对体育健身休闲市场社会治理的影响；第四章研究体育健身休闲市场社会治理能力建设的问题；第五章主要是探讨体育健身休闲市场社会治理完善的策略。

二、研究重点、难点

本书重点研究以下几个方面问题：（1）政府对体育健身休闲市场治理职能向社会转移的背景下，社会主体应如何承接这些职能，如何与政府进行合作治理？（2）社会主体治理能力是实现体育健身休闲市场治理目标的关键，应当采取哪些措施，促进社会主体治理能力建设？（3）如何鼓励社会资本参与体育健

身休闲市场，促进体育健身休闲市场的发展与社会治理的完善？

本研究的难点：一是，体育健身休闲市场社会治理的机制，即社会主体如何参与市场治理的问题，涉及政府职能的转移、社会主体治理能力建设、社会资本的介入等诸多方面内容，并且相互影响、相互制约，这是本研究的一大难点；二是，体育健身休闲市场社会治理应当如何完善。每一个具体的完善措施，都需要考虑现实的诸多问题，力求在多方利益间获得平衡，这是非常困难的。因此，这也是本研究的难点之一。

三、研究的创新

本书的创新点主要体现在以下两方面：

一是，引入治理理论探讨社会主体在规范体育健身休闲市场发展中的地位与作用。随着体育健身休闲市场的快速发展，单纯依靠政府的管理与完全依靠市场自发调节都有其局限性，引入社会主体参与市场规范有其现实的必要性。如何发挥社会力量在规范体育健身休闲市场中的作用，是体育理论与实践的重点、难点，也是我国体育改革所面临的、迫切需要解决的问题。通过引入治理理论，有助于我们重构政府—市场—社会三者关系，充分发挥社会主体在规范体育健身休闲市场发展中的作用。

二是，研究探讨了体育健身休闲市场社会治理所涉及的政府与社会合作治理、社会资本与社会治理、社会主体治理能力建设三大核心问题，在此基础上提出了体育健身休闲市场社会治理完善的方案。

上述两大问题的研究具有一定的创新性，能为社会主体参与体育健身休闲市场治理奠定理论基础，对于促进体育健身休闲市场社会治理实践的发展具有直接的指导意义。

第三节 研究方法与思路

一、研究方法

研究方法既取决于研究对象的特点，也取决于研究人员的认知与偏好；本研究涉及体育学、法学、政治学、经济学等领域，这些特点决定了研究过程所要采用的方法。具体的，本研究主要运用到的研究方法包括文献研究法、比较研究法、案例分析法、访谈调研法等。

（一）文献研究法

通过华南师范大学图书馆、广东省科技干部学院图书馆、武汉大学图书馆、中国知网、万方数据库、维普数据库等渠道，搜集与本研究相关的国内外文献资料，涉及的学科领域包括体育学、法学、政治学、经济学、社会学、管理学等。其中，共搜集与"治理"相关研究（包括治理理论、国家治理、政府治理、市场治理、社会治理）专著30余部，中文学术论文500多篇，英文论文近100篇；搜集体育健身休闲市场研究专著10余部，中文学术论文300余篇，英文学术论文80余篇；搜集法学研究专著20余部，中文学术论文100余篇，英文学术论文50余篇。除了搜集上述资料外，还通过北大法宝、司法部网站、国家体育总局网站、广州市体育局网站、各地地方政府网站，以及其他一些专业运动俱乐部网站，搜集与体育健身休闲市场治理相关的法律法规、文献资料。

（二）比较研究法

我国各地体育健身休闲市场社会治理的状况各具特色，在立法、具体的行政实践、社会主体参与治理的实践等方面呈现出不同的特点。在研究过程中，无可避免地对各地的情况进行比较分析。同时，本书为了更深入地研究我国体育健身休闲市场社会治理的状况，在对欧美部分国家体育健身休闲市场相关治理立法、案例介绍与分析的基础上，提出了对我国体育健身休闲市场社会治理完善的建议。

（三）案例分析法

典型的案例通常包含着丰富的信息，由此得出来的结论往往具有普遍的适用性。[①] 体育健身休闲市场社会治理，不仅是理论的问题，更多的是实践问题，因此本研究有必要分析典型的体育健身休闲市场社会治理案例，才能发现问题并进而运用理论解决问题。在研究过程中，根据需要收集了国内外体育健身休闲市场治理的案例进行具体的分析。

（四）访谈调研法

对体育局、体育健身俱乐部、高尔夫会所、消费者权益保护协会、质监局

[①] 范伟达. 现代社会研究方法［M］. 上海：复旦大学出版社，2007：220.

等单位的工作人员进行访谈，了解与体育健身休闲市场社会治理相关的社会组织的发展、运作、存在问题、未来发展趋势等，获取与本研究相关的一手资料。

二、研究思路

本书沿着"谁来治理，有何问题—如何治理—治理如何完善"这一主线展开研究。其具体研究思路如下：首先，绪论是本书的导入部分。分析了研究的背景、目的、意义、内容、重难点、创新，研究的方法、理论基础、综述及概念界定等基本问题，为后面的研究奠定基础。其次，本书的第一章分析了体育健身休闲市场社会治理究竟"谁来治理，有何问题"这两个问题，为后文分析治理机制奠定基础。再次，第二章到第四章是文章主体部分，研究体育健身休闲市场社会治理机制，围绕体育健身休闲市场社会治理中政府与社会合作治理、社会资本与社会治理、社会治理能力建设三大核心问题展开探讨，分析相关案例，解决"如何治理"这一问题。最后，本书第五章是完善体育健身休闲市场社会治理的策略，解决"治理如何完善"这一问题。

第四节 研究的理论基础

一、治理理论

（一）学者的主要观点

治理理论有着丰富的内涵，学者对其有着不同的理解。罗西瑙（J. N. Rosenau）作为治理理论创始人之一，将治理界定为一种在具体的事务中，即使没有得到法定机构的授权也能够发挥积极作用的特别管理机制；治理区别于统治之处在于，统治主体为政府或者得到政府授权的机构，并通常以国家强制力为后盾，具有权威性的特点；但治理却不同，它是基于共同的目标支持而产生的管理活动，这些管理活动主体可以是政府，也可以不包括政府在内的多元主体，并且不通过强制力使人服从。① 库伊曼（Kooiman, J.）认为，治理是

---

① 詹姆斯·N.罗西瑙.没有政府的治理[M].张胜军，刘小林，等译.南昌：江西人民出版社，2001：9．罗西瑙在《21世纪的治理》《全球治理》1995年创刊号等刊物中，也对治理的概念做了类似的表述。

一个互动的过程,并且互动贯穿治理的始终①;在与范·弗利艾特(M. Van Vliet)合著的书《治理与公共管理》(Social – Political Governance and Public Management)中,他们认为治理是"主体通过自愿协作而非外部强制,创造出一定的秩序与结构;这种秩序与结构作用的发挥,依赖于进行管理活动且相互影响的行为者之间的互动"②。罗茨认为治理意味着是以一种新的方法来统治社会,统治的过程及有序统治的条件已经发生了改变;他认为治理有六种不同的含义:作为最小国家管理活动的治理、作为公司管理的治理、作为新公共管理的治理、作为善治的治理、作为社会—控制体系的治理、作为自组织网络的治理。③

治理理论权威格里·斯托克(Gerry Stoker)认为,作为理论的治理,各国学者对其内涵主要有五种观点:(1)治理意味着政府非国家唯一权力中心,出自政府,但是又不限于政府的社会公共机构和行为者也可以成为不同层面的权力中心。(2)治理明确指出在为社会和经济问题寻求解答的过程中存在界限和责任方面的模糊之点;国家将越来越多原本由其承担的责任,转移给私人组织、自愿组织等非政府组织,后者承担了很多原来由政府承担的责任。由此带来的结果是,政府与社会、公共部门与私人部门之间的责任与界限难以界定。(3)治理明确肯定涉及集体行为的各个社会公共机构之间存在的权力依赖。(4)治理指行为者网络的自主自治。(5)治理认定,办好事情的能力并不在于政府的权力,不在于政府下命令或运用其权威。政府可以动用新的工具和技术来控制和指引;而政府的能力和责任均在于此。④

其中,对于治理最具权威性、代表性的界定是1992年成立的联合国全球治理委员会关于"治理"概念的表述,认为治理"是私人和组织、公共部门与私营部门为了协调、管理共同事务的各种方式方法的总和。治理是动态、持续的过程,它通过正式或非正式的制度安排,使得各种冲突及不同利益之间能够实

---

① KOOIMAN J. Social – Political Governance:Introduction [M] //KOOIMAN J. Modern Governance. London:Sage,1993:1 – 9.
② KOOIMAN J,VAN VLIET M. Governance and Public Management [M] //ELIASSEN K,KOOIMAN J. *Managing Public Organisations*. 2nd ed. London:Sage. 1993.
③ [英] R. A. W. 罗茨. 新的治理 [J]. 木易,编译. 马克思主义与现实,1999(5):42 – 48.
④ [英] 格里·斯托克. 作为理论的治理:五个论点 [M] //俞可平. 治理与善治. 华夏风,编译. 北京:社会科学文献出版社,2000:31 – 49.

现调和并采取共同行动"。① 俞可平②认为，根据全球治理委员会关于治理的概念，"治理"蕴含着四个方面的特征：（1）过程性。治理不是一种活动或者规则，而是一个过程。（2）调和性。即治理以实现和谐为目的，而不以实现一方对另外一方的支配为目的。（3）参与的广泛性。即治理主体不仅包括公共部门，也包括非政府组织及个人。（4）治理的互动性。治理并不强调正式的制度安排，更强调主体之间过程的互动、反馈、改进。也有学者将治理的这四个特征概括为八个字，即"过程、和谐、多元、互动"，强调治理应是"强调'过程'，倡导'调和'，兼顾'多元'，注重'互动'"。③

大多数学者认为，治理意味着对以往国家—社会关系的调整。在调整中，原来的国家—市场划分被抛弃，社会的地位获得承认，产生了国家—社会—市场三者的新的组合，原来国家的中心地位为多中心所替代。④ 新组合之间形成关系网络，试图克服以往"不可治理性"；政府在这种关系网络中获得了多种新的政策工具，增强了自身的能力⑤；王诗宗认为，网络作为治理核心构建，是区分治理与非治理的显著性标志；治理理论的立足点，"既非单一自由市场，也非独大的国家，甚至也不仅是充满魅力的公民社会（网络），而是三者的组合"。⑥ 孙柏英持同样的观点，认为"从某种意义上说，社会网络体系可以当作治理的代名词，它最外在化地体现了治理的本质与特征"⑦。然而，无论是国内的学者还是国外的学者，在肯定社会网络在治理中作用的同时，并不否认市场与国家在治理中的作用，国家仍然是"同辈中的长者"⑧。只不过，治理理论

---

① The UN commission on Global Governance. *Our Global Neighborhood* [R]. Oxford：Oxford University Press，1995：2. 1992 年，28 位国际知名人士发起成立了"全球治理委员会"（Commission on Global Governance），并由卡尔松和兰法尔任主席，该委员会于 1995 年发表了《天涯成比邻》（*Our Global Neighborhood*）的研究报告，较为系统地阐述了全球治理的概念、价值以及全球治理同全球安全、经济全球化、改革联合国和加强全世界法治的关系。（资料来源于百度及联合国网站。）
② 俞可平. 治理与善治 [M]. 北京：社会科学文献出版社，2000：270 - 271.
③ 唐钧. 社会治理的四个特征 [N]. 北京日报，2015 - 03 - 02（14）.
④ 王诗宗. 治理理论及其中国适用性 [M]. 杭州：浙江大学出版社，2009：188.
⑤ 王诗宗. 治理理论及其中国适用性 [M]. 杭州：浙江大学出版社，2009：188.
⑥ 王诗宗. 治理理论及其中国适用性 [M]. 杭州：浙江大学出版社，2009：189.
⑦ 孙柏英. 当代地方治理：面向 21 世纪的挑战 [M]. 北京：中国人民大学出版社，2004：26.
⑧ 鲍勃·杰索普. 治理的兴起及其失败的风险：以经济发展为例的论述 [J]. 漆芜，译. 国际社会科学杂志（中文版），1999（1）：31 - 48.

"倡导的是跳出国家和市场的二分法，转而推崇国家、市场与社会的共同作用和非零和博弈"①，让原来充满等级的科层制嬗变为强调多中心、公民参与、多样可变的分层结构②。

(二) 善治

"善治"是与"治理"有着密切相关的词语，学界普遍将其理解为"良好的治理"（Good Governance）。俞可平认为善治具有合法性、透明性、责任性、法治、回应、有效五个特点③。"善治是使公共利益最大化的社会管理过程，其本质特征在于它是政府与公民对公共生活的合作管理，是政治国家与公民社会的一种新颖关系，是两者的最佳状态。"④ 赫斯特认为善治的战略要点是：在非西方国家开创一种经典自由主义社会体系结构的版本，其中存在着有限的国家、自我管制的公民社会和市场经济，而三者又是界限分明的。⑤ 兰得尔-米尔斯对非洲国家国家治理研究后认为，"善治"问题同时涉及国家和社会的关系领域。⑥ 玛丽-克劳德·斯莫茨（Maric - Claude Smouts）认为善治有四个构成要素："（1）公民安全得到保障，法律得到尊重，特别是这一切都须通过司法独立亦即法治来实现；（2）公共机构进行有效的行政管理；（3）政治领导人实行职责和责任制；（4）政治透明。"⑦

善治理论与实践的兴起有着深刻的社会根源，表现为以下几个方面：一是，善治比善政有着更为广泛的适用性，可以适用于国家，也可以适用于公司、社区、地区，乃至国际社会，而善政只能适用于政府职权范围。二是，全球化导致跨国组织、超国组织影响力上升，而主权国家的影响力相对下降，导致新公共权威及公共秩序的产生。这种秩序只能由善治创立，而不能由传统主权国家、民族国家产生。三是，社会民主化，导致国家还政于民，政府权限受到了限制，社会权利在上升。⑧

---

① KOOIMAN J. Governing as Governance [M]. London: Sage Publication, 2003: 115.
② 王诗宗. 治理理论及其中国适用性 [M]. 杭州：浙江大学出版社，2009: 189.
③ 俞可平. 治理与善治 [M]. 北京：社会科学文献出版社，2000: 9 - 10.
④ 俞可平. 治理与善治 [M]. 北京：社会科学文献出版社，2000: 8.
⑤ HIRST P. Democracy and Governance [M] //PIERRE J. Debating Governance. New York: Oxford Vniversity Press, 2000: 15.
⑥ 王诗宗. 治理理论的内在矛盾及其出路 [J]. 哲学研究，2008（2）: 83 - 89.
⑦ 玛丽-克劳德·斯莫茨. 治理在国际关系中的正确运用 [J]. 肖孝毛，译. 国际社会科学（中文版），1999（2）: 81 - 89.
⑧ 俞可平. 治理与善治 [M]. 北京：社会科学文献出版社，2000: 13 - 15.

(三) 治理理论在本书的界定及其运用

通过对治理理论内涵的讨论可知，治理的概念具有一定的模糊性，不同学科语境下对其有着不同的理解，只有将其"放置在治理理论所针对的实践环境和治理理论所批评的那些学术观念环境中"①，才能相对准确地辨析其概念及评论其内容。因此，本研究对于治理理论的运用，必须从体育健身休闲市场这一实践环境出发。结合本书的具体情况，可以将研究的内容界定为三个方面：(1) 治理活动的主体，包括行政主体、社会组织、营利性组织，以及作为个体的社会公众；(2) 治理活动的内容，主要是围绕克服政府失灵、市场失灵、政府权威弱化，以及承接政府职能转移，回应公民社会公众参与要求等方面问题而展开；(3) 治理理论的核心主张，主要依据是批判马克思·韦伯（Max Weber）的科层制理论而形成的传统行政管理模式，重新构建国家、市场、社会三者的网络关系，特别强调合作、多中心（权力分散）、民主协商、多方参与、尊重自治、多种治理工具并行。

本研究建立在治理理论基础上，体现在以下几个方面：(1) 本书在研究体育健身休闲市场社会治理问题的时候，治理理论的核心主张，如强调合作、多中心、多方参与、自治等，用于分析相关问题；(2) 将治理所蕴含的诸如合法、法治、责任、回应、有效、参与等价值维度，融入对于体育健身休闲市场社会治理的研究中；(3) 治理理论涉及了政府—市场—社会关系的调整，这对于我们研究政府、市场、社会三者在体育健身休闲市场治理中的角色及其相互关系有着重要的指导作用。

二、法治理论

(一) 法治内涵

法治有着丰富的内涵，但通常认为法治即是指根据法律治理国家。亚里士多德在《政治学》中对法治下了经典的定义，认为法治包含着两重含义：一是人们普遍地遵守已经制定的法律；二是人们所遵守的法律为良法。② 戴雪提出了"法律主治理论"③，着力于解决现代社会中行政权力膨胀而导致的公民权利

---

① 王诗宗. 治理理论及其中国适用性 [M]. 杭州：浙江大学出版社，2009：4.
② [古希腊] 亚里士多德. 政治学 [M]. 吴寿彭，译. 北京：商务印书馆，1965：199.
③ [英] 戴雪. 英宪精义 [M]. 北京：中国法制出版社，2011：231.

受损问题,强调了普通法及法院在维护英国宪政中的核心地位。另一位英国法学家威廉·韦伯①认为法治包含合法性、裁量限制、平等、特权禁止、罪刑法定五个原则。也有西方学者认为,法治是法律制度固有的德行,其真正的内核是民主,即民主既是法治的基础,也是法治的目的。② 我国学者对于法治内涵也有着不同的理解,代表性的如张文显认为,法治社会的标志概括而言至少应包含六个方面:社会由良法治理;宪法和法律至上;国家权力根源于法律并依法行使;公民在法律面前一律平等;凡是法律没有禁止的都是合法或准许的;公民权利非经法定程序不得剥夺。③ 夏惠则认为,法治有十大规诫:有普遍的法律、法律为公众所知晓、法律可预期、法律明确、法律无内在矛盾、法律可循、法律稳定、法律高于政府、司法权威和司法公正。④ 可以看出,经历了漫长的历史发展进程后,法治也便有了复杂而丰富的内涵,很难对其进行准确的定义⑤;实践中,法学界普遍地认为法治包含着以下三个层面的核心内涵,即"国家依法而治""法律至上""法律面前人人平等"⑥。

千百年来,哲学家、法学家都从不同的角度论述了法治的必要性。古希腊思想家亚里士多德在《政治学》里,论述了为什么应当法治,他认为"法律是最优良的统治者";在亚里士多德眼中,之所以认为要施行法治,是因为人虽然有理智,但是难免会受到情感欲望的干扰而误入歧途;法治排除了情感与欲望,是达到理智之治的最好途径。⑦ 随着人类社会的发展,特别是世界进入资本主义社会以后,法治与民主、平等、自由、人权等并列,被认为是人类的"普世价值"。正如美国学者埃尔斯特、挪威学者斯莱格斯塔特⑧所言,人们难免受到情感的左右而无法抵御权力诱惑,但与此同时,人们却对建立限制国家权力、

---

① [英] 威廉·韦伯. 行政法 [M]. 北京:中国大百科全书出版社,1997:23 - 30.
② FINNIS J. Nature Law and Nature Rights [M]. Oxford:Clarendon Press,1980:270.
③ 张文显. 法学基本范畴研究 [M]. 北京:中国政法大学出版社,1993:289.
④ 夏惠. 法治是什么——渊源、规诫与价值 [J]. 中国社会科学,1999 (4):117 - 143.
⑤ 沃克. 牛津法律大辞典 [M]. 北京:光明日报出版社,1989:790.
⑥ 周叶中. 宪法学 [M]. 北京:北京大学出版社,高等教育出版社,2000:105. See Simon Chesterman, Rule of Law, Max Planck Encyclopedia of Public International Law, www. mpepil. com, 2011 Max Planck Institute for Comparative Public Law and International Law, Heidelberg and Oxford University Press, paras. 1 - 2.
⑦ [古希腊] 亚里士多德. 政治学 [M]. 吴寿彭,译. 北京:商务印书馆,1965:167 - 171.
⑧ [美] 埃尔斯特,[挪] 斯莱格斯塔特. 宪政与民主 [M]. 潘勤,谢鹏程,译. 北京:生活·读书·新知三联书店,1997:152.

避免受情感左右的社会充满信心。正因如此，法治成了国家、社会与人们的普遍追求，"人类追求法治的信心和决心越来越强烈"①，法治是"实现人的自由和解放"②的重要手段，是人类所追求的基本价值。

法治原则已经得到了世界各国法律，乃至国际法领域的确认，为众多国家的宪法性文件、国际宪章、国际宣言等所记载，依法统治成了世界各国乃至国际社会治理的理念。千年前的《国法大全》中的《学说汇纂》第Ⅰ部开篇便载明：民众都受法律和习惯的统治。《中华人民共和国宪法》第五条规定："中华人民共和国实行依法治国，建设社会主义法治国家。"世界各国的宪法，普遍以成文或不成文的形式，确立了法治原则。在国际法领域，法治也被认为是一项最基本的原则，《联合国宪章》可以被理解为国际社会法治的渊源③，虽然宪章并没有直接使用"法治"这一词语，但是"尊重法治是联合国所追求的目标"④。《世界人权宣言》序言载明："鉴于为使人类不致迫不得已铤而走险对暴政和压迫进行反叛，有必要使人权受法治的保护。"在其后的一系列的国际宣言、国际法律文件中⑤，以及联合国机构设置⑥中，都明确地强调了对法治的尊重。

法治的形成与发展，并在社会中得到真正落实，与诸多因素有着密切的联系，"考察中外法治的历史，我们能够发现某一法律或法治形成和发展的两个不可或缺的动力因素，即社会因素和主体因素"⑦。一般而言，法治的发展与市场

---

① 柯卫，朱海波. 社会主义法治意识与人的现代化研究［M］. 北京：法律出版社，2010：55.
② 柯卫，朱海波. 社会主义法治意识与人的现代化研究［M］. 北京：法律出版社，2010：56.
③ 刘衡. 国际法之治：从国际法之治到全球治理——欧洲联盟、世界贸易组织与中国［M］. 武汉：武汉大学出版社，2014：20.
④ O'BRIEN P. toward an International Rule of Law［DB/OL］. 2010 - 07 - 09. http：//untreaty. un. org/ola/legal_ counsell. aspx.
⑤ 如《1970 年国际法原则宣言》在序言中明确了"联合国在国际法治中有着至为重要的作用"；2000 年《联合国千年宣言》也有类似的规定。
⑥ 联合国内设有"the Rule of Law Coordination and Resource Group"和"the Rule of Law Unit of the Executive Office of the Secretary – General"两个专门机构，专门负责国家及国际法治的推进工作。2009 年，联合国开通了名为"联合国法治"的网站，网址为：www. unrol. org.
⑦ 柯卫，朱海波. 社会主义法治意识与人的现代化研究［M］. 北京：法律出版社，2010：121 - 122.

经济、整个社会及个体的法治意识有着密切联系。马克思①认为,法治与市场经济的发展有着密切的联系,市场经济的产生、发展,直接决定了法律的产生,以及法治何以成为可能。而对于整个社会而言,"没有对法治的观念,法律规则不可能拥有权威"②。个体的法治意识是法治在社会真正落实的最有力保障,正如 Solomon Freehof 所言,"法律制度真正的生命力,不是来源于警察,而是来源于人的内心"③。

(二) 本书对法治理论的运用

体育健身休闲市场社会治理应当遵循法治原则。以法律作为体育健身休闲市场社会治理的依据,具体而言包含着以下几个方面的内涵:一是,体育健身休闲市场社会治理的主体必须是法律上的适格主体;二是,体育健身休闲市场社会治理的过程必须合法,特别是对市场经营主体、社会公众权利产生消极影响的社会治理行为,必须严格地以法律为依据;三是,应当完善与体育健身休闲市场社会治理相关的法律法规,让社会治理做到有法可依。而对于不适宜制定法律的内容,也应当加强研究,制定相应的规范,推进社会治理行为规范化。

第五节 概念界定

一、社会治理

基于不同的语境,"社会治理"有两种截然不同的含义:

一是"社会治理"被理解为"治理社会"。"社会治理"中"社会"是宾语,"治理"是谓语,是"(主语)+宾语+谓语"的构词形式;通常"政府治理""市场治理"也可以作类似的理解。在这里,"社会治理"的客体是社会,阐述的是主体对于客体所采取的(治理)行为。十八大报告确立"党委领导、政府负责、社会协同、公众参与、法治保障"的社会治理建设目标,十八届三中全会提出要加强"社会治理创新",这里面所提到的社会治理,实际就是"治

---

① 马克思恩格斯选集(第3卷)[M].北京:人民出版社,1995:211.
② 陈金钊.法治与法律方法[M].济南:山东人民出版社,2003:335.
③ FREEHOF R S. The Natural Law in the Jewish Tradition [A]. University of Notre Dame Natural Law Institute Proceedings [C]. 1953, 13:15.

理社会"之意。

二是"社会治理"被理解为"利用社会路径（社会力量）的治理"。这里所说的"社会路径"，我们将其界定为与行政路径相对应的词；除了政府行政行为之外的行为，我们都应将其理解为社会路径。但是我们也要看到，行政行为经常会融合社会的影响因素，譬如体育行政部门在对公共体育设施进行投入的时候，会受到社会力量博弈的影响；另一方面，各种社会路径的选择也要遵守国家的法律、行政机关制定的规章制度，且社会路径也经常会与行政行为相互融合、相互影响。譬如，社会资本加大对体育健身休闲市场的投入，这作为促进体育健身休闲市场发展的社会路径，一般会受到政策的鼓励，但如果社会资本投资的为高尔夫、赛马等行业，则有可能为法律与政策所禁止。

具体到本书"社会治理"的界定，为上述第二种含义，它具有以下几种特征：(1) 社会在这里是作为手段而存在的，其治理客体是体育健身休闲市场；而第一种意义的社会治理，社会是治理的客体。(2) 在本书中，我们将社会治理理解为"充分发挥社会主体各方力量的治理"；"社会力量"不仅包括社会组织公民个人，还包括各类企事业单位、人民团体、城乡基层自治组织等，特别是它还应当包括没有直接运用权力而参与治理当中的政府。(3) "社会治理"在本书中强调了社会力量的发挥，但并不排斥其他力量的治理；政府力量、市场力量在治理中依然发挥重要的作用。

二、体育健身休闲市场

学者对于体育健身休闲市场的理解也有很大的差异。有学者认为，提供"体育健身休闲"服务产品的场所，可以定义为体育健身休闲市场。柳伯力(2011) 认为，体育健身休闲市场也可以称为社会体育市场、大众体育市场等，即指向广大社会民众提供健身休闲服务产品并供人们消费的企业或场所的集合，泛指健身俱乐部、体育休闲娱乐中心、健身健美中心、网球场、武术馆等经营健身休闲的场所。凌平、施芳芳 (1996) 认为，体育健身休闲市场是指开展体育娱乐项目为主要形式，把体育健身休闲作为商品进行交换的场所。卢嘉鑫(2011) 则将参与性体育消费行为理解为体育健身休闲市场。

可以看出，上述关于体育健身休闲市场内涵有两种不同的观点。一种观点是将体育健身休闲市场看作为提供健身休闲产品进行交换的场所，而对于交换行为的本身并没有提及。而另外一种观点，则是将体育健身休闲市场看作为人们提供参与式体育消费服务的市场，在这个市场里，人们通过支付一定的代价，获取参与组织内部体育活动并享受相应服务的权利；经营者不仅为消费者参与体育活动提供直接的条件，如提供场地、器械设备、技术指导等，还可能提供与此相关的其他服务，如医疗检测、健康建议等。

我们认为，上述的第一种观点仅将体育健身休闲市场看作为提供体育服务的场所，而没有将交易行为理解为市场的一部分，这是不全面、不客观的；而第二个观点则强调了交易行为作为体育健身休闲市场的组成部分，但是没有将体育场所也视为与交易行为并列的组成部分，这样的界定也有一定的缺陷。综合各方观点，依据国家统计局《国民经济行业分类》（GB/T4754-2011）中关于体育的分类，以及2015年《国家体育产业统计分类》所构建的理论模型对于体育健身休闲活动的归类，我们可以将体育健身休闲市场界定为：面向社会开放的，以体育参与为主要手段满足人们健身与休闲娱乐需求的交易场所及交易行为。对于这个定义的界定，我们应当着重把握以下几点：

一是，体育健身休闲市场交易的产品是合法的体育健身休闲服务。这些服务，既包括通过运动项目为人们提供相应的健身休闲服务，也包括健康检测、健身建议等间接的健身服务，我们应当从广义的角度认识体育健身休闲市场服务的构成。体育器材、体育场地等，属于体育健身休闲服务实现不可或缺的组成部分，但是它们不属于体育健身休闲服务的本身；而对于非法的体育健身休闲服务能否作为交易对象的问题，按照法律的基本原则，这样的交易行为由于违反了法律的强制性的规定，因而不受法律保护。

二是，体育健身休闲市场产品交付，需要购买人的体育参与方可完成。我们将健康检测、健康建议、体育技能培训等，也视为体育参与的一部分。

三是，体育健身休闲市场主要满足人们健身与休闲娱乐的需求。体育医疗保健及体育医疗康复是否属于体育健身休闲市场的范畴，人们是有争议的，因为两者的目的并不同；但是，体育健身与体育医疗保健、医疗康复等的界限往往是模糊难以界定的，很多体育健身休闲经营场所的器械，也是可以用来进行体育医疗保健、康复的。因此我们认为，只要体育医疗保健、体育医疗康复行为者支付了一定代价，向一般性的体育健身休闲经营者购买了体育健身休闲服务，不管其用于何种目的，也应将其界定为体育健身休闲市场的组成部分；但是，对于医疗机构所提供的用于医疗康复的体育服务，属于医疗服务的范畴，与体育健身休闲市场是有着质的差别的。

四是，体育健身休闲市场是对外开放、进行经营活动的市场，遵循商品交易的一般原则。单位内部不进行经营活动的体育健身休闲活动，不应当视为市场；对于只收取少量或者成本费用，不以营利为目的的体育健身休闲经营活动，如少年宫各种体育项目、大学的运动等，属于不完全的市场，本书将其纳入体育健身休闲市场的范畴。

五是，体育健身休闲市场是法治市场。依法治国是我国的基本方略，我国市场经济是法治经济，市场主体、交易场所、市场经营活动等，都必须遵守法律的规定。

六是，体育健身休闲市场主要经营项目具有广泛性。广泛性体现在它既包括国家体育总局所颁布的正式开展的78个体育大项目[1]，也包括一些具有地方特色的非正式开展的体育项目。除了上述开展的大项目之外，根据国家体育总局《关于将沙滩足球设立为我国试行开展的体育运动项目的批复》（体竞字〔2012〕159号，2012年11月21日发布并实施）的规定，把沙滩足球列入我国试开展的体育项目，作为足球大项下的分项，日常业务由足球管理中心负责。另外，我国规定了高危体育健身休闲项目[2]，进行经营活动的需获得行政许可[3]。

三、体育健身休闲市场社会治理

结合前文关于"体育健身休闲市场""社会治理"概念的讨论，我们可以

---

[1] 根据国家体育总局《关于重新公布我国正式开展的体育运动项目的通知》（体竞字〔2006〕123号，2006年12月26日发布并实施）的规定，我国正式开展的体育大项目有78个，具体包括：游泳、射箭、田径、羽毛球、皮划艇、棒球、篮球、拳击、自行车、击剑、足球、手球、马术、曲棍球、柔道、现代五项、体操、赛艇、帆船、射击、排球、垒球、乒乓球、跆拳道、网球、铁人三项、举重、摔跤、冬季两项、冰壶、冰球、滑冰、滑雪、潜水、滑水、摩托艇、救生、健美操、技巧、高尔夫球、保龄球、掷球、台球、藤球、壁球、橄榄球、软式网球、热气球、运动飞机、跳伞、滑翔、航空模型、车辆模型、航海模型、定向、业余无线电、围棋、国际象棋、中国象棋、桥牌、武术、健身气功、登山、汽车、摩托车、轮滑、毽球、门球、舞龙舞狮、龙舟、钓鱼、风筝、信鸽、体育舞蹈、健美、拔河、飞镖、电子竞技。

[2] 根据国家体育总局、人力资源和社会保障部、国家工商行政管理总局、国家质量监督检验检疫总局、国家安全生产监督管理总局公告第16号文，即《第一批高危险性体育项目目录公告》，我国将游泳、高山滑雪、自由式滑雪、单板滑雪、潜水、攀岩列为高危险性体育项目。

[3] 相关的法律依据是国家体育总局颁布的《经营高危险性体育项目许可管理办法》《关于修改经营高危险性体育项目管理工作文件的通知》。

将"体育健身休闲市场社会治理"界定为：社会主体基于合作、多中心（权力分散）、积极沟通、民主协调、多方参与、多种治理工具并行等治理的核心理念，依据法律、政策的规定并通过正式及非正式的制度安排，对体育健身休闲市场进行规范的方式方法总和。在这里，体育健身休闲市场社会治理具有以下几个方面的特征：

一是，体育健身休闲市场社会治理的目的，是"促进体育健身休闲市场健康、有序、迅速发展，为公众提供更多公共体育健身休闲服务"。虽然，营利性是体育健身休闲市场赖以存在与发展的基础，我们应当尊重经营主体对于利润的追逐，但是从国家、社会的高度看体育健身休闲市场，则它不应当仅仅是市场主体获取利润的工具，还应当是实现民众福利、促进社会发展的重要工具。亚当·斯密认为，市场主体对财富获取欲望这只"看不见的手"，虽然是基于私利出发，却有利于促进人类的福利，人们在这只"看不见的手"的指引下，"追求自己的利益，往往使他能比真正处于本意的情况下更有效地促进社会的利益"。① 可以看出，市场主体的营利性是有利于公益性实现的。因此，社会主体对体育健身休闲市场治理的时候，应当兼顾主体盈利的实现与社会公益目的的实现。

二是，体育健身休闲市场社会治理必须依法进行。治理主体的治理行为，必须是"依据法律、政策的规定并通过正式及非正式的制度安排"来实现。对于体育健身休闲市场社会治理而言，要实现长远、可持续发展，必须做到有法可依，有法必依，避免因为领导人注意力转移而影响其发展。事实上，调动社会力量参与体育健身休闲市场的治理，从某种意义上来说也是促进依法治理体育健身休闲市场，因为"法治的动力既来源于社会，而社会力量对法治进程的推动则更为根本和持久"②。

三是，体育健身休闲市场社会治理的手段是"激发社会活力，促进社会力量的生成，调动、运用社会各方力量"。体育健身休闲市场社会治理手段包含两个层次的内容，既包括社会力量的生成、社会活力的激发的内容，也包括对于社会力量运用的这一层次的内容。之所以要强调社会力量的生成、社会活力的激发，是由于我国长期以来政府在体育健身休闲市场治理中居于主导地位，掌

---

① ［英］亚当·斯密. 国民财富的性质和原因的研究（下卷）［M］. 北京：商务印书馆，1974：27.
② 马长山. 法治进程中的民间治理［M］. 北京：法律出版社，2006：158.

控着绝大部分资本、立法、行政资源，第三部门、营利性组织、公民等在资源分配、利益博弈中往往居于极端的弱势地位；在这种情况下，要充分发挥社会力量在体育健身休闲市场治理中的作用，有必要强调培育社会力量，激发社会活力。另一方面，虽然我国第三部门、公民社会的发育依然存在诸多的问题，特别是受到行政权力的影响过大，但是依然形成了不可忽视的社会力量，因而有必要在体育健身休闲市场治理中，协调好、运用好这些力量。

四是，体育健身休闲市场社会治理强调了对于社会力量的重视与运用，但是并没有否认政府作为"元治理主体"的角色，也没有否认政府拥有良好公共权威的积极作用。美国学者福山（2007）认为，尽管当代世界政治的主流是倡导"小政府大社会"，尽可能地将国家事务交由社会及市场；然而如果政府软弱、低效、缺乏公共权威，公民权利往往难以得到有效保障，社会容易动荡不安，出现严重的问题。① 因此，在体育健身休闲市场治理中强调发挥社会力量，并不等于要弱化政府在其中的角色，更不等于削弱政府的公共权威，而是政府将社会能承担的服务职能转移由社会承担，包括政府在内的多元主体积极互动，根据各自的特点在市场治理活动中发挥积极作用。而且，强调社会力量的作用而不否定政府力量、市场力量的作用，也是为了防止社会治理失灵的必然要求。

第六节　研究综述

一、治理理论应用研究述评

对于治理理论的历史渊源、基本内涵已经在本书理论基础部分有所阐述。因此，本部分主要介绍治理理论在实践领域的应用研究、治理理论应用局限性研究两大方面，并对相关研究进行评析。

（一）治理理论在实践领域的应用研究

1. 治理理论在经济领域的应用研究

治理理论被广泛地应用于与经济有关问题的研究。市场都存在失灵的可能，

---

① 王绍光（2005）也持有类似的观点。王绍光. 权利的代价与改革的路径依赖 [J]. 战略与管理，2005（5）：115.

妨碍了人们经济利益及政治利益的实现，导致了"越来越多的人热衷于以治理机制对付市场和（或）国家协调的失败"①。有学者认为，正是"治理"概念被赋予了重要的位置，才让包括世界银行、地区开发银行，以及国际货币基金组织等国际贷款机构摆脱对自由市场的幻想，以治理的角度考虑与经济改革议程相关的关键性社会和政治问题（对于借贷决定与借贷效果的影响），从而避免了由于干涉内政的嫌疑而与借贷国政府发生对抗。② 辛西娅·休伊特·德·阿尔坎塔拉在研究了拉美地区的经济改革后认为，要解决治理危机，应"放弃将机构改革和宏观经济政策分开的做法，认清这些领域的相关关系"③。瑞士学者弗朗索瓦-格扎维尔·梅里安认为，治理理论在解决福利国家面临难题中有其局限性，国家虽为越来越多的社会网络所包围，但是这并不保证社会在解决问题中拥有比国家更高的效率；福利国家所面临的难题，没有证据证明能够用治理理论来解决，它至多只能够作为对问题趋势的判断。④ 还有学者认为，市场的力量，是治理社会、生产科学知识的新方式以及两者间互动的基础。⑤ 国内也有学者将治理理论用于研究大数据时代我国经济治理问题。⑥

2. 治理理论在社会公共利益领域的应用研究

很多学者认为，治理理论的实践应用，有利于促进公共利益的实现。王诗宗在分析了众多治理专家关于治理内涵的界定后认为，治理的理论意图不再一味地强调国家或者市场，而是试图形成国家—市场—社会的新组合，以"消除科层制的缺陷，为政府寻找适当的定位"，最终达到公共利益最大化的目的。⑦ 治理理论"开启了国家主义和自由主义之外的新的公共利益实现之路"⑧。亚

---

① 杰索普. 治理的兴起及其失败的风险：以经济发展为例的论述 [J]. 漆芜，译. 国际社会科学（中文版），1999（2）：31-48.
② ［法］辛西娅·休伊特·德·阿尔坎塔拉. "治理"概念的运用与滥用 [M] //俞可平. 治理与善治. 黄语生，编译. 北京：社会科学文献出版社，2000：18-21.
③ ［法］辛西娅·休伊特·德·阿尔坎塔拉. "治理"概念的运用与滥用 [M] //俞可平. 治理与善治. 黄语生，编译. 北京：社会科学文献出版社，2000：30.
④ ［瑞士］弗朗索瓦-格扎维尔·梅里安. 治理问题与现代福利国家 [M] //俞可平. 治理与善治. 肖孝毛，编译. 北京：社会科学文献出版社，2000：107-126.
⑤ ［法］阿里·卡赞西吉尔. 治理和科学：治理社会与生产知识的市场式模式 [M] //俞可平. 治理与善治. 黄乃苏，编译. 北京：社会科学文献出版社，2000：127-143.
⑥ 陈谭，等. 大数据时代的国家治理 [M]. 北京：中国社会科学出版社，2015：77.
⑦ 王诗宗. 治理理论的内在矛盾及其出路 [J]. 哲学研究，2008（2）：83-89.
⑧ 王诗宗. 治理理论及其中国适用性 [M]. 杭州：浙江大学出版社，2009：188.

当·斯密①认为，自由市场鼓励个人对于自利的追求，在促进个人福利实现的同时，能够最大限度促进公共利益的增加；针对自由市场存在的失败问题，凯恩斯提出政府干预。政府的干预有可能导致政府权力的扩张，超越"国家与社会、干预与自由、公域与私域之间的合理界限"②；而且自由市场的不足并非都能够得到政府干预弥补，而政府干预成本普遍高昂且存在失败的可能③；治理理论主张既非国家主导，也非自由市场独大，也不过分强调社会网络的作用，而是立足于国家、自由市场、社会网络三者的有机组合，这为社会公共利益的实现提供了一种新的路径。斯托克认为，治理意味着除了政府的权力、权威、发号施令之外，还存在其他技术、管理方法来实现对公共事物的控制和引导。④俞可平也认为，治理的应有之义是满足公众的需要，通过各种手段、机制"最大限度地增进公共利益"⑤。

很多学者从治理理论内涵出发，认为公民直接地参与有助于更好地实现公共利益，政府有责任帮助公民实现公共利益。⑥ 传统的政治民主制、行政科层制被认为是保护公共利益的核心制度；巴伯对此提出了批判，认为现代政治民主制普遍实行的是间接的代议制，它是一种典型的弱势民主形式，在保护公共利益方面有着天然的缺陷；行政科层制强调了政府的权威，虽然也尊崇了对于公共利益的追求，但是公民的利益经常由毫不相关的人决定。因此，有必要推行公民直接参与的强势民主，它有利于"将依赖性的个人转化成为自由的公民，

---

① 亚当·斯密. 国民财富的性质与原理（下卷）[M]. 北京：商务印书馆，2006：27. 在该书中，亚当·斯密认为市场自由竞争这只"看不见的手"，虽然是在引导人们追求个人利益，但是却能不经意地促进人类的幸福，"他受一只看不见的手的指导，去尽力达到一个并非他本意想要达到的目的，也并不因为事非出于本意，就对社会有害。他追求自己的利益，往往使他能比真正出于本意的情况下更有效地促进社会的利益"。
② 王诗宗. 治理理论及其中国适用性[M]. 杭州：浙江大学出版社，2009：189.
③ [美]查尔斯·沃尔夫. 市场，还是政府：市场、政府失灵真相[M]. 陆俊，谢坦，译. 重庆：重庆出版社，2009.
④ 格里·斯托克. 作为理论的治理：五个论点[J]. 华夏风，译. 国际社会科学（中文版），1999（2）：19-30.
⑤ 俞可平. 引论：治理和善治[M]//俞可平. 治理与善治. 北京：社会科学文献出版社，2000：4-5.
⑥ DENHARDT J, DENHARDT R. The New Public Service: Serving Rather Than Steering [J]. Public Administration Review, 2000, 66 (6): 549-559.

私利转化为公共利益"。① 彼得斯②、哈登夫妇③等治理理论专家也持有类似的观点，认为政府应当通过对话、鼓励民众直接参与的形式强化公民在解决社会问题中的作用，帮助他们表达并实现自身的利益。

3. 我国对治理理论的应用研究

人们多角度探讨了治理理论何以能在中国被广泛接受。王诗宗认为，治理理论发源于西方但为我国社会所广泛接受，被广泛地应用于各个领域的研究，是因为我国经济与社会处于转型期，各方面矛盾凸显，存在诸如政府职能不合理、市场机制不健全、公民社会发育滞后等系列性问题，"人们希望治理能对这些问题的解决有所裨益"④。另外，我国的改革是渐进式改革、自上而下改革，社会作为改革的主体处于被动接受的地位，导致改革在某些领域中难以为继，人们寄希望"中国公民社会的发育和治理格局的形成能够成为政治体制改革的动力"⑤，而"发展公民社会"是治理在中国适用的应有之义。而杨雪冬⑥则认为，治理至少能够开阔公众与行政管理者的思路，"有利于构建合理的公共权力行使架构"，帮助人们正确对待发展中存在的问题。俞可平认为中国公民社会的成长，为治理理论在中国被广泛接受奠定了基础，能对中国社会许多方面的治理有着积极的促进作用。⑦

而对于治理应当如何适用于中国的问题，学者大致有以下几种主张：一是，政府主导下引入各种社会主体实现治理；这些社会主体主要包括非营利组织、非政府组织、公民等⑧。二是，强调发展社会主体来实现治理；政府应充分放权，在其中不应起主导作用；治理的实现的核心是非政府组织、非营利组织、

---

① 巴伯. 强势民主 [M]. 长春：吉林人民出版社，2006：181.
② 彼得斯. 政府未来的治理模式 [M]. 北京：中国人民大学出版社，2001：78.
③ DENHARDT J, DENHARDT R. The New Public Service: Serving Rather Than Steering [J]. Public Administration Review, 2000, 66 (6): 549 – 559.
④ 王诗宗. 治理理论的内在矛盾及其出路 [J]. 哲学研究，2008 (2)：83 – 89.
⑤ 王诗宗. 治理理论的内在矛盾及其出路 [J]. 哲学研究，2008 (2)：83 – 89.
⑥ 杨雪冬. 论治理的制度基础 [J]. 天津社会科学，2002 (2)：43 – 46.
⑦ 俞可平. 治理与善治 [M]. 北京：社会科学文献出版社，2000：1 – 15.
⑧ 王诗宗. 地方治理在中国的适用性及其限度——以宁波市海曙区政府购买居家养老政策为例 [J]. 公共管理学报，2007 (4)：45 – 52；张远，祁光华. 第三部门兴起与我国公共政策的创新 [J]. 探索，2006 (1)：46 – 59；娄成武，张建伟. 从地方政府到地方治理——地方治理之内涵与模式研究 [J]. 中国行政管理，2007 (7)：100 – 102.

公民社会等的培育与发展。① 三是，中国的治理应当通过政府内部的机构改革来实现。② 四是，治理中会涉及多元主体，不同主体会产生积极互动，应通过协调不同主体之间的关系来实现治理。③

（二）治理理论应用局限性研究

有学者注意到了治理理论的内在缺陷，导致其在很多重要命题上难以自圆其说。首先，治理也存在失败的可能④。福山⑤认为，这（治理）实际上是国家职能向社会转移、削减国家力量的同时，又产生了对另一类国家力量的需求；而在这过程中真正的问题并没有得到有效的解决。"从治理理论的种种主张中，我们既看到了冲破既有理论和实践藩篱的激情，也看到了向现实世界的无奈回归。这种动摇不定说明治理理论尚不具备一个完整理论的严密性。"⑥ 其次，很多学者认为治理理论及其实践并无创新性⑦。在治理作为系统理论出现之前，人们已经对市场失灵、政府失灵、福利国家、民主行政、民主决策、政府职权改革、社会建设等问题进行非常深入的理论探讨，这些都是治理理论主张的核心内容，因而治理理论只是对既有理论改头换面的包装而已；而且在实践中，

---

① 郭道晖. 政府治理与公民社会参与［J］. 河北法学，2006（1）：12-16；陈剩勇，马斌. 温州民间商会：自主治理的制度分析——温州服装商会的典型研究［J］. 管理世界，2004（3）：31-49；何增科，王海，舒耕德. 中国地方治理改革、政治参与和政治合法性初探［J］. 经济社会体制比较，2007（4）：69-77.

② 杨庆东. 中国农村地方治理中基层政府行为方式变革初探［J］. 云南行政学院学报，2002（2）：48-52；李文星，郑海明. 论地方治理视野下的政府与公众互动式沟通机制的构建［J］. 中国行政管理，2007（5）：69-72.

③ 刘志昌. 草根组织的生长与社区治理结构的转型［J］. 社会主义研究，2007（4）：94-96；郁建兴. 治理与国家建构的张力［J］. 马克思主义与现实，2008（1）：86-93.

④ 持此观点的有王诗宗、臧志军、鲍勃·杰索普等学者。王诗宗. 治理理论的内在矛盾及其出路［J］. 哲学研究，2008（2）：83-89；鲍勃·杰索普. 治理的兴起及其失败的风险：以经济发展为例的论述［M］//俞可平. 治理与善治. 北京：社会科学文献出版社，2000：52-86；臧志军. "治理"：乌托邦还是现实？［J］. 理论文萃，2003（4）：10.

⑤ 福山. 国家构建——21世纪的国家治理与世界秩序［M］. 北京：中国社会科学出版社；2007：15-16.

⑥ 王诗宗. 治理理论的内在矛盾及其出路［J］. 哲学研究，2008（2）：83-89.

⑦ 持此观点的学者包括：鲍勃·杰索普、杨雪冬等。鲍勃·杰索普. 治理的兴起及其失败的风险：以经济发展为例的论述［M］//俞可平. 治理与善治. 北京：社会科学文献出版社，2000：52-86；杨雪冬. 论治理的制度基础［J］. 天津社会科学，2002（2）：43-46.

治理理论所探讨的现象，如"小政府大社会"、社会自治、基层自治、中央与地方分权等问题，早在治理理论出现之前就已经进入具体的实施阶段并为其他理论所关注与讨论，因此治理理论并不具有原创性。最后，治理理论主张直接参与民主也有其局限性，"少数有特殊利益需要的公民在某些主题中的参与行为可能被政策制定者误解为大众的共同意见"①，并无法解决当今世界主要的代议制民主形式所存在的局限。

治理理论在实践中的运用也会产生一定的消极作用。杨雪冬认为，治理理论虽然有积极的作用，但是它必须以良好的现代政治秩序为基础，因而对于正在致力于现代政治秩序建设的国家与社会而言，过分强调"治理"的作用，有可能妨碍乃至破坏现代政治制度的建设。② 也有学者探讨了英国政府治理的转变后认为，"如果只注意治理会模糊，甚至消解国家与公民社会之间的区别"，就会对政府作用的发挥形成严峻的挑战。③ 海伍德认为，治理理论主张"多中心"和"从统治到治理"，有着强烈的去国家化（rolling back）倾向，会导致多重的消极后果。④ 卡罗瑟斯认为，治理强调公民社会的发展，但"任何地方的公民社会都是由良莠不齐，甚至完全怪诞的成分组成的令人眼花缭乱的纵队。一味强调社会中心就可能助长一些邪恶势力的增长，从而使得公民社会的'不自主性'发挥至极致"。⑤

治理的局限，还在于权威性缺失导致实践困境。有学者认为，当今世界日益全球化，很多问题的解决有赖于各国的密切配合，"我们需要一个世界政府"⑥ 来实现世界的治理。建立世界政府遥不可及，但是全球治理却是值得期待的目标。⑦ 然而，全球问题虽然对人类生活的影响日益重要，但是每个国家都有其利益，因而在全球治理中也面临着"集体行动的困境"，也就是难以协调

---

① WEEKS E C. The Practice of Deliberative Democracy: Results from Four Large – Scale Trials [J]. American Political Science Review, 2000: 69 (4): 361.
② 杨雪冬. 论治理的制度基础 [J]. 天津社会科学, 2002 (2): 43 – 46.
③ [英] 罗伯特·罗茨. 新的治理 [M] //俞可平. 治理与善治. 木易, 译. 北京: 社会科学文献出版社, 2000: 86 – 103.
④ 海伍德. 政治学 [M]. 北京: 中国人民大学出版社, 2006: 125.
⑤ 卡罗瑟斯. 市民社会 [J]. 国外社会科学文摘, 2000 (7): 32 – 35.
⑥ RACHMAN G. And Now for a World Government [DB/OL]. Financial times, 2015 – 06 – 05. http://blogs.ft.com/rachmanblog/2008/12/and – now – for – a – world – government/.
⑦ 朱立群. 全球治理: 现代与趋势 [M] //朱立群, 富里奥·赛鲁蒂, 卢静, 主编. 全球治理: 挑战与趋势. 北京: 社会科学文献出版社, 2014: 1.

各国的行为与利益。①

(三) 相关研究评析

从已有的研究及具体的实践可以看出,人们已经将治理理论广泛地应用于经济、社会公共利益实现等领域。作为一般的观点,人们认为治理理论的运用,有助于我们利用社会力量促进公共利益的实现,克服经济领域的市场失灵与政府失灵。但也有学者看到了治理的局限性,认为治理理论存在着内在缺陷,强调治理会带来消极的后果。而对于治理理论是否应当在我国适用的问题,实践及很多学者做出了肯定的回答,但也有学者提出了反对性意见,认为当前我国适用治理理论的前提条件并不具备,勉强适用只会导致消极的后果。

我们认为,即使治理理论具有某些局限性,但不应据此否定治理理论的价值,"我们要知道那些方面可以产生积极作用,而不是困扰于适用治理存在的障碍"②。在实践中可以看到,正是治理理论的研究及其广泛应用,让我们在解决问题的时候多了一种分析问题与解决问题的工具。并且,治理理论强调了社会的参与价值,强调决策中公众的广泛参与,这些都有利于社会形成共识,降低决策执行的社会成本,保障最大多数人的利益,让"公众(而非他人)自身成了公共利益实际上的保障者"③,公众在一定程度上实现了"我的命运我做主"。

二、体育健身休闲市场社会治理研究述评

(一) 体育健身休闲市场法制建设研究

杨波(2008)认为,我国体育市场法制化管理存在整体法制化程度低、市场主体不规范、法律冲突与法律空白并存、体育市场管理法律体系不完善的情况,我国应当加强体育市场法律体系的构建,推动体育市场法制化进程。④ 李江,蔡明明,邓欣博,王凯等(2008)通过研究江苏省的体育健身休闲市场的法制建设后认为,江苏省应采取以下措施:一是加强对体育健身休闲市场管理

---

① 朱立群. 全球治理:现代与趋势 [M] //朱立群,富里奥·赛鲁蒂,卢静,主编. 全球治理:挑战与趋势. 北京:社会科学文献出版社,2014:1-2.
② GRINDLE M S. Good Enough Governance: Poverty Reduction and Reform in Developing Countries [J]. Governance: An International Journal of Policy, Administration, and Institutions, 2004, 17 (4): 525-548.
③ 王诗宗. 治理理论的内在矛盾及其出路 [J]. 哲学研究, 2008 (2): 83-89.
④ 杨波. 论我国体育市场管理法制化建设与完善 [J]. 成都体育学院学报, 2008 (10): 1-5.

主体的法规建设;二是加强对体育健身休闲市场从业资格和项目审批的法规建设;三是加强合同监管和产品质量的法规建设;四是加强保障体育健身休闲市场竞争法规建设。① 王晓蕾(2009)认为,我国体育市场长期处于行政管制时期,应该逐步过渡到法律规制阶段,用市场规制法的思维重新思考我国体育市场规制问题,促进我国体育市场的繁荣。② 刘湘溶、龚正伟(2003)认为,中国体育市场的法律规范与伦理规范本身具有依存性,中国体育市场现阶段发展主要不是法制缺乏,而是需要重构伦理规范并给法制规范以新的支撑点的问题。③ 孟蕊(2012)借鉴日本综合型社区体育俱乐部法人化的有益经验,尝试构建了具有中国特色的综合型社区体育俱乐部法人治理模式。④

(二)体育健身休闲市场投资、经营、服务质量问题研究

1. 体育健身休闲市场投资研究

国内研究体育健身休闲市场投资的学者不多,少量研究主要从现代金融的角度,探讨如何运用社会资本促进体育健身休闲市场发展。卢晓梅⑤(2000)博士论证和提出了我国设立体育产业投资基金的必要性、可行性、制约因素和应该遵循的基本原则,并全面设计和构建了我国体育产业投资基金的基本理论框架和发展模式。卢晓梅还认为,体育产业投资基金的建立,为中小投资者投资体育拓宽了投资渠道。杨亮,宋盛庆(2012)研究了我国体育产业融资问题,认为应当采取措施早日形成我国体育产业融资主体和渠道多元化的格局,这些措施包括:资产重组,走证券化之路;改善投资环境,加强政策扶持;健全法律法规,培养专业人才;拓宽融资渠道,鼓励民间资本介入。⑥ 黄卓,蔡学俊(2005)探讨了体育健身休闲产业项目投资开发体系,提出了投资体育健身休闲

---

① 李江,蔡明明,等. 对江苏省体育健身休闲市场法规建设的原则与途径的思考[J]. 南京体育学院学报(社会科学版),2008(4):18-21.
② 王晓蕾. 我国体育市场规制研究[J]. 法制与社会,2009(35):139,144.
③ 李艳翎,刘湘溶,龚正伟. 对竞技运动中技术运用的伦理思考[J]. 北京体育大学学报,2003(6):822-824.
④ 孟蕊. 综合型社区体育俱乐部法人化及运行机制研究[D]. 武汉:武汉理工大学硕士学位论文,2012.
⑤ 卢晓梅. 我国体育产业投资基金发展模式研究[D]. 北京:北京体育大学博士学位论文,2000.
⑥ 杨亮,宋盛庆. 我国体育产业融资问题研究[J]. 河北体育学院学报,2012(5):13-15.

项目时要注意的问题，避免盲目行动，给投资减少一定的社会风险。①

2. 体育健身休闲市场经营秩序研究

体育健身休闲市场的有序发展是近几年我国理论界研究的重点。王智慧（2007）认为北京市体育健身休闲市场仍存在盲目投资、定位偏高以及政企不分等现象；针对这种情况，北京市政府要提前预防，严格控制，采取各种方法阻止不良健身休闲企业进入，避免竞争能力较差的企业无序地进入；而对于已取得良性发展的健身休闲企业来说，要对它的发展战略、目标进行定位风险评估，促进其从提高自身的社会服务质量做起，在公平合理的市场经济秩序下进行发展；并要求其加强自律，避免盲目扩大规模、恶性竞争等有损行业发展的行为发生。② 陈立基（2001）探讨了广西体育市场的现状与管理对策③，陈驰④（2002）探讨了珠海市体育产业的发展前景等，而对于解决已有问题的对策主要包括：完善法规、引进和培养人才、加强投入、政府引导、政策支持、搞好服务等。

3. 体育健身休闲市场服务质量研究

体育健身休闲市场服务质量也是最近几年国内的研究热点。刘兵（2007）对于体育健身休闲市场服务质量优化问题提出了自己的思考，认为可以采取以下措施提高服务质量：（1）通过顾客关系的服务化来强调顾客价值过程。（2）体育健身休闲企业应当高度重视员工的满意度及其实现途径。（3）营造体育健身休闲业的区域服务功能，和谐推动体育健身服务业的发展。（4）强化顾客细分市场，着力推动体育健身休闲服务业创新。（5）推动健身休闲业服务标准化运作。⑤ 刘涛（2003）尝试建立一个经营性体育健身场所服务质量评价的指标体系，从消费者的角度选择评价指标，从经营者、专家的角度确定指标权重系

---

① 黄卓，蔡学俊. 体育健身休闲产业项目投资开发研究 [J]. 北京体育大学学报，2005 (6)：37-39.
② 王智慧，赵海波，刘书元. 奥运经济对北京市体育健身休闲市场影响的研究 [J]. 北京体育大学学报，2007 (9)：1185-1186，1200.
③ 陈立基，李志明. 广西体育市场的现状与管理对策研究 [J]. 体育科技，2001 (4)：1-9.
④ 陈驰. 珠海市体育产业发展现状和前景研究 [D]. 北京：对外经济贸易大学硕士学位论文，2002.
⑤ 刘兵. 上海市体育健身休闲业服务质量分析 [J]. 北京体育大学学报，2007 (2)：326-327，330.

数,以此来促进服务质量的优化。① 张振龙(2008)认为,体育服务业标准化则是其持续、快速与健康发展的有力保障;标准化必须法制化,体育服务标准化的发展要在体育法规和标准化法规的范围内展开。② 杨小龙、刘述芝、李丽(2009)认为体育健身休闲业可以引入ISO9000质量管理体系来提升体育消费质量,并对引入的预期收益以及当中可能存在的问题提出了自己的思考。③

(三) 美国体育健身休闲市场治理研究

1. 美国娱乐体育研究

美国研究体育史、休闲和与娱乐体育方面的文章很多,但是真正对娱乐体育内涵与发展进行准确描述的文章却很少。美国娱乐体育存在和含义专门化开始于内部娱乐体育联合会(NIRSA)以"娱乐体育"来反映他们所代表的多种多样的体育活动。Lynn Jamieson(1980)在她的博士论文中证明了娱乐体育作为一个职业的存在,并通过对社区、军队、高校中娱乐体育的研究,探讨了娱乐体育存在的意义与价值。John Laws(1986)在他的博士论文中研究了体育活动在娱乐活动中的比例,以及社区中的体育活动状况。Lynn Jamieson(1980)和John Laws(1986)撰写的两篇博士论文较为深刻地揭示了娱乐体育的含义,自此娱乐体育被作为特殊领域对待。

Jamieson和Pan则通过研究指出娱乐体育是一种广泛的存在。他们认为,娱乐体育是大部分个体生活的重要组成部分,要么亲身参与,要么观看比赛,现代生活中几乎没有人会脱离娱乐体育。2000年左右,美国的娱乐体育被几千家公司运作,超过120个国家有全国性的体育援助政策和项目。而每一个体育服务系统中,不管公有或私营,体育项目都占据了整个休闲产业的60%~80%。

印第安纳大学娱乐体育部主任Kathryn G. Bayless等学者认为,娱乐体育有两个基础性的目标,也就是服务与发展。服务目标是娱乐体育基础性的目标,是娱乐体育经营者通过对已有资源的尽量运用,满足娱乐体育参与者的需求。服务目标也可以划分为两个不同的部分,一是体育参与者所获得的积极体验,二是经营

---

① 刘涛. 经营性体育健身场所服务质量评价指标体系的研究 [D]. 南京:南京师范大学硕士学位论文,2003.
② 张振龙. 我国体育服务标准化法律问题研究 [D]. 天津:天津体育学院硕士学位论文,2008.
③ 杨小龙,刘述芝,李丽. 体育健身休闲业引入ISO9000质量管理体系提升体育消费质量的探讨 [J]. 上饶师范学院学报,2009 (6):102-105,116.

者从提供娱乐体育服务中获得收益。而发展的目标，对于娱乐体育而言，就是要以发展的理念来开展体育活动，为社会做贡献。与发展目标相联系是为参与者提供领导的机会和提高参与水平，为个体的健康成长提供机会帮助。

美国的国家娱乐与公园协会认为，娱乐体育除了对身体有益处外，个体、环境和经济都能够通过体育提高生活质量，增强家庭凝聚力，减少犯罪率，保护环境，减少健康看护费，提高工作效率，增加财产来获益。也有很多关于娱乐体育收益的研究表明，成功的娱乐体育项目具有独特的社会功能使得参与者获得自尊、安全和社会归属感等心理收益，减少与压力有关的风险；而且已经有研究表明，把体育作为休闲活动，可以减少药物滥用和暴力破坏，增强个体之间的社会联系，促进道德与文化的和谐，相应消极的社会活动就有可能较少。相对而言，我国关于体育健身休闲益处问题的研究还比较少，特别是关于这一问题的实证研究更是没有相应的研究成果。可以看出美国的这类研究更具有针对性。

究竟在哪里举行的体育活动是娱乐体育，这是一个非常难以界定的问题。对此，Laws, J. R. (1986) 认为，休闲体育产生的场所，能够证明娱乐体育是一个特殊的行业。它主要包括城市或社区、教育机构、军队、矫正机构、私人俱乐部、非营利组织、商业性的体育组织，如网球场、公司、自然环境、度假村等。

2. 美国体育组织概况

体育组织是社会治理的最重要主体，要了解美国体育健身休闲市场社会治理，有必要首先了解美国的体育组织。总体而言，美国的体育组织非常发达，这些独立、半独立的社会组织，有效地进行了体育健身休闲市场社会治理，让这个市场高效地运转。美国参与体育健身休闲市场的社会组织，主要有以下的一些类型：

一是，纯商业性的健身俱乐部。"美国是目前世界上体育健身休闲业比较发达的国家，他们拥有丰富的行业管理经验，完善的行业运作体系"[1]，其中发达的商业俱乐部是这个运作体系最主要的主体。目前，美国有1.56万个商业性质的体育健身休闲俱乐部，广泛地散布于美国各地，为3.21亿人口提供球类、舞蹈、器械、康复、水上运动等全方位的体育健身休闲服务，并为会员与部分公

---

[1] 郑瑞，潘绍伟，金玉. 中美两国体育健身休闲业现状比较研究[J]. 辽宁体育科技，2007, 30 (2): 16-18.

众提供了大量的健康教育培训服务。①

二是，承担政府体育管理职能的大众体育组织，这些组织没有财权与人事权，主要靠社会赞助来实现自身发展。如休闲体育管理机构、户外运动管理机构、总统健康与体育委员会、综合性体育管理机构、公园与休闲委员会，以及各种单项运动及地方性的"体育协会"等，这些独立或半独立的、民间性质的体育组织，其"组织管理主要是由各州政府、县政府、州镇和乡政府等地方政府承担"②。政府在大众体育中不承担具体的管理职能，只负责体育场地、体育设施的建设、保养、维护和管理。

三是，学校、军队、社区、医院的俱乐部、健身中心、康复中心等，兼具公益及商业的性质，它们独立地或者在承担管理职能的大众体育组织的支持下，开展各式各样的体育活动，并提供体育教育、健康管理等服务。

（四）相关研究评析

我国体育健身休闲市场法制建设研究集中于分析当前我国市场存在怎样的问题，应当有怎样的治理结构，以及通过怎样的法律手段促进体育健身休闲市场健康发展的问题，还有少量的研究在借鉴国外治理经验的基础上，提出完善我国体育健身休闲市场治理的法律方案。这些研究，对我国体育健身休闲市场社会治理的完善有其借鉴意义，但这些研究的体系性较差、原则性强，没有切中影响我国体育健身休闲市场发展及社会参与治理的要害，主要是从宏观的角度分析健身休闲市场法治建设的问题，并没有具体而深入地探讨。

我国体育健身休闲市场投资、经营、服务质量的研究，为我国体育健身休闲市场发展提供了指导，对于体育健身休闲市场社会治理的研究也绕不开这些问题。但是也应当看到，体育健身休闲市场虽然是具有非常大的发展前景的市场，但是基于这个市场所具有的成本高、场地要求高、对周边辐射的范围比较小等特点，在缺乏政策扶持的情况下，社会资本进入这个市场依然会顾虑重重；也就是说，社会资本进入体育健身休闲市场是一个系统性的问题，有必要完善配套的政策法律问题，才有可能促进社会资本大规模投资这个市场，但这个领域的研究依然是一片空白。而体育健身休闲市场服务质量的提升是一个系统化的工程，涉及人、设施、场地等方面的因素，因而也应当从系统的角度去考虑

---

① 林显鹏. 强大的美国体育产业 [J]. 时事报告，2015 (1)：57-58.
② 许晶，王正然. 美国大众体育健身服务业发展研究及其启示 [J]. 南京体育学院学报，2010，24 (5)：73-75.

服务质量提升的问题；但无论如何，服务质量的标准化、服务标准法律化是未来的发展方向，值得我们深入探讨。

美国关于娱乐体育历史、价值、存在广泛性的研究，从侧面为我国体育健身休闲市场发展的必然性、必要性提供了佐证。根据美国的经验，随着我国社会的发展，人们健康意识的增强，娱乐需求的增多，未来我国体育健身休闲市场将会进入一个快速发展的阶段。另外，美国对于娱乐体育服务目标与基础目标的研究，为我们深刻地认识体育健身休闲市场的公益性有着重要的意义。根据美国的经验，我国在促进体育健身休闲市场发展过程中，要强调市场的基础性作用，充分发挥体育社会组织，商业性质、半商业性质的康复中心，健身俱乐部等向社会公众提供健身休闲服务的作用，但是不应当否定政府的责任，更不应当否定体育健身休闲市场所具有的公益性质，这应当是完善体育健身休闲市场治理的出发点。

本章小结

绪论部分探讨的是本书的基本问题，为后面的研究奠定基础。该部分探讨了选题背景、研究目的与意义、研究对象、研究的主要内容、研究的重点难点、研究的创新、研究方法、研究思路、研究的理论基础、文献综述等基本问题，并界定了"社会治理""体育健身休闲市场""体育健身休闲市场社会治理"三个词的基本概念。我们将"体育健身休闲市场社会治理"界定为：社会主体基于合作、多中心（权力分散）、积极沟通、民主协调、多方参与、多种治理工具并行等治理的核心理念，依据法律、政策的规定并通过正式及非正式的制度安排，对体育健身休闲市场进行规范的方式方法总和。

第一章

体育健身休闲市场社会治理概述

为了深入地研究体育健身休闲市场社会治理，我们有必要对其基本情况进行分析。这些基本情况，包括体育健身休闲市场社会治理主体、历史、现状、宏观方面存在的问题等方面。

第一节 体育健身休闲市场社会治理主体

研究体育健身休闲市场社会治理主体问题，其目的在于厘清那些社会主体可以参与体育健身休闲市场治理当中，其具体的职责如何，这些都是治理实践以及具体治理制度构建中无法回避的问题。本节研究的目的，在于为后面体育健身休闲市场社会治理机制的探讨奠定基础。

一、元治理主体——各级政府

（一）政府是体育健身休闲市场的元治理者

1. 由"国家的回退"到"向国家的回退"

有些观点认为，政府作为与社会相对应的主体，不应当被认为是社会治理的主体。治理理论蕴含着"去中心化"[1]"多中心化"[2] 的主张，这些主张都意味着否定政府中心地位而转向以社会为中心；甚至有的学者认为，"没有政府的

---

[1] 去中心化：政府在公共行政中的中心地位被动摇，原来属于政府的权力向社会分权、向下一行政层级分权，乃至向国际组织分权。

[2] 多中心化：除了政府作为当仁不让的治理主体外，政府与其他组织共治、社会自治也是根据治理理论得出的必然结论。

治理是可能的"①。但是，也有学者针对政府去中心化的问题，提出了"元治理"的概念②，主张将国家请回中心位置，因为"国家不仅要在治理过程中承担不可或缺的角色，而且在治理失败时，国家是唯一能对结局负责并承担后果的行动者"③。很多学者认为，国家在各种水平上的治理是不可或缺的，"离开了国家这一'中心'，所谓的多元治理主体、多中心的协同几乎是不可能的，碎片化的社会无法匡正市场与政府的失败"④；还有一些学者认为，现代作为元治理者的国家与传统作为统治者的国家，两者有着根本的不同。作为元治理者国家的中心位置，伴随着简政放权，将社会能办、市场能调节的事情，交由社会和市场。

回到中国体育健身休闲市场社会治理的实践，我们可以看到，社会力量参与市场治理，无论是参与的广度、深度，还是在参与市场治理中所获得的权限，乃至社会力量参与治理中所受到的监督与引导，都与政府有着密切的联系。也就是说，政府在很大程度上影响着社会力量参与体育健身休闲市场治理，在诸多领域甚至具有决定性的作用。虽然我国现在强调简政放权，将社会能办的事务交给社会，但这并不等于否定政府对于社会力量参与治理的影响。在现实的治理中，"国家的回退"和"向国家的回退"构成了相互矛盾的现实，在很多时候让我们难以抉择，这在某种程度上证明，"抽象的社会中心和绝对的国家中心都是不可能的"⑤。因此，我们探讨体育健身休闲市场社会治理问题，必然绕不开政府这一元治理主体。

2. 政府立法权限与其"元治理者"角色

立法"是从人类行为的共性出发，以总的社会生活条件为基础，针对一般情况而制定的规则"⑥，具有稳定性、权威性、强制性的特点。我国的立法机关包括全国及地方人大及其常委会、国务院、部委、地方政府、体育的行政部门等，作为一个整体，我们将其统称为政府。政府的立法权限，让其拥有了对整

---

① 詹姆斯·罗西瑙. 没有政府的治理 [M]. 张胜军, 刘小林, 等译. 南昌：江西人民出版社, 2001：5.
② JESSOP B. The Regulation Approach, Governance and Post–Fordism: Alternative Perspectives on Economic and Political Change [J]. Economy and Society, 1995, 24 (3): 307–333.
③ 王诗宗. 治理理论及其中国适用性 [M]. 杭州：浙江大学出版社, 2009：59.
④ 王诗宗. 治理理论及其中国适用性 [M]. 杭州：浙江大学出版社, 2009：59.
⑤ 王诗宗. 治理理论及其中国适用性 [M]. 杭州：浙江大学出版社, 2009：59.
⑥ 饶艾, 曾红宇. 制定法运行机制及其障碍探索 [J]. 西南民族大学学报（人文社科版）, 2008, 198 (2): 234.

个体育健身休闲市场进行有效控制的能力,成为当之无愧的"元治理者"。我国政府的立法权限主要表现在以下几方面:

(1) 通过全国人大及其常委会所制定的高层级的制定法,实现对体育健身休闲市场社会治理的基础性安排。制定法"它所追求的是对复杂社会现象进行统一规制的普适性规则和原则。它强调用事先设计并制定好的一整套法律规则、原则和制度去规范人们的行为进而管理社会"①。我国涉及体育健身休闲市场社会治理的高层级制定法体现于经济、政治、社会生活等诸多方面的立法,主要规范全局性、根本性、原则性的内容;而对于现实生活中的一些细节性的问题,则不在这些高层级制定法的规范范围之内。体育健身休闲市场的发展,必须建立在遵守制定法的基础上。

(2) 制定对于我国体育健身休闲市场的发展起到重要的指导作用的政策。学者对政策有着不同的理解,詹姆斯·安德森（James E. Anderson）②认为政策是为处理某一问题或有关事务而采取的活动过程;陈振明认为政策是国家机关、政党及其他政治团体在特定时期为实现或服务于一定社会政治、经济、文化目标所采取的政治行为或规定的行为准则③。我们认为,政策是政府、机构或者组织,为了实现其目标而制订的计划,它具有"导向、控制、协调象征的功能"④。在体育领域,存在着大量由政府部门所颁布的政策,虽然稳定性、权威性及强制性不及制定法,但是具有制定法所不具有的及时、灵活的特性。我国及世界其他各国的经验已经证明,体育事业的发展往往需要因地制宜,应对各种不同的情况,无法用大量的制定法进行周密的规范;政策规范反而更加适应体育发展的特殊需求。

(3) 指导行业协会及体育相关组织制定行业标准。法律与政策不可能对体育健身休闲市场中的方方面面都做出规定,很多专业性的问题必须有赖于行业协会制定相应的标准,特别是技术性问题,相关的协会制作相关的标准最合适;在这过程中,政府通常起到指导作用。

---

① 饶艾,曾红宇. 制定法运行机制及其障碍探索 [J]. 西南民族大学学报（人文社科版）,2008,198 (2): 234.
② 陈振明. 政策科学——公共政策分析导论 [M]. 北京:中国人民大学出版社,2006: 48.
③ 陈振明. 政策科学——公共政策分析导论 [M]. 北京:中国人民大学出版社,2006: 50.
④ 陈多旺. 法与政策的关系浅论——以规范功能为视角 [J]. 学理论,2014 (6): 75.

(二) 政府在体育健身休闲市场社会治理中的职责

"治理观点的价值在于它有能力提供一种有组织的（分析）框架"①，帮助我们深刻地认识治理中各种主体的角色与地位。早期的治理理论蕴含社会中心倾向，强调社会力量在治理过程中的作用，反对国家对经济干预，具有强烈的新自由主义倾向。② 然而，治理理论的发展及其实践证明，要让治理理论真正成为一种有效的分析框架，忽略政府的作用是不可行的。"政府也可以通过塑造社会治理的美好愿景来团结一切治理力量，并形成治理合力。在这里，愿景可以是未来期望达成的景况，可以是实现理想的蓝图，也可以是具体的计划与任务目标。"③ 体现在体育健身休闲市场社会治理领域，也同样如此。政府在体育健身休闲市场社会治理中的具体职责体现在以下的几方面：

1. 政府介入治理主体组织与培育过程

除了政府以外，体育健身休闲市场社会治理的主体主要有体育经营组织、体育类社会组织④（包括体育社团、民办非企业单位、基金会）、公民等。要实现对市场及其主体的善治，"这种目标的达成，既无法完全依靠政府之力，也不可能完全依赖社会自治，而必须来自政府与社会的治理合力。显然，在社会力量相对比较弱小的情形下，成功实现这一目标的关键在于政府必须建立或完善对于各类社会主体的支持培育机制"⑤。实践中，政府介入了所有这些社会治理主体的组织与培育过程：

（1）体育经营组织。政府对于体育健身休闲市场具体经营主体的生存发展影响极大，体育经营组织的设立、经营必须符合法律的规定，在税收、准入条件方面必须符合法律的规定，并且受到政府政策的调控。

---

① 王诗宗. 治理理论及其中国适用性 [M]. 杭州：浙江大学出版社，2009：43.
② 新自由主义：新自由主义诞生于19世纪70年代，它作为一种政治学与经济学思潮，主张保持自由市场的重要性，反对国家和政府对经济的不必要干预；但不同于经典自由主义，它提倡社会市场经济，即政府只对经济起调节以及规定市场活动框架条件的作用。
③ 任泽涛. 社会协同治理中的社会成长、实现机制及制度保障 [D]. 杭州：浙江大学博士学位论文，2013：55.
④ 体育类社会组织的三个类型的划分依据是民政局对于社会组织的分类，详见民政局"中国社会组织"网站. 网址：http://www.chinanpo.gov.cn/index.html，访问时间：2015-9-10。
⑤ 任泽涛. 社会协同治理中的社会成长、实现机制及制度保障 [D]. 杭州：浙江大学博士学位论文，2013：56.

(2) 体育类社会组织。体育类社会组织的设立登记、运作、监督等的组织过程，必须符合《社会团体登记管理条例》(1998 年修订并实施)、《基金会管理条例》(2004 年修订)、《外国商会管理暂行规定》(1989 年制定并实施)，或者《民办非企业单位登记管理暂行条例》(1998)。除了上述四个关于社会组织专门性的法律规范外，规范政府介入社会组织自身组织过程的规范性文件还有很多，如《社会团体分支机构、代表机构登记办法》《社会团体印章管理规定》《社会团体设立专项基金管理机构暂行规定》等。

(3) 公民。单个公民受到自身能力、资源的限制，对体育健身休闲市场的影响是非常有限的，为了促进公民参与体育健身休闲市场社会治理，政府通过各种路径的设置，方便公民参与体育健身休闲市场社会治理当中。

2. 政府提供了体育健身休闲市场社会治理所需规则

社会治理强调了自我管理，但并不等于可以离开规则而独立地运转。社会力量参与体育健身休闲市场治理过程中，虽并不排斥经营主体、社会组织制定一些规章制度，但这些都是微观经营管理层面的规范性文件，必须符合国家强制性的法律规定，并不能取代国家所指定的规则。政府通过它的立法权，至少在体育健身休闲市场社会治理的主体资格、主体的权利义务，社会治理的组织、运作、监督等方面，为体育健身休闲市场社会治理提供所需的规则。以国家对社会组织的规范为例，1998 年以来，国家制定并颁布了大约 122 个规范社会组织的规范性文件①，规范了社会组织名称、性质、活动规则、印章管理、财务、开展活动的形式等方方面面的问题，为社会组织活动的开展提供了比较完备的规则；而对体育社会组织而言，它属于社会组织的重要组成部分，同样需受到这些文件的规范。更为重要的是，政府通过政策或者法律的抉择，对于体育健身休闲市场社会治理发展起到引导、促进或者抑制作用，对体育健身休闲市场社会治理起到根本性的规范。

3. 政府是体育健身休闲市场社会治理不同主体沟通的桥梁

从理论层面来看，政府充当沟通桥梁的作用，主要体现在以下两个方面：(1) 促进社会主体之间形成治理网络。主体参与体育健身休闲市场社会治理，除了发挥自身作用外，更为重要的是各个主体间形成网络关系，相互影响，各司其职；政府作为其中起主导性作用的主体，介入了网络的构建当中，对于每

---

① 数据来源：民政部"中国社会组织网"——"政策法规栏目"；网址：http://www.chinanpo.gov.cn/1202/1/1/zcindex.html，访问时间：2015 – 9 – 12。

个主体在其中所扮演的角色产生了重要的影响。(2) 促进社会主体之间沟通协调。"治理涉及建立一致性或获得认同及默许,以便于在众多不同利益交织的领域执行某项计划"①;要让不同的主体认同或者默许同一目标,执行某项计划,没有沟通协作是不可想象的。在民众、体育经营主体、体育社会组织、体育行政部门等众多主体中,能协调各方关系,调动各方资源,引导各方行为,充当各方沟通桥梁的,非政府莫属。政府的角色,是其自身的体育公共服务职能所决定的。

实践中,政府在以下几方面起到沟通桥梁的作用:制定体育政策与法律,引导体育资源投向,避免体育资源的不均等;平衡博弈各方的力量,保证相对弱势一方的治理权利得到体现;调和体育健身休闲市场社会治理主体内部矛盾,确保治理主体内部的运作合法有序;调和不同主体之间的矛盾,为争议的解决提供最终的裁决;确立共同目标,通过教育、激励机制等,糅合各方力量实现共同目标。

4. 政府对体育健身休闲市场社会治理失败承担政治责任②

体育健身休闲市场治理中,强调充分发挥社会力量的作用、强调其他主体的责任,并不等于否定政府在治理中的责任。"政府将很多权力、职责让渡出来交给社会,其自身精力及资源集中于整合社会资源、动员社会资源、把握治理进程、实行有效的监督和管制等"③;也就是说,政府职能转移,只是将自身精力及资源转移到其他方面,政府还是需要对于市场治理状况承担最终的政治责任,具体表现在:

一是,政府有责任对社会治理失败采取补救措施。社会治理的失败,往往意味着体育资源的分配不均衡,社会公共利益受到损害,这时候政府必须站出来采取补救措施,避免公共利益进一步受损。

二是,体育健身休闲市场社会治理的失败,政府与相应的官员要承担道义及法律上的责任。从政治学原理而言,政府与官员的权力来源于民众的委托,当出现社会性问题的时候,这意味着政府没有很好地行使与运用公共权力;因

---

① 王诗宗. 治理理论及其中国适用性 [M]. 杭州:浙江大学出版社,2009:38.
② JESSOP B. Capitalism and its Future:Remarks on Regulation, Government and Governance [J]. Review of International Political Economy, 1997, 4 (3):561. 政治责任,是指政府和官员制定符合公共利益、公众意志的公共政策的职责,以及没有很好地履行职责、没有达到预期的政策目标而应当承担的谴责与制裁。
③ 王诗宗. 治理理论及其中国适用性 [M]. 杭州:浙江大学出版社,2009:44.

此，社会治理失败，体育健身休闲市场发展、公众体育权益受到损害，政府及官员应当承担道义及法律责任。

三是，政府还有责任对社会治理失败问题进行检讨，制订出完善的方案，避免类似的失败再次发生。

二、营利性主体——体育健身休闲市场经营主体

体育健身休闲市场经营主体，即以营利为目的、在市场从事体育健身休闲服务交易活动相关的主体。根据我国《民法通则》《合伙企业法》、外商投资企业法①、《公司法》等法律的规定，这些主体同样可以是个人、个体户、个人合伙、合伙企业、个人独资企业、有限责任公司、股份有限公司等。在实践中，我国比较典型的经营主体一般起名为健身俱乐部、高尔夫俱乐部、马术俱乐部、体育俱乐部等；就法律主体而言，主要是以个体户、合伙、有限责任公司居多；上市公司中，我国只有中体产业集团股份有限公司的经营范围涉及体育健身业，其他体育概念的上市公司主要是运动设备、运动服饰、体育场馆建设类的企业。

（一）经营主体在体育健身休闲市场治理中的地位

营利性主体是体育健身休闲市场经济活动的主体，对于体育健身休闲市场社会治理而言，他们既是主要的治理者，也是主要的被治理者。我国治理领域著名学者王诗宗在讨论治理与公民社会的关系时指出，"公民则不再是消极被动的消费者，而是积极的决策参与者、公共事务的管理者和社会政策的执行者"②，在这里公民不仅指的是自然人，还包括社会上的企业公民、其他类型的主体。经营主体基于其对体育健身休闲市场治理的影响而成为治理者的角色。其主要表现为以下几个方面：

1. 通过与政府订立合同、参与市场规则的制定而成为治理者角色

经营主体参与体育健身休闲市场治理当中，实际是参与市场游戏规则的制定当中，改变了过去政府单独决定市场规则的状况，是充分尊重经济实体作为市场主体地位的表现，这对于政府在市场经济中的地位也是一种制约。从这个

---

① 外商投资企业法包括《外资企业法》《中外合资企业法》《中外合作企业法》三部主要的法律，以及与这三部法律相配套的一系列政策，如《外商投资产业指导目录》（定期修改并公布）。

② 王诗宗. 治理理论及其中国适用性 [M]. 杭州：浙江大学出版社，2009：192.

意义上看，经济实体参与体育健身休闲市场治理的行为，与经济自由主义①主张限制政府对于社会经济事务的干预，充分发挥市场机制在资源调配中的作用有着实际上的一致性。

2. 通过与消费者之间形成的消费关系，实现对健身休闲市场治理与影响

体育健身休闲市场消费者从事消费活动的过程，与经营主体之间有大量互动，它们之间是相互影响、相互促进的作用。健身经营主体的经营行为、管理制度等，从微观层面而言是整个体育健身休闲市场治理的一部分，从宏观而言将会影响到其他健身经营主体的治理行为，通过市场的竞争机制促进整个健身休闲市场治理水平的提高，从而为消费者提供更优质的服务。消费者的消费行为，特别是对健身经营主体的选择行为，也对提高体育健身休闲市场治理水平与治理能力有促进作用。

3. 经营主体作为体育健身休闲市场治理者的角色，有利于自身履行社会责任

一般认为，企业社会责任是指企业以经济责任为基础，进而承担法律、伦理与慈善责任。② 市场经济的逐利性有其消极影响，特别是在我国市场经济体制不健全的情况下，其表现得更为明显；如何减少体育健身休闲市场经营主体的道德风险，引导经营主体成为负责任的行为者就成了体育健身休闲市场治理的重要任务，也是全社会的关切之所在。体育健身休闲市场治理，其目的不仅仅在于促进经济发展，还担负着实现公民体育权利的义务，有着天然的道德使命。因此，经营主体参与体育健身休闲市场治理，通过经济、法律、自律等手段，促进自身成为负责任的市场经营主体，是其回应社会关切，履行社会责任的内在需求。

---

① 经济自由主义理论可以分为古典经济自由主义理论与新经济自由主义理论，它的核心思想是主张充分发挥市场机制在资源调配中的作用，限制政府对经济进行干预。古典经济自由主义又称为斯密的经济自由主义，强调要对经济"完全的自由放任"，政府充当好守夜人的角色即可；以凯恩斯为代表的新经济自由主义在强调经济自由的同时，认为国家干预经济有其必要性。

② 企业社会责任是一个非常难以定义的概念，不同学者对其内涵外延有着不同的认识。企业社会责任的经典定义由 Carroll 提出，他基于前人对于企业社会责任认识的基础上，认为企业社会责任是以经济责任为基础，进而承担法律、伦理与慈善责任。但我国学者郑海东认为，Carroll 将企业社会责任划分为四个类型显着过于抽象，每种责任类型的内容不够明确、界限不够清晰，不利于用来指导实践；据此，郑海东认为，引入利益相关者理论界定企业社会责任概念的做法更为恰当。

（二）体育健身休闲市场经营主体在治理中的具体职责

1. 参与向社会提供体育服务

根据治理理论，经营主体履行社会治理职能的重要方面，是参与向社会提供体育服务。通常而言，政府、公益性社会组织负责向社会提供公共体育服务，而经营主体则有偿地向社会公众提供体育服务。事实上，随着政府职能的转移，我国社会体育健身休闲市场经营主体已经非常多地参与了社会公共体育服务提供过程中。这些原来由政府承担的职能，一般分两种情况处理：

一是，部分服务职能直接市场化，充分发挥体育健身休闲市场的力量为公众提供相应的服务。此时经营主体应当积极地履行自身与消费者的合同，向消费者提供质优价廉的体育健身休闲产品与服务。

二是，一些不适合直接市场化的政府职能，则由政府向市场购买体育服务，然后再向社会公众免费提供。此时，经营主体也应当做好充分的准备，努力发展自身，积极参与政府采购体育服务的活动，为承接政府向其购买体育健身休闲服务做好设备、人力等方面的准备。譬如，我国在社会养老、残疾人福利保障等领域，每年都要进行体育服务商品的采购，经营主体有必要积极准备，迎合社会的需求，在满足社会需求的同时实现自身的发展。

2. 示范遵守法律，完善自我治理

体育健身休闲市场经营主体要实现长远、可持续发展，成为制约体育行政部门权力、参与市场规则制定的主体，需要示范地遵守法律。只有示范地遵守法律，健身经营主体才有参与健身市场治理的底气，治理行为才能为体育行政部门、社会公众及其他市场主体所接受，成为影响整个健身市场发展的力量。示范性遵守法律，对内表现为健身经营主体应当遵守员工社会保障方面的法律，保障教练员、管理人员的合法权益，运动器材、场地要符合国家的强制性标准；对外表现为依法缴税，符合环境保护要求，诚信地开展健身休闲经营管理活动，保护健身者的合法权益。

体育健身休闲经营主体还需要不断地完善自我治理。自我治理是社会治理领域的重要内容，它不仅是健身休闲经营主体的权利，也是一种义务。随着"小政府、大社会"时代的到来，体育行政部门不断放松对健身经营主体的管制，更多的自主权被还给了市场经营主体，这对主体自我管理能力提出了更高的要求。当前，我国体育健身休闲市场经营主体在自我治理方面还存在一系列问题，表现为健身从业人员素质偏低，懂市场经济规律及健身休闲行业经营管理的人才稀缺，健身行业规模小、集中度低，很多俱乐部内部治理结构不完善等方面。针对这些问题，健身经营主体有必要采取应对措施加强自我治理，完善内部规章制度，规范经营管理，增强对人才的吸引力，才可能实现长远、可持续发展。

3. 积极履行社会责任以增进社会福利

履行社会责任是健身休闲经营主体完善自身治理、促进自我发展的重要手段。根据科斯（Coase，R. H.）的交易成本理论①，健身休闲经营主体（主要是公司）之所以存在，是因为它让整个社会承担经营主体外部化了的内部成本，也就是说，社会公众分担了健身休闲经营主体的成本。因此，"从利益相关者的角度出发，社会公众是公司重要的利益相关者"②，当社会公众承担了健身休闲经营主体转嫁的内部成本后，"从权利与义务相一致的要求出发，（社会公众）对公司行使权力和权利，是天经地义的"③。因此，即使健身休闲经营主体已经遵守国家的法律，依法纳税，它依然有责任与义务尽量响应利益相关者的利益诉求与权利表达，切实履行社会责任以增进社会福利。为此，根据治理理论，健身休闲经营主体应做好以下几方面：

一是，体育健身休闲经营主体要平衡自身营利诉求与对社区体育参与的责任。也就是说，经营主体在追求利益最大化的同时，在服务定价、体育项目设置、服务对象甄别等方面，还应当适当地考虑社区（社会）的利益。

二是，体育健身休闲市场经营主体有责任安全生产。体育项目无可避免地具有一定的危险性，经营主体在开展服务的过程中，有必要完善自身的管理水平，加强人员培训，提高服务质量，减少体育活动过程中潜在的风险。

三是，体育健身休闲市场经营主体有责任减少对环境的影响。实践中，有些体育项目会对周围环境产生一定的影响，如一些水上项目有可能污染水源；高尔夫、马术项目等，有可能会占用大量耕地，消耗大量水源，对周围环境造成消极的影响；而一些器材项目、体操舞蹈类项目有可能会有噪声污染、污染物排放的可能。经营主体有责任控制这些污染的发生，把对环境的消极影响降

---

① 根据百度百科的定义，所谓交易成本（Transaction Costs），就是在一定的社会关系中，人们自愿交往、彼此合作达成交易所支付的成本，也即人—人关系成本。它与一般的生产成本（人—自然界关系成本）是对应概念。从本质上说，有人类交往互换活动，就会有交易成本，它是人类社会生活中一个不可分割的组成部分。
② 陈会平. 论公司社会治理 [D]. 上海：复旦大学博士学位论文，2013：108.
③ 陈会平. 论公司社会治理 [D]. 上海：复旦大学博士学位论文，2013：108.

低到最小的程度。

四是，健身休闲经营主体还需担负起对于股东、客户、合作伙伴的责任。体育健身休闲市场的治理，其目的归根到底在于在减少政府介入的情况下，能够充分调动市场的积极性，为社会提供更为丰富、优质的体育健身休闲产品。健身休闲经营主体只有对股东与合作伙伴负责，才可能获得更多的投资；只有对客户负责，才可能获得源源不断的客户资源，实现长远发展。

4. 协同其他主体治理健身休闲市场

多主体相互合作，共同发挥作用是治理的应有之义。作为市场活动中的核心力量，健身休闲经营主体有责任与其他社会力量，特别是与政府一起，协同对体育健身休闲市场进行有效的治理，其具体表现为以下方面：

一是，与其他社会力量联合起来，共同致力于某一体育健身项目，或者健身休闲行业的治理。单个经营主体的自我治理是实现体育健身休闲市场健康发展的重要方面，但毕竟单个经营主体势单力薄，难以对社会与健身行业产生重大的影响。本行业的不同主体联合起来组成社会性组织，形成较为强大的合力是现代社会普遍的现象。这些不同的经营主体一旦联合起来，就可以形成维护行业利益、致力于行业自治的整体；对于体育健身休闲市场不同的经营主体而言，很多主体发挥各自的优势与特点，通过所参与的组织制定行业标准、技术标准，并通过与其他主体交流经验等的方式，来实现对本行业、本项目的良好治理。

二是，积极与体育行政部门沟通，致力于与体育行政部门共同构建良好的治理状况。现代社会是一个市民社会，"在（市民社会）这个空间里，社会（主体）本着自愿的原则自我组织、自我规制、高度自治。这种高度组织化的社会在法治框架下自我运转，并与国家权力相制衡"[①]。在这里，健身休闲经营主体制衡并非与体育行政部门抗衡，而是与体育行政部门相向而行，共同努力，避免体育行政部门权力膨胀而损害经营主体的自主权。随着健身休闲经营主体对于市场治理的深度介入，其与政府的积极沟通显得尤为重要，及时向政府机构传递自身及所在组织的利益诉求，也是其履行治理职能的具体体现。

---

① 任泽涛. 社会协同治理中的社会成长、实现机制及制度保障 [D]. 杭州：浙江大学博士学位论文，2013：25.

三、非营利性主体——体育社会组织

现代社会中，社会组织作为个体力量的集合体，拥有着个人无法比拟的资源与行动力，为社会公众参与治理提供了一种可供替代的有效方案，"在推动个人参与、实现社会价值、拓展公共领域等方面形成日益丰富的社会舞台"①。体育社会组织作为介乎于政府、市场的一类组织，社会公众可以根据各自的意愿与主张，参与各种体育社会组织当中，再通过社会组织的活动来表达自身的诉求，对我国体育健身休闲市场治理有着重要的影响。

（一）体育社会组织的界定及类型

1. 体育社会组织的界定

莱斯特·M. 萨拉蒙②认为，社会组织具有组织性、民间性、非营利性、自治性、自愿性的特征。我们认为，"社会组织是专指区别于政府和企业并且具有民间性、自治性、自愿性和公益性等基本特征的组织"③。参照社会组织的概念，我们可以将体育社会组织界定为：由各类主体所组成的从事体育事业的组织，并且这些组织区别于政府与企业，具有民间性、自治性、自愿性和公益性的特点。我们在理解体育社会组织概念的时候，要重点把握好以下几个方面：一是，从组织本身的宗旨来看，体育社会组织以主要从事体育事业为己任；二是，组成体育社会组织的主体具有广泛性，可以是公民、各类组织，乃至政府；三是，体育社会组织具有社会组织的全部特征，即社会组织所具有的民间、自治、自愿、公益性等特点，体育社会组织全部都具有；四是，我国很多体育社会组织具有一定的官方色彩，接受了一定的政府拨款，但这并不否定其所具有的区别于政府的特征；五是，体育社会组织虽然不以营利为目的，但不等于不从事营利活动。

---

① 王名. 社会组织与社会治理 [M]. 北京：社会科学文献出版社，2014：2.
② 美莱斯特·M. 萨拉蒙. 公共服务中的伙伴——现代福利国家中政府与非营利组织的关系 [M]. 田凯，译. 北京：人民大学出版社，2008.
③ 柴振国. 社会治理视角下的社会组织法制建设研究 [M]. 北京：人民出版社，2014：14. 王名（2009）在《走向公民社会——我国社会组织发展的历史及趋势》一文中认为：在我国，社会组织是指那些在社会转型过程中由各个不同社会阶层的公民自发成立的，在一定程度上具有非营利性、非政府性和社会性特征的各种组织形式及其网络形态。

2. 体育社会组织的类型

如果以名称或所从事的公益性体育事业来判断，我国体育组织的类型是多种多样的。但回归到法律层面，依据我国现阶段关于社会组织的法律，我国体育社会组织的类型主要有以下三种：

(1) 体育社会团体，通常被简称为"体育社团"

我国直接界定社会团体的，是1998年颁布的《社会团体登记管理条例》。在这部行政法规中，"社会团体"被界定为：中国公民自愿组成，为实现会员共同意愿，按照其章程开展活动的非营利性社会组织。参照"社会团体"的定义，我们可以将体育社会团体理解为"中国公民自愿组成，为实现会员共同意愿，按照其章程开展体育活动的非营利性体育社会组织"；特别要注意的是，外国人、外国法人、外国的其他组织不能够成为体育社会组织的成员。实践中，体育社团的会员是否只能是作为自然人的公民，我认为是值得商榷的，而且与实践的情况也不相符；在本书中，我们认为，体育社团的会员，不仅包括自然人，还应当包括政府、企业、体育俱乐部、其他类型的组织等，只要这些主体不为中国强制性法律所禁止，均应当允许其拥有成为体育社团成员的法律资格。我国体育社团主要是体育行业协会，譬如，中国体育舞蹈联合会、马术协会、中国企业体育协会、中国体育集邮与收藏协会、中国体育场馆协会、高尔夫运动协会等；也有一些从事体育项目交流、推广活动的组织，譬如，深圳市乐享健康广场舞协会、沛县广场舞协会、衡阳县太极拳运动协会等。

(2) 体育类民办非企业单位

根据《民办非企业单位登记管理暂行条例》第二条：本条例所称民办非企业单位是指企业事业单位、社会团体和其他社会力量，以及公民个人利用非国有资产举办的从事非营利性社会服务活动的社会组织，具有民办、非营利、社会服务三大典型的特性。参照民办非企业单位的定义，我们可以将体育类民办非企业单位定义为企业事业单位、社会团体和其他社会力量，以及公民个人利用非国有资产举办的从事非营利性体育类社会服务活动的社会组织，它同样具有民办非企业单位的三大特性。实践中，我国典型的体育类民办非企业单位有男子篮球协会、足球协会等，根据他们的章程，它们属于非营利性社会组织，他们在推广篮球运动的同时，也从事一定的商业活动。

(3) 体育基金会

《国际基金会指南》中，将基金会定义为"一个非政府、非营利的组织，它有自己的资金,由其受托人或董事会管理,旨在资助教育、慈善、宗教等社会公益事业"①。依据我国2004年颁布的《基金会管理条例》,基金会是"利用自然人、法人或者其他社会组织捐赠的财产,以从事公益事业为目的,依法成立的非营利性法人",它分为公募基金与非公募基金两类。两者区别在于,前者指依靠向社会公众公开募捐而筹集的资金从事公益性事业的基金会;后者则主要依靠特定对象的捐助及其自身资金运作形成的资本增值收益从事公益性事业的基金会。据此,我们可以将体育基金会界定为利用自然人、法人或者其他社会组织捐赠的财产,以从事体育公益事业为目的,依法成立的非营利性法人;它可以分为公募的体育基金与非公募的体育基金两大类,其中非公募基金可以通过运营自身资金获得增值收益来从事体育公益性事业。

（二）体育社会组织在体育健身休闲市场治理中的地位

1. 体育社会组织促进体育健身休闲市场法治的落实

体育社会组织是《宪法》关于"结社权"这一基本权利在体育领域的具体体现,对于促进公民权利实现有着重要意义。体育社会组织代表的是某一群体的利益,有利于将体育健身休闲相关的力量组织起来采取集体行动,参与维护本群体利益的博弈当中;这种博弈,能对政府的行政进行制约与监督,使之符合合法性与正当性。而在体育健身休闲市场立法方面,单个的社会主体是很难参与具体的立法过程中的,体育社会组织能够很好地担当市场主体利益代言人的角色,帮助体育市场主体摆脱任由行政机关、立法机关"说了算"的局面,最终有利于市场法治的落实。

2. 体育社会组织具有匡正政府失灵与市场失灵的作用

市场失灵,表现为市场经济导致的外部性②,公共产品稀缺与公共产品过

---

① 资中筠. 财富的归宿：美国现代公益基金会评述［M］. 上海：上海人民出版社,2006：53.

② 所谓外部性,即无法由市场交易获取的收益,以及无法由市场交易弥补损失,包括私人边际收益和社会边际收益,以及私人边际成本及社会边际成本外部性。外部性又包括外部经济及外部不经济;前者主要是公共产品的特征,而外部不经济主要体现在人类生产生活对于公共利益的损害,如污染水源、导致雾霾等。作为市场失灵的典型现象,外部性"可以绕过价格机制直接地影响他人的经济环境和经济利益,对他人产生了额外的成本或收益,但并未因此进行赔偿或得到报酬"。(见吴雅杰. 中国转型期市场失灵与政府干预［M］. 北京：知识产权出版社,2011：7.)市场经济的外部性表明,单纯地依靠市场对社会资源进行自发的配置,往往难以达到理想的效果。

剩共存①，收入分配不公平、不合理三个主要的方面，这些都是无法通过单纯的市场手段能够解决的。市场失灵表现在体育健身休闲市场，单纯地依靠市场"看不见的手"的调节，无法让体育资源的调配达到最优状态。而政府失灵，罗兰·麦肯恩②（Roland McKean）将其定义为：政府在干预经济、社会生活过程中，由于自身的局限性及其他的因素，导致资源分配效率低下，成本高企，无法达到预期目标。萨缪尔森认为，政府失灵体现在政府的政策及行为无法提高经济效率，以及促使收入分配更公正合理方面。政府失灵体现于体育健身休闲市场，表现为政府对于体育健身休闲市场干预的低效或无效。正是出于匡正体育健身休闲市场失灵与政府调节失灵的需要，在理论与实践当中，人们都尝试将体育社会组织为代表的"第三部门"引入对于市场的治理当中，试图弥补市场自发调节与政府调节的缺陷。

3. 社会组织有利于制约国家对体育健身休闲市场的支配权

根据政治学理论，国家行政权力对于体育健身休闲市场而言具有双重性，既能优化市场资源的配置，促进体育健身休闲市场的发展，但在某些时候又容易违背市场规律，滥用行政权力侵犯市场主体的权益，影响体育健身休闲市场的健康发展。正如恩格斯所言，行政权力来源于社会但又居社会之上，且具有日益脱离社会的倾向。出现这些现象，究其原因是国家行政权具有自主性、膨胀性、垄断性、强制性的特点。行政权力的这些特点，使其能够强迫体育健身休闲市场主体违心服从，做不愿意做的事情，接受不利的结果；如果让健身休闲市场主体直接与行政权力进行博弈，非常容易导致市场主体处于更加不利的境地，承受高昂的维权成本。因此，有必要对行政权力干预体育健身休闲市场

----

① 公共产品又可以分为纯公共产品和准公共产品，两者的区别在于纯公共产品具有完全的非竞争性与非排他性，而准公共产品是不同时具有非竞争性与非排他性；也就是说，准公共产品兼顾私人产品与公共产品的特点。准公共产品又可以分为俱乐部产品与公共资源两类，前者如健身俱乐部，后者如小区的健身设施。本书所说的公共产品，主要是指准公共产品。在我国，随着经济社会的发展，公共产品的供给已经有了长足的进步，但是依然与人民群众日益增长的物质文化需求有很大的差距；当前，我国公共产品短缺呈现出投资主体单一、投资主体受利益驱动、消费者普遍存在"搭便车"行为三种特点。但与此相背离的是，公共产品总体供应不足的情况下，在某些地方却存在局部过剩；这主要是地方政府形象工程、政绩工程，或者地方政府盲目追求局部利益，各地区域发展不平衡等原因造成的。简而言之，之所以出现这种情况，有的是政府对市场干预过多而造成的，有的是市场经济本身的逐利性而造成的。
② MCKEAN R N. The Unseen Hand in Government [J]. The American Economic Review, 1965, 55 (3): 496-506.

的行为进行必要的制衡，防止行政权力在运行过程中自我膨胀、扩权，乃至越权。这种制衡，除了行政权力内部的制衡、行政司法立法权的制衡之外，通过社会组织进行外部的制衡是非常好的一个选择。

（三）体育社会组织在市场治理中的具体职责

1. 承接政府职能转移，参与市场治理

十八大以来，我国展开新的一轮政府职能改革，精简政府职能，将社会能办的事情交给社会是这轮改革的重点内容之一。在体育健身休闲市场治理领域，政府已经逐步地将其原来承担的一些管理职能及提供体育公共服务的职能交由社会来承担。体育组织在承担这些职能中扮演着重要的角色。具体而言，社会组织参与市场治理主要表现在以下两个方面：

（1）承接政府转移的体育健身休闲市场管理职能

长久以来，我国实际上是国家办体育；即使是一些看起来独立的体育社会组织，在开展体育健身休闲活动过程中也受到行政权力的重大影响，乃至行政权力具有决定权。随着改革的开展，我国体育社会组织逐步地与行政机构脱钩，独立地承担起一些原来由政府主导的体育健身休闲市场管理职能，具体表现在：

一是，体育组织承担起了将一些体育项目推向市场，进行市场化运作的职责。按照十八届三中全会《关于全面深化改革若干重大问题的决定》的要求，"限期实现行业协会商会与行政机关真正脱钩，重点培育和优先发展行业协会商会类、科技类、公益慈善类、城乡社区服务类社会组织"，随着体育类的协会商会逐步与体育行政机构脱钩及体育行业协会商会的发展，体育社会组织承担起了原来由政府承担的项目推广、人才培养、赛事组织等的一系列任务。

二是，体育社会组织承担起了很多体育行业自治的责任。体育行业内部的很多标准、自律规约等，长期以来由体育行政机构主导进行制定；十八大以来，随着政府机构改革与社会治理体制改革的推进，政府逐步放权给体育社会组织，由其承担起行业内部的治理任务，政府不再直接干预体育行业内部治理规则的制定。政府由原来的制度直接提供者转变为超脱于市场主体、体育社会组织之上的监督者、引导者，充分将市场对于资源的配置作用及体育社会组织的积极性给调动起来。

（2）承接政府转移的公共体育服务职能

现代政府有责任向社会提供公共体育服务。过去很长一段时间，我国体育行政机构直接向社会提供公共体育服务。随着我国社会治理体制的改革，以及政府职能的转移,政府向社会提供的公共体育服务,逐步由直接提供过渡到向社会购买,社会组织在其中担当着重要的角色。

一方面,政府向体育社会组织提供经费支持,体育社会组织直接为社会提供公共体育服务。在这种情况下,体育社会组织是公共体育服务的承接主体,它通过运用其自身所拥有的资源,直接为公众提供体育健身休闲服务。

另一方面,体育社会组织为政府购买体育公共服务提供支持。体育社会组织拥有一定的信息、资本、科技、人、物等物质资源,以及舆论、行为规则、自治规则等能对成员施加影响的精神资源,政府向体育健身休闲市场购买公共体育服务过程中,体育社会组织可以运用自身的资源,为政府提供信息、甄别、评估、监督、评价等方面的协助,帮助政府筛选出最优的市场服务提供者。

2. 作为政府与市场之间、市场主体之间沟通的桥梁

(1) 体育社会组织成为沟通与合作的平台,有利于节约交易成本

一方面,很多体育协会类型的社会组织,将不同主体联合起来,解决了市场主体之间各自分散、封闭的问题,对于避免市场主体无序竞争、创造相互合作的条件有着积极的意义。另一方面,"社会组织都掌握着一定的社会资源,包括人、财、物、资本、信息、科技等物质性资源……"[1],体育社会组织通过为组织成员及社会提供本领域的这些资源,节约体育健身休闲市场主体的市场交易成本,提高市场交易效率。

(2) 体育社会组织介入市场治理,有助于政府制定高水平的政策制度

正如英国著名的治理理论学者格里·斯托克所认为的那样,治理虽然出自政府但不限于政府,政府更不是唯一行使治理权力的主体,"各种公共的和私人的机构也是一定层面上社会事务的权力主体"[2]。为体育健身休闲市场提供治理制度是政府应当提供的公共服务产品;政府的治理要求与体育健身休闲市场主体的诉求往往有一定的差距,而市场主体相对于行政权力的弱势地位,决定了其在政策制定中难以直接参与与政府的博弈当中;体育社会组织民间性、公益性的特点,使得其能很好地担当政府与市场沟通的桥梁角色,有利于实现"使

---

[1] 刘一纯,村夫. 论社会组织的社会管理主体地位及其法治保障[J]. 社会管理研究,2012 (1):23-26.

[2] 格里·斯托克. 作为理论的治理:五个论点[J]. 华夏风,译. 国际社会科学(中文版),1999 (2):19-30.

国家、社会、个人三者形成相互制约又相互依赖的良性互动"①。体育社会组织可以根据它的宗旨及它代表的成员利益，与政府展开协商与沟通，从而有助于政府制定出高水平的治理制度。另外，政府在落实市场治理制度过程中，社会组织的协助可以降低其行政成本，提高行政效率与服务水平。

(3) 体育社会组织能够为市场主体创造良好的经营环境

市场主体的经营活动，对外需要加强与同行、体育行政主管部门、社会公众、体育消费者、媒体的沟通，对内需要加强劳资双方的沟通，加强对员工的培训，为员工提供良好的工作环境与氛围。体育社会组织能够为市场经营主体提供对外与对内沟通的平台与服务，解决部分争端，为员工提供某些领域的技能培训，这些都有助于形成和谐、公平的经营环境，为体育健身休闲市场主体长远、可持续的发展奠定基础。

3. 促进行业内部自治水平的提高

体育社会组织可以利用其影响力促进市场主体自治水平的提高。体育社会组织的影响力，来源于它所拥有的物质资源、精神资源，以及成员的授权。"社会组织都掌握着一定的社会资源，包括人、财、物、资本、信息、科技等物质性资源与思想文化、道德习俗、社会舆论、合乎历史正义的法外权利等精神资源。"② 另外，很多体育组织要求成员在加入的时候，将一定的权力让渡给体育社会组织行使，以方便体育社会组织采取集体的、一致的行动，也保证部分强制性的规章制度能在成员间得以执行；这种授权行为，是体育社会组织影响其成员的权力基础。

体育社会组织提高行业自治水平，主要是通过自治制度的完善以及示范来完成。对于一些需要国家强制性规范的项目或者标准，体育社会组织可以通过协助国家完成这些标准的制定来提高行业的自治水平。体育社会组织还可以根据本行业、本项目的情况，出台一些对内部成员具有约束力的规范性文件，从而达到提高行业治理水平的目的。而对于一些不需要强制性规范的内容，体育社会组织可以制订标准化的管理方案，虽然这些方案并无强制拘束力，但它可以为市场主体提供示范制度，对于提高市场主体的管理水平有着积极的意义。

---

① 阳东辉，赵静. 第三部门的功能异化及其矫治——经济法视野下的社会团体 [J]. 时代法学，2011 (6): 46.
② 刘一纯，村夫. 论社会组织的社会管理主体地位及其法治保障 [J]. 社会管理研究，2012 (1): 23-26.

四、参与性主体——社会公众

体育健身休闲市场治理,就其目的而言是促进体育健身休闲市场发展,更好地服务社会公众;也就是说,体育健身休闲市场治理必须以促进市场主体更好地服务社会公众为依归。为此,在体育健身休闲市场治理中,广泛地吸收社会公众的参与,倾听他们的需求,是体育健身休闲市场治理的必然选择。

(一) 社会公众在体育健身休闲市场社会治理中的地位

1. 社会公众通过参与影响体育健身休闲市场治理

治理理论视角下,现代社会"公民不再是消极被动的消费者,而是积极的决策参与者、公共事务的管理者和社会政策的执行者"①。"善治离不开政府,更离不开公民""公民社会是善治的现实基础,没有一个健全发达的公民社会,就不可能有真正的善治"。② 具体到公民在体育健身休闲市场社会治理领域,社会公众是体育健身休闲市场的主要参与者。体育健身业作为体育产业的重要组成部分,它发展的依归是社会公众的健身需求,或者说体育权利的实现。社会公众的需求是体育健身休闲市场发展的真正动力所在,离开了社会公众直接或者间接的参与,体育健身休闲市场的发展就会成为无源之水、无本之木。在健身休闲市场中,公民不再是消极被动的消费者,而是通过自身对于消费的选择、立法参与等行为,对体育健身休闲市场担负着自我管理、自我服务、自我教育、自我监督的任务与角色。

2. 社会公众是体育健身休闲市场社会治理的利益相关者

根据利益相关者管理理论③,一个公司的利益相关者不仅包括股东、公司的雇员、债权人、消费者等,还包括政府、所在地的社区及居民、自然环境,乃至包括受到企业经营活动影响的子孙后代。从这个角度来看,社会公众,特别是体育健身休闲市场经营活动所在的社区居民,他们是体育健身休闲市场社会治理的直接利益相关者。这主要表现在以下两个方面:一方面,市场经营主

---

① 王诗宗. 治理理论及其中国适用性 [M]. 杭州: 浙江大学出版社, 2009: 44.
② 俞可平. 引论: 治理与善治 [M]//俞可平. 治理与善治. 北京: 社会科学文献出版社, 2000: 1-5.
③ 利益相关者管理理论: 该理论最早由美国经济学家佛里曼 (Freeman) 在 1984 年提出, 他认为企业在管理过程中, 必须综合平衡各方利益相关者的利益。利益相关者与企业的经营活动有着密切的联系, 有些承担了企业的经营风险, 有些因为企业的经营活动而受到了损失, 有些对企业的长远、可持续发展做出了贡献。

体的经营活动可能会占用一定的土地，产生一定的噪声，占据一定的生活空间等，都有可能对社会公众的生产生活造成一定的影响。特别是一些占地面积大，对环境影响大的运动项目，如高尔夫项目、赛马项目，更是对周边群众生产、生活，乃至气候均产生深远影响。另一方面，社会公众是健身休闲市场经营活动的主要参加者，他们作为消费者对体育健身休闲市场发展具有决定性的作用。因此，无论从哪个角度来看，社会公众与体育健身休闲市场治理有着密切的联系，他们也是体育健身休闲市场治理的主体。

（二）社会公众在市场治理中的具体职责

1. 通过沟通促进经营主体提高经营管理水平

体育健身休闲市场经营主体的主要职责，是为消费者提供满意的服务，因而消费者对于服务质量、消费体验最具发言权。健身休闲经营者提高自身的经营管理水平，一则需要自我检讨，通过完善内部管理来提高经营管理水平；二则需要倾听来自消费者的反馈，从消费体验的角度来促进自身经营管理的完善。实践中，健身休闲消费者与经营者实现沟通的方式有多种，具体表现在：

一是，健身休闲经营者以主动的态度与消费者进行沟通。这表现为健身休闲市场经营者在开展业务前，倾听潜在消费者，也就是社会公众的意见，以此为准绳来决定如何开展经营活动；健身休闲消费者消费完毕后，经营者主动倾听消费者的消费体验，不断改进自身的服务水平。

二是，社会公众还可以通过消极的方式参与健身休闲市场治理当中。

三是，消费者还可以通过社会舆论的方式影响体育健身休闲市场治理。社会公众是社会舆论的主体，也是社会舆论的客体；对于一些不合理的治理方式，损害消费者的行为，社会公众的社会舆论也能以强大的外在压力，迫使健身经营主体采取措施予以纠正。

2. 通过参与立法程序促进体育健身休闲市场治理的完善

"制定法必须是内容上良好而程序上正当"①，只有这样它才能获得法定的效力。对于体育健身休闲市场而言，内容良好是指相关立法应当体现社会公众的公共利益，促进社会公众体育权利的实现；程序正当是指涉及体育健身休闲市场治理的立法，当且仅当为人民（社会公众）同意，才能体现其程序的正当性。具体而言，社会公众通过参与以下立法程序的行为，影响到体育健身休闲

---

① 唐丰鹤. 民主立法的基本模式辨析 [J]. 河北法学，2013，31 (11)：37.

市场的治理：通过社会舆论，影响国家机关对于体育健身休闲市场治理的立法抉择；通过参与立法过程中的咨询，表达自身的利益，影响体育健身休闲市场治理相关法律的具体内容，使制定出来的法律能够与实际情况相符合；通过参与法律的修改，促进体育健身休闲市场治理相关法律制度的完善。

社会公众参与体育健身休闲市场立法，不仅是国家民主立法理念的具体体现，其本身还是参与健身休闲市场治理的表现形式；它影响的不仅是单个个人，更是影响到不特定社会公众体育权利的实现。

3. 通过投资行为直接或者间接影响体育健身休闲市场社会治理

无论是正式的立法，还是党和中央政府的政策，乃至体育行政部门所颁布的一系列规章制度，都提到要充分调动社会力量来发展体育健身休闲市场。现实中，社会公众参与体育健身休闲市场发展的投资渠道越来越宽，不仅可以直接投资体育健身休闲市场，而且股票在证券交易所挂牌交易流通体育类型的上市公司越来越多，社会公众可以通过二级市场进行相关公司股票买卖行为，以此来影响公司的治理。

第二节 体育健身休闲市场发展历史与社会治理现状

"读史以明智"，了解我国体育健身休闲市场发展的历史，有助于我们理解体育健身休闲市场社会治理的现状。本节首先介绍了我国体育健身休闲市场发展的历史脉络，其次分析了域外体育健身休闲市场治理相关立法现状，最后探讨了我国体育健身休闲市场社会治理现状。

一、我国体育健身休闲市场的发展历史

（一）中国古代体育健身休闲市场的发展

1. 原始社会与奴隶制社会的体育健身休闲市场

在原始社会时期，人类的生产力极端低下，商品经济还没有出现，体育健身休闲活动并不作为商品而用于交换；但原始的娱乐活动、保健医疗活动、体育活动已经广泛的存在，其中舞蹈①是其最典型的表现形式。奴隶制社会时期，

---

① 《路史·阴康氏》：……得所以利其关节者，乃制之舞，教人引舞以利寻之，是谓大舞。

军事活动、祭祀活动、狩猎活动、宴乐活动、养生等，极大地促进了体育活动的发展，但是体育作为一种用于交易的健身休闲产品依然是非常罕有的事情，主要存在于皇帝及贵族之中；到春秋战国时期，体育健身休闲活动有了大的发展，出现了投壶、田猎、射箭、赛马等活动，体育健身休闲市场初步出现。

原始社会、奴隶制社会时期，公民在国家社会生活中的地位低下，社会组织发育也处于萌芽状态，不存在国家权力向社会让渡的情况，整个社会的体育健身休闲活动缺乏必要的法律法规予以规范。部分体育健身休闲活动作为商品，主要服务于贵族并在贵族中进行交易。

2. 封建社会的体育健身休闲市场

封建社会时期，我国娱乐体育有了较大的发展。各民族的体育项目相互交融、相互影响，发展出了众多的项目，具体如蹴鞠、摔跤、冰嬉、冰上竞赛、水上杂戏、五段锦、易筋经、赛马、相扑、马球、武术等。这些体育项目，有些在统治阶层开展得比较广泛，有些则有着广泛的群众基础。总体而言，从我国封建社会的各个朝代来看，经济发达、社会稳定、商业活动活跃的朝代，如两汉、隋唐、宋朝，包括医疗保健活动、军事体育、其他的健身休闲活动在官方、民间开展都比较兴盛，相应的商业活动也比较发达；而在三国两晋南北朝时期、五代十国时期，体育健身休闲活动则在民间开展得比较少，但军事性质的体育则开展得相对较多；还有一些朝代，如明清时期，随着印刷术的发展与广泛使用，医疗保健体育、武术等方面获得了广泛的传播与发展。

体育社会组织作为参与体育健身休闲市场的重要主体，在宋代才产生。基于宋朝相对发达的商业文明，大都市出现了"瓦舍"之类的专门娱乐场所，专门举办各种文化娱乐活动、体育活动；除此之外，一些体育组织开始出现，专门负责引导与组织民间单项体育活动的同时，也向公众提供体育健身休闲服务，比较有名的单项体育组织如锦标社（射弩）、角抵社队（相扑）、英略社（使棒）、齐云社（蹴鞠）等。专门娱乐体育场所与体育组织的出现，为社会力量参与体育健身休闲市场治理奠定了基础。但是，在清朝时期，为了巩固封建专制统治，除了对民间武术较为宽容之外，对民间教门及结社的行为采取较为严厉的禁止手段，这在客观上促进了武术的发展，各种武术门派、后期的武馆具有一定的体育健身性质。①

---

① 夏书宇. 中国体育通史简编[M]. 郑州：河南人民出版社，2007：177.

我国封建社会具有重农抑商的传统，商业的发展程度不高。特别是宋朝及其后面的朝代所奉行的"重文抑武"政策，更是严重地制约了体育作为一个产业在社会的发展。体育主要依附于舞蹈、杂技、军事、武术、医学养生而存在，体育健身休闲服务作为商品进行买卖，还是比较少有的事情，体育健身休闲市场发展非常落后。与之相对应，我国封建社会还具有重权威轻民主，重朝廷轻社会，重朝廷施政轻社会参与的传统，社会力量的发展受到了政府强力的压制。在这样的社会大背景下，体育健身休闲市场只能在有限的范围内存在，社会力量对其发展的促进作用极其有限。

（二）近现代我国体育健身休闲市场的发展

1. 近代我国体育健身休闲市场

我们将晚清到新中国成立，界定为近代。近代中国民族厄运接踵而至，体育健身休闲市场的发展缺乏一个和平稳定的环境，将体育健身休闲服务作为商品而进行市场交易的是少数的特例，最典型的是武馆的开设。这个时期国家危难，体育领域也在救亡图存，虽然这时期的体育健身休闲市场发展滞后，缺乏自身的特色，但却是中国体育逐步与世界接轨的开端。

近代中国体育发展有三大特点：一是，本土的体育运动项目逐渐式微，西方体育项目开始在中国广泛传播。近代中国的主流是向西方学习，力图挽救中国于危难之中，西方的体育项目在这一大背景下迅速地在中国传播。二是，西方体育主要通过军事体育、学校体育、宗教这三种形式在中国传播。第二次鸦片战争后，洋务派开始编练新军，创立开办新式学堂，派遣留学生等，西方的体育项目在这些学生与军人团体中广泛地传播，并且使这些体育项目向社会流传。教会学校、基督教青年会也为体育项目的传播、体育教员及运动员的培训做出了重要的贡献。三是，近代体育组织成立与发展，促进了国内运动竞赛的发展。民国期间，"精武体育会"作为有民间性质的体育健身组织，1928年会员曾经达到40万人，有分会42处；1922年成立的中华业余运动联合会、1924年成立的中华全国体育协进会，是民国期间主要的全国性体育组织。而同时期，根据地的体育组织主要有赤色体育会、俱乐部、列宁室、陕甘宁边区体育运动委员会、延安体育会、延安新体育学会等。体育组织的成立，促进了体育竞赛的发展，这时期举办了一些地区性、全国性的体育运动会，也组织人员参加了一些东亚地区的运动会、奥运会等。

总体而言，近代体育总的特点是传统体育逐渐式微，西风东渐，西方的体育项目、体育理念逐渐地在中国传播开来。但是由于时代的原因，体育健身休闲市场在我国的发展存在巨大的问题。由于这时期战争频发、社会动荡、民不聊生、经济凋敝，体育健身休闲服务交易缺乏社会基础，只存在于少数的权贵当中。体育社会组织在这一时期有一定的发展，但总体力量还比较弱小，对于健身休闲活动在民间的推广起到了一定的促进作用；商业性的体育组织，除了早期的精武会外，其他的鲜有作为。

2. 现代体育健身休闲市场

我们将中华人民共和国成立到改革开放界定为现代。改革开放之前，我国实行的是计划经济体制，将市场经济视为资本主义的象征，因而商品经济在诸多领域被禁止。体育健身休闲除了在个别体育项目存在交易之外，绝大部分服务缺乏存在的社会基础。

这一时期，虽然我国体育健身休闲产业不发达，但是我国的群众体育事业、学校体育事业却获得了较大的发展，"走上了一条有自己特色的社会主义体育发展道路的历史"。① 在借鉴其他社会主义国家，特别是苏联体育发展经验的基础上，我国采取了有力的措施，促进体育在学校里广泛地开展，农村、机关、工厂、矿产企业、部队也广泛地开展各种各样的体育活动，群众体育活动在这一个时期获得了非常扎实的开展。另外，这一时期的竞技体育活动也获得了骄人的成绩，建立起了比较完备的体育选拔体系。

而在社会体育立法方面，1949年通过的《共同纲领》"文化教育政策"中提到"提倡国民教育"，其后的1952年，毛泽东在中华全国体育总会第二届代表大会中，作了"发展体育运动，增强人民体质"的题词，对体育的任务做出了规范。而1954年中共中央在《关于加强人民体育运动工作的指示》中提出，"改善人民的健康状况，增强人民体质，是党的一项重要政治任务"；同年，我国又公布了《准备劳动与卫国体育制度》，同样提出了要发展社会体育的思想。

回顾这段历史，我们可以看出，党和国家在体育的发展策略上走了弯路，一方面重视群众体育运动的开展，以促进人民的体质为己任，并取得了巨大的成绩；但是另外一方面，体育活动的开展主要依靠行政力量、党的组织，并将体育活动的开展依附于各个单位，忽视市场在体育运动开展中的作用，因而这一时期开展的体育运动项目比较单一，难以满足百姓的个性化需求。

---

① 谷世权. 体育理论与体育史论丛 [M]. 北京：当代中国出版社，2012：202.

二、域外体育健身休闲市场治理相关立法现状

(一) 美国体育健身休闲市场法治建设

1. 相关立法

美国与体育健身休闲市场社会治理相关的立法，主要包括以下内容：(1)《业余体育法》。该法主要调控的是竞技体育，但美国的竞技体育与我国竞技体育的内涵是不同的。在美国竞技体育是指竞争性较强的体育项目，如篮球、足球、橄榄球等项目，具体涵盖"业余体育、职业体育，以及学校体育中高水平运动员参与的竞技体育"① 几大部分。《业余体育法》对业余体育的发展，推动大众的体育参与起到了重要的作用。在关于体育治理方面，该法规定"政府不专门设置体育主管部门，不设单一、垂直的权威机构来负责全面的体育协调工作"，对美国竞技体育的治理起到了根本性的规范作用。(2) 关于体育健身休闲税收法律及财政政策。美国税法包括联邦、州、地方三个层次，"美国的税收制度总体是持积极的支持态度的"②。20 世纪 60 年代，联邦税法积极支持包括体育健身业在内的体育产业的发展，对体育产业的投资者给予大幅度的税收优惠；1976 年，美国国会修改了税法，体育投资者投资于职业俱乐部的税收优惠被取消。州、地方为了扩大税基、增加就业，在税收上一直支持体育产业的发展，对体育产业投资者实行税收优惠，鼓励社会资金投资于公共体育场馆的建设。在财政政策方面，美国一直加强对于公共体育事业的扶持，表现为联邦财政、州与地方的财政对公共体育场馆建设的大量投入，"美国直到现在公共体育场馆和设施的建设，依然在很大程度上依赖于公共资金"③；美国联邦、州、地方政府还根据具体的情况，实现对民间、半官方的体育管理机构进行经费支持的政策，以此来促进体育健身休闲市场的发展。

2. 评析

美国通过一系列的立法行为，界定了政府在体育健身休闲市场治理中的职权界限，并通过立法确立体育组织的公益性质，明确体育健身休闲市场经营主

---

① 金涛. 美国《业余体育法》解读与启示 [J]. 体育学刊，2014，21 (2)：56–60.
② 卢嘉鑫，张社平. 体育产业发展——理论与政策 [M]. 北京：北京大学出版社，2011：86.
③ 卢嘉鑫，张社平. 体育产业发展——理论与政策 [M]. 北京：北京大学出版社，2011：87.

体所能够享有的财政支持及税收优惠等,引导社会力量加大对体育健身休闲市场的投入。这些法律文件,为体育健身休闲市场社会治理的广泛开展奠定了坚实的法律基础。

(二) 日本体育健身休闲市场治理法律及政策

1. 主要法律及政策

日本制定了一系列的法律与政策,对体育健身休闲市场进行了有效的治理。主要法律及政策有:

(1)《体育振兴法》。该法的第一条就明确地规定了"有关振兴体育运动的基本措施,以促进国民身心的健康发展及形成愉快活泼的国民生活为目的",也就是说,这部法律虽然对竞技体育产生了积极的促进作用,但是其着眼点却是发展群众性的体育运动。这部法律的很多条文提到了政府及体育组织对于群众体育运动所负的责任。[①]

(2)《综合休闲用地发展法》。日本在1987年制定了这部法律,并由总务省、农林水产省、国土交通省、经济产业省负责实施,其目的是调动国家资金及民间的投资,为社会公众建设体育健身休闲场所,振兴度假区产业。根据这部法律,度假区建设计划由各地的都道府县制订并由国家审批,获得了审批通过所建的度假区享有税务及低息贷款优惠。

(3)《电力开发促进法》。根据该法,国家及地方公共团体对于电力开发所获得的税收中,应当将其中一部分返回给电力开发项目所在地及周边的市町村,而发展体育健身休闲市场可以获得该拨款。

(4) "健康日本21" 计划。这部计划是日本2000年到2010年国民健康事业发展方案,它试图将社会力量充分调动起来,利用媒体、企业非营利团体、健康组织等的丰富资源,实现对个人健康行动的最大限度支持。这个计划,不仅促进了体育健身俱乐部的快速发展,还促进了以体育健身指导、健康指导为职业的群体的形成,对体育健身休闲市场发展起到了很大的促进作用,

(5)《特定非营利活动促进法》(NPO)。该法规定,对于从事文化、体育

---

① 譬如《体育振兴法》第三条第一款规定:一、国家和地方公共团体在实施有关振兴体育运动的措施方面,既要在国民中努力提倡自觉自愿的体育活动,又要努力为广大国民创造利用任何场合和机会按照自己的适应程度与健康状况从事体育运动的条件。二、本法律所规定的有关振兴体育运动的措施,不是为了营利。该法的很多条文都提到,国家与地方的公共团体负有促进群体体育开展的义务。

活动的团体与组织，譬如，体育俱乐部、体育研究组织、康复护理组织等，在符合特定条件的情况下，可以获得 NPO 法人资格。由于该法将从事体育运动的组织都归为非营利性组织，实行了特殊的税收制度，因而这部法律对于体育健身休闲市场发展有着重要的作用。根据日本《法人税法》，对于非营利性法人与其他普通法人所执行的税制是有所区别的，普通法人的收入应当课税，但对于非营利性法人而言，则要根据收入来源的具体情况才能决定是否课税。对于会员所缴纳的会费，普通民众的捐赠（费用除外），开展一般活动所产生的收入，非营利性组织不用缴税；但对于从事特定行业的营利活动而产生的收入，可以适用较低的税率课税（一般为22%，而普通的税率为30%），并可以将营利活动收入的20%视为捐赠收入，不用课税。这实际上是允许这些具有公益性的体育组织从事营利活动，税法的规定很好地兼顾了公平性及秩序性，这对于体育组织的壮大及其从事公益活动能力的成长，具有非常大的促进作用。NPO 及其配套的一些政策法规对于体育健身休闲市场发展的促进作用，体现在以下几个方面：一是，鼓励政府将公共体育服务职能转移由体育组织承担。一些具有非营利法人资格的体育组织，能够依据日本的指定管理者制度，申请并经由政府指定成为核心设施管理者，并获得政府的资助；政府的很多公共体育服务职能也委托给非营利性组织承担，非营利性组织通过开展具体的委托项目，获得一定的政府资助。二是，根据 NPO，政府部门还会对非营利性体育组织以助成金的形式，进行直接的资金支持，其目的是促进这些组织的成长，帮助其专心致力于公益性的体育活动。三是，通过法律及政策引导民众对于非营利性体育组织进行捐助。特别是一些日本的地方政府，出台了一系列的政策，引导市民对非营利性组织的捐助。四是，政府资助办公场所。为了减轻非营利性体育组织的负担，日本很多地方政府对非营利性组织的办公场所实行免租或者低租金的政策。

2. 对日本体育健身休闲市场治理相关法律政策的评析

可以看出，日本体育健身休闲市场得到了比较充分的发展，这与对它的治理策略有着密切的联系。总体而言，日本对体育健身休闲市场治理的策略，有以下三个典型的特点：

（1）政府与社会力量联合治理。政府强有力地介入市场治理的同时，也通过向体育社会组织购买体育服务、委托管理、直接的资金支持等形式，充分发挥社会力量在市场治理中的作用。

（2）实行特殊税制。日本通过直接的立法界定体育健身休闲市场经营主体为公益性主体，并在税法上对其采取灵活的策略，一方面对于市场主体一般性的经营收入、会费等免于课税，而对于特定类型的经营活动收入则适用较低的税率，这既在税法上兼顾了公平与秩序，又保证了民间资本投资体育健身休闲市场的积极性，为体育健身休闲市场发展创造了很好的条件。

（3）重视与体育健身休闲市场相关的立法与政策的制定。通过立法来激发社会投资体育健身休闲市场的积极性，引导地方政府加强对体育健身休闲市场经营主体的支持。

（三）法国《大众与竞技体育活动的组织和促进法》

1. 内容

该法有很多内容类似于我国全面健身运动的相关法律法规。但是对于大众体育的实现形式，其具体的规定与我国有很大的差别。这部法律具体地规定了组织问题（第一编）与培训与专业问题（第二编）。第一编第二章、第三章规定了体育组织的形式是体育协会、体育公司和体育联合会。其中第二章对体育协会与体育公司的性质、成立要求、程序都做了要求。其中第八条规定了经过批准的体育团体才能获得国家的资助。而第三章则规定了体育联合会的相关问题，包括法律地位、成员、章程内容、任务；其中第十六条规定体育联合会其成员包括体育协会、以体育为目的的公司、地方体育混合经济公司，以及一个或多个体育项目的比赛许可证持有者。第三章（乙）把地方政权也视为体育组织；其中第十三条规定了地方政府向体育协会、体育公司提供财政支持的形式只能是补助金，并且必须是与受益者签订协议之后才能发放。第一编的第四章规定了在企业中，在职业培训期，在为国家服务时的大众与竞技体育活动的实践问题；对上述三种情况下的体育实践问题，其二十条至二十五条规定了组织义务、财政义务、相关人员的权利。第一编的第六章规定了大众与竞技体育活动全国理事会，其中规定了国家科研和技术委员会，第八章规定了监护和保险，第九章规定了体育设施，第十章规定了体育设施和体育活动的安全。法律的第二编则规定的是关于培训与专业的问题。

2. 评析

虽然该法没有具体的规定体育健身休闲问题，但是从法律上规定了与体育相关团体的法律组织形式、法律性质、法律地位、权利义务等问题，从而为体育健身休闲活动的开展奠定了基本的法律基础。纵观这部法律的内容，对体育团体的法律组织形式，政府以及体育组织的权益及义务、违法的处罚、体育设施以及安全问题都做出了非常详尽的规定，而且其操作性也比较强。反观我国国家层面大众体育的条例原则性过强，在操作层面难以落到实处；而地方政府关于体育市场问题的规定，由于立法权限、立法技术等的限制，虽然规定了很多具体的问题，但是依然难以解决操作层面的难题，可操作性依然不强。例如，体育行政执法往往会涉及诸多的行政部门如工商局、质监局、消防等，要协调这些部门进行统一的体育行政执法，是一件非常困难的事情。因此，有必要对我国的体育健身休闲相关立法进行统筹且全面的考虑。

（四）波兰《体育法》

1. 内容

波兰《体育法》并不是专门关于体育健身休闲方面的立法，它涉及了身体教育、积极性娱乐活动、竞技运动、运动康复四个方面。其中，对于积极性的娱乐活动，第一章1.2将其定义为"保持和发展人的生存功能及形成文化修养的过程"，而运动康复则定义为"是一种通过体育锻炼、运动和医学知识，使暂时或永久的伤残人恢复生活活动和心理能力的过程"。这两部分的内容，其内涵与外延都与我国的体育健身休闲活动有着诸多类似的地方，值得我们参考借鉴。

波兰《体育法》第三章规定了积极性娱乐活动的责任机构、责任机构的具体职责、娱乐活动指导人员三个方面的内容。关于责任机构方面：其中全国性的积极性娱乐活动所需要的物质和技术条件的获取由"运动和娱乐中心"负责；雇员及他们家庭成员、退休雇员娱乐活动的组织，以及所需的物质和技术条件，由工厂企业负责，并在此方面与体育协会、商业联合会、青年组织和其他有关社会机构进行合作；居民娱乐活动的组织由国家个人管理机构和居民区合作社负责；娱乐活动也可以由其他性质的体育协会及其联合会、合作社、职业组织、社会组织、学校和教育中心等负责。而对于积极性娱乐活动的性质及指导人员：第三章规定，娱乐活动作为一种服务形式，也由体育人员指导；指导娱乐活动人员的原则和条件由体育运动中央委员会主席确定。第三章还详细地列举了积极性娱乐活动责任机构的具体职责，为责任机构的具体行为提供指引。

波兰《体育法》第五章规定了"运动康复"的内容。运动康复包括预防性活动、恢复期活动、医疗期体操、伤残人运动四个方面。这一章具体地规定了运动康复的负责机构、指导人员及其资质问题。特别的是，获取指导运动康复资格的人，必须获取理疗师资格。

2. 评析

纵观波兰《体育法》并对比我国、其他国家关于体育健身休闲方面的法律规定，其最突出的特点是波兰体育法专章规定了积极性娱乐活动、运动康复的问题，并对责任机构、指导人员的资质、责任机构的具体职责做出了非常详细具体的规定，这对于这些运动的开展提供了非常好的指引。虽然从实际来看，积极性娱乐活动更多具有公益的性质，与我国所说的体育健身休闲活动并不完全相同，但是其法律规定职责明确，并且以较高层次的法律形式予以规定，这是值得我国借鉴的。

三、我国体育健身休闲市场社会治理现状

体育健身休闲市场社会治理问题具有系统性的特征，涉及相关的法律依据，涉及体育社会组织、市场经营主体、社会公众参与治理的过程，以及政府与社会主体合作治理的问题。为此，有必要基于所涉及问题，从多角度分析体育健身休闲市场社会治理的现状。

（一）社会参与治理相关法律依据

社会主体参与体育健身休闲市场治理需遵循法治原则；为此，要了解体育健身休闲市场社会治理的现状，首先需要了解相关的立法。纵观我国现阶段与体育健身休闲市场社会治理相关的立法，可对其现状分析如下：

1. 法律及行政法规以间接适用为主

我国涉及体育健身休闲市场社会治理的法律、行政法规内容非常分散，并且主要是一些宏观性、不具有特定针对性的条文。以《政府采购法》为例，作为专门规范财政资金运用的法律，对体育领域的财政资金的运用也起到规范作用。该法第二十一条规定，"供应商是指向采购人提供货物、工程或者服务的法人、其他组织或者自然人"。也就是说，社会的各类主体，包括体育健身休闲市场经营主体、体育社会组织等，也可以成为财政资金采购的对象。然而，这只是宏观性的规定，一些细则问题，如各类体育健身休闲市场主体参与政府采购公共体育服务应当达到的标准、要求及程序等，都需另行制定实施细则。与此类似，《体育法》中有关社会体育的规定，特别是鼓励社会力量办体育的规定，为社会力量参与体育健身休闲市场治理奠定了基础，但其条文难以在实践中直接适用；以《体育法》第四十二条为例，"国家鼓励企业事业组织和社会团体自筹资金发展体育事业，鼓励组织和个人对体育事业的捐赠和赞助"，而究竟如何

落实这个条文，则还需要其他的规范性文件予以配合。还有一些直接或者间接涉及社会力量参与体育健身休闲市场治理的法律条文，分散于养老保障、残疾人权利保障、公益事业捐助、税法、反垄断法等法律中，必须配合具体的实施细则，才有可能将法律的要求具体落到实处。

2. 政策文件众多，部门规章及地方性立法数量庞大

最近10年，我国体育领域的立法活动非常活跃，国务院、国务院办公厅、相关部委针对体育问题颁布了大量具有普遍效力、对体育健身休闲市场社会治理具有深远影响的通知、意见等部门规章及政策性文件。最典型的如中国残疾人联合会发布的《残疾人康复体育关爱家庭计划（试行）》《国务院关于加快发展体育产业促进体育消费的若干意见》（国发〔2014〕46号）、《国务院办公厅关于加快发展体育产业的指导意见》（国办发〔2010〕22号）、《国务院办公厅关于进一步加强残疾人体育工作的意见》（国办发〔2007〕31号）、《经营高危险性体育项目许可管理办法》（国家体育总局令第17号）、《关于体育场馆房产税和城镇土地使用税政策的通知》①（财税〔2015〕130号）等，里面有大量涉及充分利用社会力量发展体育健身休闲市场、鼓励民间力量参与市场治理的内容。

另外，为了发展地方经济与社会事业，我国所有省份均通过政府或人大，制定了涉及体育健身休闲市场发展与治理的地方性立法；而很多市一级的政府及人大，也因地制宜地制定了大量与体育健身休闲市场治理相关的规范性文件。

---

① 财税〔2015〕130号规定了体育场、体育场馆的房产税、城镇土地使用税减免的问题。按照该规定，自2016年起，国家机关、军队、人民团体、财政补助事业单位、村民委员会等拥有的体育场馆，经费自理事业单位、体育社会团体、体育类民办非企业单位等拥有并运营管理的体育场馆，用于体育活动的房产、土地免征房产税和城镇土地使用税；企业拥有并运营管理且向公众开放、达到有关规模规定的体育场、体育馆，符合规定条件的，用于体育活动的房产、土地，减半征收房产税和城镇土地使用税。

（二）体育社会组织参与市场治理的现状

参照我国社会组织①的分类，我们可以将体育社会组织界定为介乎于政府、体育市场经营主体的一类组织，包括体育社团、体育类民办非企业单位、体育基金会三大类，它"在推动个人参与、实现社会价值、拓展公共领域等方面形成日益丰富的社会舞台"②。体育社会组织作为被组织起来的社会力量，对我国体育健身休闲市场的治理有着重要的影响。当前，体育社会组织参与体育健身休闲市场治理的相关状况，主要表现在以下几个方面：

1. 体育社会组织绝对数量庞大

体育社会组织是参与健身休闲市场治理的重要主体，数量的多少在某种程度上反映其参与治理的状况。截至2014年年底，全国60.6万个社会组织中，体育类社会团体有20848个，约占社会团体总数的6.725%；体育类民办非企业有11901个，约占民办非企业总数的4.07%。③ 另外，根据基金会中心网数据，我国基金会有4117个，其中631家涉及了体育事业的发展，而专门从事体育事业的基金会有54家。④ 也就是说，社会团体、民办非企业单位、基金会三类的社会组织中，体育类的社会组织共有32803家。应当说，我国体育组织的绝对数量不少，但对于我国13.6亿人口的国家而言，这个数量也不多；因此，我国在未来很长的一段时间内还需要大力地发展体育组织，提高体育组织的数量。

---

① 根据民政部"中国社会组织网"对于社会组织的分类，社会组织包含社会团体、民办非企业单位、基金会三大类。依照1998年国务院颁布的《民办非企业单位登记管理暂行条例》第二条，"民办非企业单位"是指：企业事业单位、社会团体和其他社会力量以及公民个人利用非国有资产举办的，从事非营利性社会服务活动的社会组织。根据1998年国务院颁布的《社会团体登记管理条例》第二条，社会团体"是指中国公民自愿组成，为实现会员共同意愿，按照其章程开展活动的非营利性社会组织。国家机关以外的组织可以作为单位会员加入社会团体"。根据《基金会管理条例》第二条，基金会"是指利用自然人、法人或者其他组织捐赠的财产以从事公益事业为目的按照本条例的规定成立的非营利性法人"。

② 王名. 社会组织与社会治理 [M]. 北京：社会科学文献出版社，2014：2.

③ 民政部发布2014年社会服务发展统计公报 [EB/OL]. 民政部门户网站，2015-06-10.

④ 根据对"基金会中心网"的数据，输入"体育"对基金会名称进行搜索而得出上述数据；因为有些体育类的基金会名称未必冠以"体育"二字，因而该搜索可能会存在误差。http://data.foundationcenter.org.cn/foundation.html，2015-9-28。

2. 体育社会组织获取资源能力差异较大

体育社会组织所能拥有的经济资源、行政资源，决定了其参与市场治理的能力。在当代中国的现实背景下，我国很多与体育行政部门有千丝万缕联系的体育协会、体育总会等体育社会组织，相比起大多数的体育社会组织而言，其获取政府资源的能力明显较强。为了充分调动体育社会组织服务的积极性，解决不同体育社会组织资源获取能力差距过大的问题，体育总局、民政部、财政部进行了一系列的安排，推动我国体育社会组织有序地与体育行政部门脱钩，并将最终让所有体育社会组织走向市场，通过公平竞争获取生存发展的资源；为此，原来与政府挂钩的体育社会组织，当前"最为重要、存在问题最为突出、最应该强调的是社会组织的非政府性"①②。2014年国务院46号文件指出，体育行政组织将与体育行业协会脱钩，体育社会组织能办的事情应转移由其承担。③现阶段，国家体育总局、民政部已经就社会组织与行政部门脱钩的事项做出了具体的安排，在脱钩的过渡阶段，原来挂靠、依赖于体育行政部门的体育社会组织还享受一定的财政支持，但作为总的趋势，体育社会组织通过提供体育服务向市场换取资源成了必然。也有些省份，专门出台了一些与脱钩相关的规范性文件④，在推动政府与体育社会组织脱钩的同时，通过加强政府职能转移的方式，为体育社会组织发展提供更多的资源支持。

3. 体育社会组织通过多种途径参与治理

当前，我国体育社会组织参与体育健身休闲市场治理的途径主要包括以下的几方面：（1）体育社会组织承接政府转移的职能，为社会提供公共体育服务及市场治理职能。十八大以来，政府公共体育服务职能在大量地向社会转移，体育社会组织在这过程中获取政府的行政资源、经济资源等，承担相应的治理

---

① 2013年十二届人大一次会议审议通过了《国务院机构改革和职能转变方案》，提出了要"改革社会组织管理制度"，"逐步推进行业协会商会与行政机关脱钩"，也就是说，体育社会组织要回归社会属性。

② 柴振国. 社会治理视角下的社会组织法制建设研究 [M]. 北京：人民出版社，2014：18.

③ 《国务院关于加快发展体育产业促进体育消费的若干意见》（国发〔2014〕46号）中的"二、主要任务"提到，要"推行政社分开、政企分开、管办分离，加快推进体育行业协会与行政机关脱钩，将适合由体育社会组织提供的公共服务和解决的事项，交由体育社会组织承担"。

④ 如江苏省体育局、体育总会制定了《进一步加强体育社会组织建设的指导意见》，有关于脱钩的条款。

职能。（2）体育社会组织将民众组织起来影响体育健身休闲市场治理。分散的个体很难表达自己的意见，而将社会公众联结为整体的体育社会组织，在对外沟通交往、获取发展资源、参与市场标准制定、影响健身市场发展等方面，有着个体所无法比拟的优势。（3）体育社会组织将市场经营主体组织起来，形成协会、联盟等形式的组织，促进体育行业标准的制定，遏制行业内部的恶性竞争，有利于市场的长远、可持续发展。

（三）经营主体参与市场治理的现状

体育健身休闲市场经营主体，是指以营利为目的、在市场从事健身休闲经营活动的主体。在实践中，我国比较典型的经营主体一般起名为健身俱乐部、高尔夫俱乐部、马术俱乐部、体育俱乐部等；就法律主体而言，主要是以个体户、合伙、有限责任公司居多。2013年，我国共有5000家左右的体育健身休闲市场经营主体，但总体规模还比较小，经营范围涉及体育健身业的上市公司只有中体产业集团股份有限公司。总体而言，我国体育健身休闲市场经营主体规模小、发育不充分、社会资本的进入渠道有限、区域分布不均衡，所有的这些从根本上决定了经营主体参与治理的状况。

1. 经营主体自我治理水平不断完善，但总体水平有待提高

规模较大的健身经营主体内部治理较为完善，它们有资金与实力不断提高自身治理水平。但总体而言，健身教练的资质、培训、聘用形式、日常管理、薪酬，俱乐部的成本控制、奖惩制度，以及每种项目的差别管理等，对我国很多小规模健身经营主体而言是不小的挑战。2013年，"盈利俱乐部不会超过20%，国内约50%健身俱乐部的经营还处在举步维艰的尴尬境地"[①] 的事实，也在一定程度上印证我国健身经营主体内部治理有待提高的现状。

2. 互联网对健身经营主体治理的影响日益深入

一方面，互联网时代不仅改变了健身休闲经营主体与消费者之间的关系，也改变了经营主体之间的关系。健身经营主体之间不再是完全相互独立、相互竞争的关系，同时还基于互联网而被联结为相互支持、相互影响的网络系统。特别是随着"小熊快跑"之类互联网健身平台的兴起，让消费者支付一定的费用以后，可以选择"网络系统"内部不同的经营主体兑现健身消费需求，那些孤立于"网络系统"的健身经营主体，将面临被消费者抛弃的危险。另一方面，

---

① 全国五千家健身俱乐部盈利率仅20% ［EB/OL］. 我要健身网站, 2014 - 02 - 07.

互联网催生的健身产品、健身平台,也对经营主体之间的关系及经营主体以往的经营管理模式形成了巨大的挑战。特别是,互联网健身平台打通了经营主体之间相对独立的藩篱,经营主体以年卡销售为主的模式会受到月卡、次卡的冲击;即使是比较彻底地贯彻了年卡的模式,系统内部不同主体之间也面临着分成的问题。

3. 健身经营主体内部的协会等组织对市场治理影响日益加深

面对着竞争日益激烈、大多数健身休闲经营主体处于亏损的现状,很多主体试图抱团取暖,谋求通过行业协会内部的沟通、协作,降低竞争压力,促进本行业的发展。北京健身俱乐部联盟的成立就有着此类的背景,其目的在于应对互联网健身平台对年卡销售带来的挑战;也有一些地方性的体育健身俱乐部,它们亦充分认识到联合行动的必要性、重要性,呼吁成立行业性的协会①。另外,为了促进我国体育健身俱乐部的发展,为它们提供信息、资源、科技、管理等方面的交流平台,在体育总局主导下设立了"中国健身俱乐部协会"②。可以预见,健身经营主体内部的行业协会,将会在整个市场治理中发挥越来越大的作用。

(四) 社会公众参与治理的现状

治理理论强调了公民的参与,并认为公民直接参与社会公共事务,有助于更好地实现公共利益。③ 基于这一理论判断可知,社会公众不仅是体育健身休闲市场服务的对象,也是市场治理的主体,他们对体育健身休闲市场治理的参与,是实现自身与社会公众体育权利的必然要求。总体而言,我国社会公众参与体育健身休闲市场治理的现状如下:

1. 社会公众对体育健身休闲市场治理的参与意识逐渐增强

随着我国公民社会的发展,"公民不再是消极被动的消费者,而是积极的决策参与者、公共事务的管理者和社会政策的执行者"④,社会公众已经普遍意识到体育健身休闲市场不仅作为一种商业存在,也与民众的日常生活与基本权利息息相关。因此,很多人已经积极地参与市场治理中,与健身经营主体、体育

---

① 健身俱乐部协会亟待成立 [N]. 燕赵晚报, 2008 - 11 - 17 (A16).
② 国家体育总局同意作为其业务主管单位,相关批文为体人字〔2015〕255 号.
③ DENHARDT J, DENHARDT R. The New Public Service: Serving Rather Than Steering [J]. Public Administration Review, 2000, 66 (6): 549 - 559.
④ 王诗宗. 治理理论及其中国适用性 [M]. 杭州: 浙江大学出版社, 2009: 44.

社会组织、体育行政部门之间进行着密切的互动，积极地表达自身诉求，维护自身利益。特别是，互联网技术为人们表达意愿创设了非常便捷的渠道，更是促进了人们参与治理意识的增强。

2. 社会公众参与体育健身休闲市场治理的途径多种多样

当前，社会公众参与体育健身休闲市场治理的典型形式有：通过参与立法程序促进体育健身休闲市场治理的完善；通过与市场主体沟通提高市场主体经营管理水平；通过形成组织力量促进体育健身休闲市场社会治理的完善；通过投资行为直接或者间接影响体育健身休闲市场社会治理。

实践中，大多数健身市场主体对社会公众、对市场治理的参与持欢迎态度，并采取多种途径方便社会公众的参与。很多地方政府，如广州市体育局、湖南省体育局等，采取互联网技术等多种途径，方便社会公众参与市场的治理中；部分健身经营者也采用微信平台、网络平台等，倾听社会公众的反馈；体育社会组织作为以公益性为导向的团体，需要广泛地吸纳社会资源，因而更是对社会公众的治理持欢迎态度。

（五）政府与社会合作治理的现状

政府购买公共体育服务就其本质而言，是指政府采用授权、邀请、招标等形式，支持健身经营主体、体育社会组织等社会主体参与健身休闲市场事务决策咨询、实施过程、实施评价、实施监督、制度完善等方面，共同发现、回应、塑造社会公众的体育健身休闲需求。随着政府加大从市场购买公共体育的力度，政府购买已经超越其自身，成为政府与市场合作治理体育健身休闲市场的重要形式。在我国体育健身休闲市场，政府与社会合作治理的现状主要表现为以下方面：

1. 国家制定了很多鼓励合作治理的规范文件

这些规范文件，可以表现为党的政策与国务院、地方政府制定的文件。虽然，这些规范文件并没有直接为政府与社会合作治理体育健身休闲市场提供依据，但却为两者合作治理指明了方向。根据党的十八大报告、十八届三中全会公报的规定及精神，我国政府要实行机构改革、简政放权，推行清单管理模式，逐步将社会能够承担的事情交由社会来办，这实际就要求政府与社会能够合作治理。《国务院办公厅关于政府向社会力量购买服务的指导意见》（国办发〔2013〕96号）指出，要"在公共服务领域更多利用社会力量，加大政府购买服务力度"。公共体育服务作为政府应当向社会提供的服务，根据政府职能改革的要求,我国很多地区,如广州、常州等地,已经逐步由政府直接提供过渡到由政府向市场、社会购买。国办发〔2013〕96号颁布以来,很多省市陆续出台配套文件,在养老、康复服务、体育等具体方面,加快将相关职能由政府承担转移到由社会承担,各类型社会主体在体育健身休闲市场治理中扮演着越来越重要的角色。

2. 政府向社会购买公共体育服务是两者合作治理的主要形式

政府购买公共体育服务过程,实质是政府与社会对市场进行合作治理的过程。在这过程中,体育服务究竟由谁来买,向谁买,要买什么,怎么买,如何监督与评价等,政府都需要与社会主体进行密切的沟通与协作,并由此对整个市场治理产生重要影响。

我国政府购买中,体育总局层面主要是进行竞技体育领域的各种采购,较少直接采购公共体育服务。国家体育总局网站体育采购资料显示,2013年以来体育总局的公共财政采购中,绝大部分为竞技体育采购,涉及体育健身休闲市场的公共财政采购项目,只有"国家体育总局2013年度室外健身器材公开招标采购""中华全国体育基金会援助革命老区体育器材采购招标""国家体育总局社会体育指导员服装采购公开招标公告""中华全国体育基金会援助革命老区体育器材采购公开招标公告"等几个少数项目。社会力量在当中扮演着购买决策的建议者,器材、服务提供者,监督与被监督者等角色,无可避免地参与了市场的治理当中。

而在各省及市的政府购买中,全民健身器材及全民健身体育服务的采购占了绝大部分,在这过程中政府与社会密切配合,共同治理。以广东省为例,根据2015年8月广东省体育局公告的"2014年全民健身器材采购项目中标结果公告",2014年广东全民健身器材采购项目的内容包括"室外乒乓球台9000张、室内乒乓球台293张、小型健身路径358套、篮球架150副";社会主体在当中充当了服务、器材提供者的角色,对各类器材的标准、提供服务过程中的各种细节,招标投标过程中的权利义务等,与政府间进行着密切的沟通协作。有些地方,如广州、常州、上海等地,除了不断加大向社会直接采购体育场馆服务之外,还借助社会力量举办体育节,直接向市场购买马拉松、篮球等体育项目的举办服务;政府购买这些服务的过程中,与各方主体沟通、协作,对市场主体准入设立了一系列的条件,从而极大地提高了整个市场的治理水平。浙江省还制定政策,允许杭州市医保卡可以用于体育健身休闲消费。

（六）治理技术应用能力建设的现状

社会主体参与体育健身休闲市场治理的能力，与治理技术的应用有密切联系。通常意义上，"所谓治理技术，就是聚焦于政治学在最为具体、最具有应用性的层次上所积淀的诸多有关制度安排、实践技能和操作技术的知识总和"①，我们可以将其划分为科技型治理技术、规则型治理技术、行为型治理技术三种技术形态②。社会主体参与体育健身休闲市场治理的过程中，对于治理技术应用的现状主要表现为以下几个方面：

1. 科技型治理技术得到逐步推广应用

特别是，现代信息技术被广泛地应用于促进社会主体参与体育健身休闲市场治理当中。以常州为例，政府购买群众体育服务的过程中，利用现代网络信息技术，在网上广泛征求社会公众意见，"群众点菜、政府买单"，政府根据群众的反馈来决定购买的体育服务内容。而广州市体育局开通了"国内首创的场馆预订官方服务平台"——全民健身公共服务平台（简称"群体通"），将体育场馆信息、赛事消息、场地预订服务20多项的信息发布于该信息平台上，社会公众可以通过电脑或者智能手机APP访问"群体通"，根据需要获取相应的服务。还有很多体育健身经营主体，广泛地采用微信、网站、微博等现代信息技术，促进俱乐部与客户之间的互动。

2. 规则型治理技术逐步完善，但总体还比较粗糙

社会主体参与市场治理必须有规则为依据，我国现阶段的规则性治理技术在逐步地健全；特别是在清单管理背景下，体育行政部门对权力事项、办事流程等对社会主体参与治理影响较大的方面，都进行了较为明确的公示；各地方的立法中，也存在很多鼓励社会投资体育健身休闲市场的规范。但总体而言，我国现有鼓励、支持社会力量参与体育健身休闲市场治理的规则还比较粗糙，有很多条文只是原则性规定，难以为社会主体的参与行为提供明确的指引。

3. 行为型治理技术日益人性化，但对于特定人群的支持还不够

行为型应用技术，是指社会主体参与治理的操作技术及实践技能。对于年轻人而言，通过电脑、手机等技术参与治理一般不成问题，我国也在加强相关

---

① 张小劲，于晓虹. 推进国家治理体系和治理能力现代化 [M]. 北京：人民出版社，2014：200.
② 张小劲，于晓虹. 推进国家治理体系和治理能力现代化 [M]. 北京：人民出版社，2014：204.

的软件建设；然而，"截至2015年12月，中国网民规模达到6.88亿，互联网普及率达到50.3%"①，我国依然有近半的人口无法使用互联网，这部分人口并不具备通过现代信息技术表达意见的技能。为此，在行为型治理技术方面，我国应该加大对这部分人群的辅导与支持，通过多种途径为其参与体育健身休闲市场治理提供便利。

第三节　体育健身休闲市场社会治理面临的挑战

本节主要从宏观角度，分析当前我国体育健身休闲市场社会治理面临的挑战。这些挑战，有的是由于立法不完善造成的，有的是由于人们的观念落后于实践而造成的，具体表现为：

一、社会主体发展滞后

体育健身休闲市场经营主体、体育社会组织、社会公众等相关社会主体，它们的发展状况，直接决定其自身在健身休闲市场治理中所能发挥的作用。当前，我国"强政府、强市场、弱社会"的现实，决定了社会主体在健身休闲市场治理的过程中，首要任务是大力发展社会主体。但总体而言，当前我国社会主体发展还存在诸多挑战，主要表现为：

（一）体育健身休闲市场经营主体发展环境欠佳

近年来，我国体育健身休闲经营主体虽然快速发展，但总体而言还比较落后，市场治理能力低下。体育服务业占体育产业总产值的比例，2015年为30%，而发达国家占比一般达到50%以上。健身休闲业是体育服务业的最重要构成部分，体育服务业产值占比过低，从侧面反映了我国体育健身休闲市场经营主体的规模、产值、影响力都比较低，直接后果是导致其参与健身休闲市场治理能力低下。出现这种情况的原因是多方面的。

首先，健身休闲市场经营主体发展的外环境不佳。（1）国家虽然在法律层面促进健身休闲市场经营主体的发展，也支持其参与到健身休闲市场治理的过

---

① 中国互联网络信息中心发布第37次的《中国互联网络发展状况统计报告》（发布时间：2016年1月22日）。

程；然而，政府在健身经营主体监督、管理、资源分配、竞争、税费等方面的规制存在诸多问题，没有能够为健身经营主体创设良好的制度环境。以高尔夫行业为例，截至2014年年底全国超600家高尔夫球场中，完全合法的高尔夫球场仅10家左右，现实中存在大量处于灰色地带的高尔夫球场及经营主体，历经多次整改依然收效甚微，整个行业的治理处于失控状态。（2）我国大部分健身经营主体面临着恶性竞争、融资困难、社会资本重竞技体育轻健身休闲等问题，也影响到其发展。而且，我国健身经营主体主要位于经济发达的城市，近年来房价上涨、人工成本上涨等因素，导致很多健身休闲经营主体成本高昂，难以为继，盈利的仅占20%左右①，2014年甚至出现了健身俱乐部总数下降的问题。

其次，健身休闲市场经营主体发展的内环境不佳。（1）内环境不佳表现为健身经营主体内部精细管理及人才培养方面远跟不上发展的需要。由于我国健身经营主体规模小、集中度较低，大多数主体难以承担完善管理与培养人才的成本，这又反过来恶化健身经营主体发展壮大的内环境。（2）健身经营主体存在的内环境问题，还体现在对互联网带来挑战的应对失当。互联网给健身休闲经营主体带来的挑战，绝非建立一个宣传网站这类的简单举措就可以应对，它涉及健身经营主体的经营模式、与客户沟通方式、不同经营主体之间关系重构等一系列问题，但很多俱乐部认识不足、人才缺乏，没有有效的应对策略。（3）部分健身休闲经营主体发展内环境不佳，表现为目光短浅，缺乏承担社会责任的意识，恶化了自身在社会中的形象，阻碍了其长远、可持续发展。体育健身休闲市场具有公益性与营利性的双重属性，决定了主体承担社会责任是良好治理（善治）的体现。长久以来，部分经营主体对体育健身休闲市场的认识存在误区，认为承担体育领域社会责任是政府的事情，市场作为追逐利润的地方，不涉及社会责任承担的问题；还有些健身经营主体以不诚信的手段销售年卡，以损害消费者利益为代价追求短期利益，无法在公众中形成良好的形象与长期的信赖。上述的错误观念与做法，其根本原因在于这些健身经营主体没有认识到社会责任、诚信与其长远、可持续发展的高度相关性，最终制约其发展壮大。

（二）体育社会组织发展不足

从理论角度来看，市场治理的现代化，需要对我国治理架构进行合理的调整，形成有效政府、有序市场、活力社会的状况，这其中的关键性因素是发展

---

① 数据来源于产业信息网发布的《2015—2020年中国健身行业调研及未来趋势报告》。

非营利性社会组织，增强政府与市场之外第三部门的力量。具体到体育健身休闲市场的治理，也存在着同样的问题。虽然，近年的商事登记改革、负面清单制度等一系列的举措，已经逐步将体育健身休闲市场治理从政府的强力控制中"解放出来"；然而，由于我国体育社会组织发育并不好，无论是在相对数量上还是在生存模式方面，还处于摸索阶段，距离"活力社会"目标还有很大的距离。具体而言，存在的问题主要有：

首先，体育社会组织的发展缺乏人才的支撑。随着社会的发展，体育社会组织向社会提供的服务越来越复杂，越来越具有专业化的特征，这就要求体育社会组织的工作人员，特别是领导人要具有专业化的素质，才能胜任时代的挑战。特别是体育社会组织被推向市场参与竞争的情况下，是否具备优秀、专业化的人才，就成了体育社会组织能否在竞争中胜出的关键。对于当前我国体育社会组织而言，人才匮乏问题已经严重影响到其发展与承担市场治理职能。

其次，部分体育社会组织还缺乏经营意识。实际上，社会企业①的概念提出以来，人们就已经注意到，获取利润有利于社会组织更好地履行其社会服务职能。体育社会组织虽然不以营利为目的，但并非不可以通过为社会提供体育服务获取利润。但是，由于我国规模较大、影响力较大的体育社会组织多与体育行政部门有千丝万缕的关系，习惯于依赖行政部门获取资源，因而其通过经营活动获取发展自身资源的意识、能力都较为欠缺。

再次，人们的价值观念因素也是影响体育社会组织发展的原因。长期以来，我国体育行政部门在社会生活中扮演着大包大揽的角色，社会公众已经养成信赖政府的观念，无论是政府，还是社会公众对于体育社会组织还缺乏应有的信任，这些都阻碍了体育社会组织的发展。另外，长期以来政府主导市场治理的强大惯性，致使体育社会组织对自身在健身休闲市场治理中的使命缺乏足够的认识，无法正确地定位自身的角色，也影响了体育社会组织的发展。

最后，体育社会组织内部管理不够规范。十八大以来，我国体育社会组织出现快速增长的趋势，但其内部整体管理水平并没有相应地得到提升，制约着其承担体育健身休闲市场治理的职责。可以说，当前影响体育社会组织发展宏观政策障碍得到逐步清除的同时，体育社会组织内部治理的问题成为影响其自

---

① "社会企业"，英国社会企业联盟（The Social Enterprise Coalition）将其定义为"运用商业手段，实现社会目的"的组织，它既不是纯粹的企业，也不是纯粹的社会服务组织，它追求社会价值多于商业利益。

身发展的主要障碍之一。大多数体育社会组织具有自愿性、公益性、草根性的特点，这些都决定了其自身经济及人力资源的有限性，难以有足够的动力、人力、资源支持其构建职责清晰、功能完善的内部治理结构。体育社会组织内部治理存在的问题，表现为内部财务管理制度不健全、体育社会组织内部管理架构缺乏应有的规范性、体育社会组织内部治理还缺乏完善的法律支持等方面。

（三）社会公众对体育健身休闲市场治理参与不足

时至今日，我国公民社会并没有完全地建立起来，社会公众对社会公共事务的参与意识与参与程度都不强。体现在体育健身休闲市场方面，虽然它作为具有一定公益属性的市场，但社会公众对于其治理的参与程度并不深。通常而言，社会公众作为消费者角色与健身经营者之间的互动还是比较密切的，他们具有较强的维权意识，这对于提高健身经营者的治理水平是有促进作用的；也有一些社会公众参与到体育社会组织中，为社会提供公共体育服务。但是，社会公众对涉及公共利益、公众生活的健身休闲市场相关问题，其参与程度、参与意识则逊色很多，如健身休闲市场立法、政府购买公共体育服务意见的征询等，获得社会公众的反馈都相当有限。

另外，社会公众对体育健身休闲市场治理的参与缺乏规范性指引。虽然，有些社会公众具有参与体育健身休闲市场治理的热情，然而从社会公众参与体育健身休闲市场治理的规范性来看，还存在不少的问题。我国还缺少对于社会公众参与市场治理的专门引导、规范性的支持，导致社会公众对体育健身休闲市场治理参与具有随意性、不稳定性的特点，容易受到外部人为因素的影响。

（四）社会主体参与治理缺乏完善的法律保障

相对政府而言，社会主体参与体育健身休闲市场治理易受各种因素的干扰；特别是与政府、其他类型主体发生冲突的时候，其权益往往难以得到有效的保护。健全的法律制度不仅有利于保障社会力量参与市场治理，而且有利于社会力量成长为制约政府、市场的有效力量。当前，社会主体参与体育健身休闲市场治理的法律保障，主要存在以下两个方面：

1. 整体立法层级偏低，少量高层级立法缺乏针对性

体育健身休闲市场社会治理主要以低层级地方立法为主。审视关于我国体育健身休闲市场发展及社会力量参与治理问题的立法，绝大多数是政策法、地方性政府规章、地方人大的立法，还有一些是地方体育行政部门颁布的规范性文件，总体而言立法层级比较低、法出多门，难以为体育健身休闲市场发展及

社会治理提供权威、稳定的法律基础。

国务院、全国人大及其常委会制定的高层级立法中，很少有条文直接规范体育健身休闲市场社会治理问题，相关的立法没有彰显其兼有营利性与公益性的特点。体育健身休闲市场与其他类型的市场相比，具有其特殊性：一方面，作为商品经济的基本特性，它具有营利性的特征；另一方面，体育健身休闲市场与公民体育权利的实现有着密切的联系，具有一定的公益性。兼具营利性与公益性的特点，决定了体育健身休闲市场社会治理的相关立法，应当考虑其特殊性，而不能够完全适用一般性的法律规定。然而，审视当前我国体育健身休闲市场社会治理相关的立法，特别是税务性立法，对很多体育健身休闲市场经营项目还是实行高税率，并没有体现出公益性特色；而体育健身俱乐部、体育社会组织参与市场治理及提供公共体育服务方面，所适用的也是一般性的民法、经济法的规定，均没有体现出针对性。而体育领域的基本法《体育法》，颁布于1995年，迄今为止已有20多年没有修改，关于体育健身休闲市场发展方面的规定已经远远落后于时代的发展；整部法律没有涉及社会力量参与体育健身休闲市场治理的内容。

2. 社会主体参与体育健身休闲市场治理的操作性规范有所欠缺

除了高层级、宏观性法律规范的缺失，体育健身休闲市场社会治理还存在操作性规范缺失的问题。国家、地方已有的大部分立法原则性较强、可操作性差，并不能直接将其应用于实践；由此带来的后果，是社会主体参与体育健身休闲市场的治理具有很大的随意性，可能会因人、因事、因时的改变而改变。以社会公共体育服务供应商的监督为例，由于我国政府购买公共体育服务的具体操作还不是很成熟，各地对于供应商的监督方式方法、监督主体、监督过程中的规范性等均不相同，有的地方是体育行政部门直接地履行监督职责，有的地方是体育行政部门委托第三方履行监督职责；即使同一地方不同年份的监督举措也不尽相同。所有的这些，从侧面反映出我国体育健身休闲市场社会治理操作性规范的缺失。

二、政府与社会合作治理面临诸多挑战

"治理的权威与其说是来自官僚机构，不如说是来自合作网络"①，发挥社

---

① 张昕. 转型中国的治理新格局：一种类型学途径［J］. 中国软科学，2010（1）：183.

会力量在体育健身休闲市场治理中的作用，政府与社会进行协同治理，是市场治理实践的要求，也是治理理论的内在要求。我国体育健身休闲市场政府与社会合作治理面临的挑战，具体表现在以下几方面：

（一）缺乏政府与社会合作治理目标冲突的解决机制

政府与社会主体合作对体育健身休闲市场进行治理，"其基本动力在于通过对资源的交换与共享，实现合作各方的利益诉求"①。然而，在合作治理的过程中，它们的目标并不总是一致的，可能存在多方面的潜在冲突。（1）我国具有"大政府、小社会"的特征，合作治理虽然表现为社会主体与体育行政部门各司其职，但现实中更多表现为社会主体对体育行政权力的配合。为此，合作治理极有可能削弱体育社会组织、体育经营主体等社会主体的独立地位，造成社会主体对政府的过度依赖，影响社会主体治理职能的发挥。（2）社会主体必须通过提供健身休闲服务获取生存资源，因而更多关注服务职能的履行，而体育行政部门则更关心自身治理职能的履行，特别是追求对于治理过程、结果的监督与控制。两者虽然可以实现互补，但关注重点的不同会导致它们在合作治理中所采取的策略、手段会有所区别。（3）根据治理理论，合作治理强调合作主体分权、依赖、信任，这就需要政府更多地放权，将治理权限更多地转移给社会主体。这会出现体育行政部门与社会主体"争权"的状况。上述冲突，都有其发生的内在逻辑与现实实践，虽然在顶层的制度设计上强调政府简政放权、清单管理，"政府与社会协同治理"，然而这并没有解决社会主体与体育行政部门在体育健身休闲市场治理目标上的冲突；长远来看，这会严重影响体育行政部门与社会主体对体育健身休闲市场的合作治理。

（二）政府与社会合作治理意识的缺失

当前，政府合作治理意识不强，表现为过多介入体育健身休闲市场当中，做出一些貌似正当合理、实则对市场发展与治理有损无益的行为，妨碍政府与社会主体的深入合作。在合作治理中，政府最重要的职能，不是直接地参与到体育健身休闲市场的经营，或者直接地为社会提供服务，而在于在尊重市场规律的基础上，组织与调配社会力量对治理体系进行顶层设计，最终实现治理中不同力量之间的"自组织"。然而，很多地方的政府部门对此还缺乏相应的意

---

① 敬乂嘉. 从购买服务到合作治理——政社合作的形态与发展 [J]. 中国行政管理, 2014（7）: 54-59.

识，把大量的精力用于处理政府购买、公共体育场馆管理、审查体育专项资金补贴申请等具体的事务当中。以国务院46号文倡导设立的体育产业发展专项资金[①]为例，从经济学角度而言，这未必是最优的选择，反而会在一定程度上扰乱市场竞争秩序，并容易导致腐败现象，有"伤了财政，乱了市场"之嫌，不利于体育经营主体优胜劣汰，是行政权力对体育健身休闲市场治理与发展的过度干预。实践也显示，体育发展专项资金对体育类企业、社会组织给予项目补助、贷款贴息和奖励过程中，给谁、为什么给等问题易受非正常因素影响，干扰了市场正常竞争秩序；同时，行政部门难以对获取专项资金支持的企业进行实际性审查，衍生出一系列的监督与管理问题；并且，还有的地方虽然有支持体育健身休闲发展的专项资金，但由于缺乏发放专项资金的经验，发放标准也存在诸多问题，致使资金发放不出去[②]。政府补贴体育企业的行为，实质是政府没有意识到"该社会管的还给社会"，是政府权力向社会让渡不够的体现。

而社会主体合作治理意识的缺失，则表现为两种情况：一是，很多社会主体依附于体育行政部门而生存，成为"二政府"的角色，即使承接政府的职能也缺乏合作治理的实质；二是，还有些社会主体，在日常的市场经营活动中与政府保持着遥远的距离，不参与到政府公共体育服务职能的承接当中。无论哪种情况，都严重危害到合作治理的开展，影响体育健身休闲市场的长远发展。

（三）有些行政部门选择性地转移职能

国务院及其部委、地方政府颁布了大量规范性文件，推进简政放权、职能转移、清单管理，这意味着政府限权与社会扩权的结合，是政府的"自我革命"。但在诸多时候，这会影响政府的切身利益，造成部分地区的政府部门不能真心实意地进行职能转移，甚至有的政府部门借此卸包袱，选择性地进行职能转移。其典型是有些地理位置好，能为体育行政部门带来财政拨款及较高收益的体育场馆，有些地区的体育行政部门组建专门的公司进行经营；而对部分难

---

① 体育发展专项资金设立的法律依据是：《国务院关于加快发展体育产业促进体育消费的若干意见》（国发〔2014〕46号）："政府引导，设立由社会资本筹资的体育产业投资基金。有条件的地方可设立体育发展专项资金，对符合条件的企业、社会组织给予项目补助、贷款贴息和奖励。鼓励保险公司围绕健身休闲、竞赛表演、场馆服务、户外运动等需求推出多样化保险产品。"
② 譬如，广州市体育局划拨出专项资金支持草根体育组织，发展全民健身事业，但是2014年，这些资金绝大部分都没有发放出去。其主要原因是符合发放条件的体育组织太少，并且很少体育组织了解情况。

以为继、需要财政持续投入，但社会效益大的经营场所，体育行政部门则急于将其市场化。

三、缺乏对社会资本投资的实质性支持

体育健身休闲市场虽然迎来了多年的高速发展，并且获得了社会资本的追捧，国务院46号文也提出很多措施鼓励社会资本投资体育市场；然而，从现有的税收、金融工具的运用、专项资金等方面的情况来看，当前我国对于社会资本投资体育健身休闲市场并没有太多实质性的支持。税收方面，民间投资的健身经营主体的税收并没有享受到任何的特别优惠措施，反而某些健身休闲项目被课以歧视性的税收；体育社会组织承办一些体育活动获得的收入，也需要按照一般纳税人来进行纳税，能够获得的税务减免非常少。股票市场领域，健身经营主体想通过股市进行融资非常困难，截至2016年5月，我国还没有以健身休闲项目为主要经营范围而在A股或者S股上市的公司，新三板、创业板也没有此类公司。债务融资方面，健身经营主体符合《公司法》《证券法》发行债券条件的公司也比较少。而专项资金的资助对象，主要是规模较大、效益较好的体育用品经营者，健身休闲经营者能够满足资助条件而获得支持。因此，在鼓励社会资本投资体育健身休闲市场，促进体育健身休闲市场长远发展方面，我国还有很长的路要走。

四、忽略社会主体治理能力建设

社会主体对于体育健身休闲市场的治理，需要以其自身的治理能力为基础。虽然最近几年来，我国健身经营主体、体育社会组织等社会主体的管理日益规范，有些规模较大的健身经营主体还通过引入国外先进管理经验与管理系统，或者研发出符合自身情况的管理系统来提高自身的治理能力，然而，总的来说，我国社会主体还是忽视自身参与体育健身休闲市场治理能力建设的，主要表现为：

（一）很多健身经营者与体育社会组织的理念有待转变

我国规模大、资金充足的经营主体，虽然较注重内部治理，提升自身的长远发展能力；然而，由于我国健身经营主体集中度低，还存在大量规模小、经营不规范的健身经营主体，在经营理念上注重短期的效益，希望能够在短期内大量卖卡（主要是年卡）来快速地回笼资金，忽略长远发展规划，也不注重自

身的内涵健身与内部管理。体育社会组织在发展与生存理念上也面临着重大转变，以往依附行政机关的生存模式，需要转向以依靠市场，通过为市场提供服务来实现自身的发展的转变。

（二）治理技术的应用跟不上时代发展的步伐

治理技术是社会主体治理能力的重要体现，现阶段的协商治理技术、科技型治理技术等在体育健身休闲市场治理中虽有所应用，但总体应用水平偏低，很多主体由于缺乏必要的技术支撑，在健身服务产品提供、主体内部管理、不同主体之间的沟通协调方面，都有所欠缺。

（三）治理体系建设的滞后，影响社会主体治理能力的发挥

健身休闲市场治理需要多方主体互动，既涉及市场经营主体、体育社会组织等社会主体内部之间的互动关系，也涉及社会主体与其他主体之间的关系。治理体系建设的重要任务，是合理处理不同主体之间的关系，而我国在这方面的建设还相当滞后。

本章小结

体育健身休闲市场社会治理的主体包括政府、健身市场经营者、体育社会组织、社会公众等。体育健身休闲市场社会治理在我国经历了长久的发展，当前也面临着严峻的挑战，表现为社会主体发展滞后，参与治理缺乏法律保障，政府与社会合作治理也存在一定问题，忽略社会主体治理能力的建设，缺乏对社会资本投资的实质性支持等方面。

第二章

体育健身休闲市场政府与社会合作治理

权力分散、多方参与、民主协商是治理理论的核心理念，这就要求治理必须是"合作的治理"。十八大以来，政府改革的方向是简政放权、政事分开、转变职能，打造服务型政府。随着改革的深化，政府正在将大量原来由其承担的体育健身休闲市场治理职能、为社会提供公共体育服务的职能等，转移到由社会承担。在这样的背景下，体育健身休闲市场治理所涉及的诸多问题，单靠政府治理或者单靠社会力量的治理，都难以达到预期的效果。为此，政府与社会合作治理体育健身休闲市场就有其理论与现实的必然性。

第一节 政府与社会合作治理的类型与特征

政府与社会合作治理"强调的是构建一个公民社会，在政策制定的过程中，不只是由上而下的专家指导和政府全能，更希望由公民、社会组织共同参与制定政策，借此形成与政府间的互相对话，实现共识的凝聚"[1]，它是治理理论"多中心"思想的具体体现。在体育健身休闲市场的语境下，政府与社会合作治理是指政府与社会主体基于概要的共同目标，在体育健身休闲市场治理的过程中相互沟通，相互协作，相互支持，交换与共享资源。

一、体育健身休闲市场政社合作治理类型

体育健身休闲市场政府与社会合作治理的形式具有复杂性；但总体而言，在当前我国具体实践中，政府与社会合作治理伴随着政府简政放权、职能向社

---

[1] 陈世韦. 政府与 NGO 信任关系研究——以"合作式治理"模式为视角 [J]. 江西社会科学，2008（11）：140–141.

会转移的社会大背景。通常而言，政府从体育健身休闲市场中购买公共体育服务，其本身就是一种典型的政府与社会合作治理模式；体育健身休闲市场清单管理，意味着政府权限受严格限制，社会主体承接起相应的职能转移，两者也是合作互补的关系。也就是说，政府购买服务与清单管理，是体育健身休闲市场政社合作治理的两种典型模式。

（一）政府购买公共体育服务背景下的政社合作治理

政府购买公共体育服务，指政府通过直接购买、间接资助、向社会公众提供体育消费券①等形式，满足社会公众需求，履行自身公共体育服务职能。政府购买公共体育服务的过程中，各种主体内部相互影响与制约，并与外部发生直接与间接的联系，从宏观与微观上影响着体育健身休闲市场各个主体，是政府与社会主体合作对体育健身休闲市场进行治理的最典型形式。

为了加深对政府向市场主体购买公共服务这种政府与社会合作治理模式的认识，我们有必要深入理解以下三个问题：

一是，应当如何理解作为购买公共体育服务的主体——"政府"？根据《国务院办公厅关于政府向社会力量购买服务的指导意见》的规定，政府向社会力量购买服务的主体"是各级行政机关和参照公务员法管理、具有行政管理职能的事业单位。纳入行政编制管理且经费由财政负担的群团组织，也可根据实际需要，通过购买服务方式提供公共服务"。因此，对于有的学者"作为购买主体的政府只能为具体的行政部门，事业单位不能被理解为购买主体"② 这一观点是错误的。具体到政府购买体育健身休闲服务，这里的"政府"应当包括以下的一些部门：（1）中央政府、中央政府的各个部委、地方政府、地方政府的各个具体行政部门；其中各级体育行政部门在政府购买服务中起到主要作用，民政部发挥着重要作用。特别要注意的是，税务部门、财政部门通过税费减免、财政支持的行为，也直接与间接地参与到政府购买公共体育服务当中。（2）参

---

① 譬如《钱江晚报》报道，为了促进体育消费，杭州市拱墅区还向杭州市民发放价值450万元、共5000套的体育类消费券；在发放消费券的同时，拱墅区配套开展"体育改变生活我运动我快乐"系列活动，相继举办了拱墅体育摄影、全国桥牌俱乐部邀请赛、运河水上赛事等大型赛事，在全社会形成全民健身的氛围。根据体育消费券的使用规则，每套消费券都可以在拱墅区范围内的9家健身场馆或体育企业进行消费，具体用途包括会员卡办理、体检、消费抵扣等。

② 徐嘉良，赵挺. 政府购买公共服务的现实困境与路径创新：上海的实践［J］. 中国行政管理，2013（8）：26－30.

照公务员法管理、具有行政管理职能的事业单位，以及纳入行政编制管理且经费由财政负担的群团组织，如"中国红十字会"，它们也应当被视为政府，是购买服务的主体。

二是，应当如何理解作为政府购买公共体育服务的承接主体——"市场主体"？有的学者认为只有"社会组织与社会服务机构"才是承接主体①。对此，我们认为这种看法是错误的，我们认为，只要是存在交易而承接政府职能的，我们均应当视其为市场主体。也就是说，是否存在"交易"行为是判定其是否是市场主体的唯一要素；不管这个主体的定性是公益性或是营利性，只要与政府之间通过交易行为向社会公众提供体育健身休闲服务的，它就是市场主体。综上所述，事业单位、社会组织、体育服务机构、个人、个体户、合伙组织、企业等，只要是与政府之间通过交易行为而承接政府公共体育服务职能的，均应当将其视为"市场主体"。

三是，采取什么样的方式让体育健身休闲市场主体参与到提供公共体育服务中来，才能算是政府购买？学者们对其有不同的理解，有学者从市场竞争这一市场活动的本质特征的角度出发，认为政府向市场购买体育健身服务，必须蕴含竞争的因素，没有竞争几乎可以等同于政府直接提供服务；有学者从合同成立条件的角度认为，只有政府与市场主体签订了购买合同，才能构成政府购买服务，合同没有签署并成立的，无所谓购买；有学者则从合同对价的角度理解政府购买，认为政府购买所支付的对价，不仅仅指直接的金钱，还包括政策优惠、税费减免、提供办公场所等。我们认为，应当从最广义的角度理解政府购买，也就是说，政府与体育健身休闲市场主体之间只要是支付对价的合同行为，均应当将其理解为政府购买；政府的对价可以有多种形式，不仅包括金钱，还应包括优惠、服务、提供体育设施等。

特别要注意的是，我们认为政府税费减免、体育专项资金支持，引导体育健身休闲市场主体为社会公众提供更多的健身休闲服务，承接政府转移的公共体育服务职能，这也是较为特殊的政府购买形式。通过分析我国税法关于体育健身休闲市场的规定，可以发现体育健身休闲市场大部分经营项目享受到了优惠的税收政策。虽然税收优惠并不会增加体育健身休闲市场的经营收入，但是可以降低经营成本，也就等于间接地增加了利润。优惠的税率，还有利于经营

---

① 罗观翠，王军芳. 政府购买服务的香港经验和内地发展探讨 [J]. 学习与实践，2008 (9)：125-130.

者向体育健身休闲参与者提供更多、更好的物美价廉的体育服务，促进居民体育消费习惯的养成，进而促进体育健身休闲市场的发展并增加经营主体的利润与国家税收，形成良性循环。除了税费减免之外，我国部分地方政府还依据2014年国务院46号文设立了体育产业发展专项资金，这对于市场主体的发展也有着积极的意义。可以看出，政府对体育健身休闲市场采取的优惠税费及专项资金支持的行为，是有利于市场主体承担更多政府所转移职能的。

（二）清单管理背景下政府与社会合作治理

清单管理最初被作为管理工具应用于企业的日常管理过程中①。在行政管理领域，"清单式管理与服务，是将政府部门各类职权事项和运行流程、环节，通过目录清单形式予以明确列举，并向社会公开"②。显然，这里关于政府清单式管理与服务的定义具有一定的局限性，它主要指的是政府的权力清单及其相应的程序清单而言；事实上，涉及市场的清单式管理还应当包括政府的责任清单、市场负面清单、市场正面清单等。各类型的清单相互配合，相辅相成，从实体以及程序上真正实现简政放权，将市场与社会的作用及积极性充分发挥出来，政府集中精力做好服务工作，是政府与社会合作治理市场的体现。结合清单管理的概念，体育健身休闲市场清单管理应当包括政府的权力清单、责任清单、市场负面清单、市场正面清单、程序清单五个方面；这些清单相互影响、相互制约，调节着体育行政权力与社会之间的关系，是两者对体育健身休闲市场进行合作治理的典型模式。

为了加深对体育健身休闲市场清单管理背景下政府与社会合作治理这一模式的认识，我们有必要深入理解以下几个问题：

一是，各类清单之间只有相互配合才能更好地对体育健身休闲市场进行治理。权力清单，指体育行政部门等政府部门，明确其在体育健身休闲市场治理当中有怎样的权力；责任清单，指体育行政部门等负有法定义务的主体，明确其在体育健身休闲市场治理当中有怎样的责任；市场负面清单，指政府部门公布未达标市场准入的体育项目的清单，没有列入清单的，不得禁止；市场正面

---

① 企业管理领域的清单管理，是指企业对于某一岗位管理活动的内容及流程进行分析、细化、量化，形成清晰的管理内容清单及管理流程清单，它具有条理性、具体性、可操作性的特点。
② 许勤. 全面推行清单式管理与服务促进法治政府和服务型政府建设［J］. 中国机构改革与管理，2015（2）：6.

清单，通常指政府部门公布的、鼓励社会主体投资某类型体育项目或体育设施；程序清单，指体育行政部门等政府职能部门，将涉及体育健身休闲市场的各类事项及其相应的办理流程，涉及的每个环节，通过清单目录的形式向社会公开。这五个类型的清单，既通过清单限制体育行政部门权力又保障其合理职权，既鼓励社会投资健身休闲市场又予以适当的限制，既鼓励社会在健身休闲市场治理中发挥积极作用又要求体育行政部门履行必要的职能。要让政府与社会各司其职、通力合作，这五类清单缺一不可。

二是，清单管理下政府与社会合作治理的核心，是体育行政主体让渡部分职能、社会主体承担让渡的职能。现实中，社会主体承担政府转移的体育健身休闲市场治理职能有多种表现形式，具体如政府与社会合作制定健身休闲市场体育项目的标准、政府与社会力量就市场治理问题相互配合与支持、社会力量与政府合作参与到清单目录的制定当中、社会力量与政府共同致力于维护市场竞争秩序等方面。特别的是，体育健身休闲市场社会主体参与或主导体育健身业相关规则的制定，承担起部分政府治理规则供给的职责，也是政府与社会分工合作的典型表现。

三是，清单管理背景下政府与社会合作治理，并不意味着政府在治理中的缺位。对于体育健身休闲市场而言，清单管理意味着政府要束缚住自身主导市场治理欲望，但这并不否认其依然要承担的责任。也就是说，对政府限权并不意味着体育健身休闲市场治理的职责全部由社会承担。清单管理更多地意味着市场经营主体、体育社会组织、社会公众等社会力量与政府的合作治理。

二、体育健身休闲市场政社合作治理的特征

具体而言，体育健身休闲市场的政府与社会合作治理蕴含着以下几个方面的特征：

一是，在政社合作治理中，社会主体在诸多时候还是市场主体，兼具治理性职能与服务性职能。社会主体履行治理性职能，意味着政府必须放弃在体育健身休闲市场治理中的绝对中心地位，与社会主体一起分享权力，是一种事实上的多中心结构。社会主体履行服务性职能，意味着体育健身休闲市场经营主体、体育社会组织等社会主体在合作治理中，承担提供体育服务的角色。

二是，政府与社会主体合作对体育健身休闲市场进行治理的过程中，政府与社会主体相互沟通、相互协作、互补互助、交换资源。政府主要提供规范体

育健身休闲市场治理的法律、法规、政策等公共产品，并且通过行政手段、财政金融手段等对体育健身休闲市场经营主体、体育社会组织、社会公众等实行引导与调控，使之参与到体育健身休闲市场的治理中。社会主体则承担起政府转移的职能，为社会公众提供公共体育服务产品，并配合政府对市场进行必要的调控与监管。

三是，政府与社会主体能够合作治理体育健身休闲市场，是基于它们在治理中能够各取所需，达到各自的目标。对于政府而言，通过与社会主体的合作治理，可以减轻政府单独履行体育健身休闲市场治理责任所要承担的沉重压力，让政府专注于自身的服务职能，提高行政效率，减轻财政压力；对于社会主体而言，可以通过与政府合作治理体育健身休闲市场的行为，从政府与市场那里获得资金、政策等的发展资源，实现自身发展的宗旨。

四是，政社合作治理，有利于对接政府关注与社会公众需求。在体育健身休闲市场治理的过程中，政府关注的是治理程序、治理方法等管理性问题；社会公众则主要关注社会体育资源对自身的满足状况。也就是说，政府与社会公众所关注的问题并不一样，通过合作治理的形式，政府可以将社会主体纳入整个治理体系当中，可以充分利用社会主体的治理能力及提供公共体育服务的能力，为社会公众提供丰富的公共体育产品，形成灵活、多样、层次丰富的复合型市场治理结构，从而对接政府的关注与社会公众的需求。

五是，为了落实政府和社会合作治理，政府与社会主体均需调整自身的观念与实践。从观念方面来看，需要政府对体育健身休闲市场原来的一元治理理念，转变为与社会合作的多元治理理念，充分发挥市场的主体性、积极性、创造性。而对体育健身休闲市场社会主体而言，则需要树立主动参与治理、主动寻求与政府合作治理的理念，主动承担政府通过购买公共体育服务而转移的职能，并从中寻求促进自身发展的机会。在实践上，体育行政部门等政府部门需要简政放权，向体育社会组织、市场经营主体等社会主体让渡更多市场治理的权力，更多地发挥社会力量的作用；在具体的法律法规的修改与制定上，则需要加紧修改妨碍社会力量参与体育健身休闲市场治理的已有规定，并加紧完善社会力量参与市场治理的具体规则。

第二节　政府购买背景下政府与社会合作治理

政府购买服务"这意味着民间开始行使部分公权力，社会力量特别是社会组织逐渐由被'管理'过渡到主动'治理'，并成为社会治理的主体"①。实践中，政府直接向社会公众提供的体育健身休闲服务，通过政府向市场购买，转变为由社会主体间接提供，在这过程中社会主体已经无可避免地嵌入了政府与市场关系当中。政府购买服务的同时，对体育健身休闲市场的发展及其自身的治理起到引导、评估、监督的作用，这意味着社会力量参与市场治理应当考虑政府购买服务因素的影响。因此，我们探讨政府与社会合作治理，需要分析政府购买体育健身休闲市场服务、向社会主体转移其自身职能的相关问题。

一、政府购买公共体育服务的依据

近年来，我国党中央、中央政府及部委的顶层制度设计，已经指明了我国政府购买社会服务的方向；而地方政府、体育行政部门也因地制宜制定了大量的规范性文件。具体到体育领域的实践，我国大多数地方的体育行政部门已经通过政府购买体育健身休闲服务来履行公共体育服务职能，并为此制定了一系列的配套文件，规范购买体育健身休闲服务中的具体问题。现有我国关于政府购买的主要依据包括：

（一）法律依据

政府从市场购买体育健身休闲服务，必须符合我国《政府采购法》的规定。《政府采购法》的第二条规定，"本法所称政府采购，是指各级国家机关、事业单位和团体组织，使用财政性资金采购依法制定的集中采购目录以内的或者采购限额标准以上的货物、工程和服务的行为"。现阶段，我国政府购买体育健身休闲服务的资金来源，主要是体育彩票公益金和政府的财政性拨款，属于财政性资金的范畴，因此应当受《政府采购法》的规范。《政府采购法》第二十一

---

① 王名. 社会组织与社会治理 [M]. 北京：社会科学文献出版社，2014：322.

条①、二十二条②规定了政府采购中供应商的资格问题；根据规定，法人、其他组织、自然人只要具备法定的条件，就可以参加政府采购活动。因此，健身休闲市场社会主体要参加政府采购活动，需符合《政府采购法》所规定的一般性条件。《政府采购法实施条例》是为了落实《政府采购法》而由国务院颁布的规范性文件，是对《政府采购法》的细化；政府采购公共体育服务，也需要遵循相关的规定。

（二）中央政府规范性文件

这些规范性文件，为我国政府从市场购买体育健身服务提供了高层次的政策与法律依据。具体而言，这些政策及规范性文件除了纲领性的十八大报告，以及十八届三中全会通过的《关于全面深化改革若干重大问题的决定》以外，还包括以下的一些文件：《进一步加强残疾人体育工作的意见》（国办发〔2007〕31号，国务院办公厅2007年5月6日发布并实施）；《关于加快发展体育产业的指导意见》（国办发〔2010〕22号，国务院办公厅2010年3月19日发布并实施）；《关于政府向社会力量购买服务的指导意见》（国办发〔2013〕96号，国务院办公厅2013年9月26日发布并实施）；《关于促进健康服务业发展的若干意见》（国发〔2013〕40号，国务院2013年9月28日发布并实施）；《关于加快发展体育产业促进体育消费的若干意见》（国发〔2014〕46号，国务院2014年10月2日发布并实施）。上述的这些文件，涉及了政府为包括残疾人、老年人等各个群体购买体育服务，履行公共体育服务职能的问题。

除了党中央与国务院发布的文件之外，国务院部委还制定了一些涉及政府购买体育健身服务的文件，包括财政部、民政部、工商总局联合发布的《政府购买服务管理办法（暂行）》（财综〔2014〕96号，2014年12月15日发布，2015年1月1日实施）；财政部、民政部发布的《关于支持和规范社会组织承接政府购买服务的通知》（财综〔2014〕87号，2014年11月25日颁布并实施）；财政部、国家发展和改革委员会、民政部等部门发布的《关于做好政府购买养

---

① 《政府采购法》第二十一条：供应商是指向采购人提供货物、工程或者服务的法人、其他组织或者自然人。

② 《政府采购法》第二十二条：供应商参加政府采购活动应当具备下列条件：（一）具有独立承担民事责任的能力；（二）具有良好的商业信誉和健全的财务会计制度；（三）具有履行合同所必需的设备和专业技术能力；（四）有依法缴纳税收和社会保障资金的良好记录；（五）参加政府采购活动前三年内，在经营活动中没有重大违法记录；（六）法律、行政法规规定的其他条件。

老服务工作的通知》(财社〔2014〕105号,2014年8月26日发布并实施);财政部、民政部、住房和城乡建设部、人力资源社会保障部、国家卫生和计划生育委员会、中国残疾人联合会发布的《关于做好政府购买残疾人服务试点工作的意见》(财社〔2014〕13号,2014年4月23日颁布并实施)等。这些部委的文件,从本部门业务的角度,规范了政府购买体育服务的问题。

需要特别注意的是,《中共中央关于全面深化改革若干重大问题的决定》涉及了政府机构改革、政府职能向社会转移、政府购买社会服务等的内容,政府从体育健身休闲市场购买服务有直接的指导作用。该决定规定:"推广政府购买服务,凡属事务性管理服务,原则上都要引入竞争机制,通过合同、委托等方式向社会购买。"具体到体育领域,近年来政府、社会、理论界在思想上已经达成了共识,体育是政府应当提供的公共服务,各级政府及体育行政部门有责任促进公民体育权利的实现;政府购买公共体育服务是其履行公共服务职能的体现。中央及地方政府应当加强向社会提供体育公共服务的职责,推广政府向社会(特别是市场)购买体育公共服务。

(三) 地方政府出台的规范性文件

地方政府也在大力推进政府向社会购买包括公共体育服务在内的社会服务,并为此制定了一系列的规范性文件,如上海市徐汇区制定了《关于政府购买社会工作服务的实施意见(试行)》(2013年8月28日),将"文体科普"纳入政府购买服务的范畴;广东省委、省政府发布的《政府向社会组织购买服务暂行办法》(粤府办〔2012〕48号)和《2012年省级政府向社会组织购买服务目录(第一批)》(粤财行〔2012〕210号)涉及了政府购买公共体育服务的问题;江苏省除了出台3部①关于政府购买服务的一般性规定外,还出台1部专门规范政府购买公共体育服务的文件《江苏省本级向社会组织购买公共体育服务暂行办法》;江苏的一个地市级行政单位常州,在体育行政部门与财政部门的联合主导下,2013年在全国率先出台了《购买公共体育服务的实施办法》;此外,还有山东、河南、浙江、宁夏、四川等20多个省市出台了涉及"政府购买公共体育

---

① 包括:江苏省政府办公厅颁布的《关于推进政府购买公共服务工作的指导意见》(苏政办发〔2013〕175号),省财政厅颁布的《省级政府购买公共服务改革暂行办法》(苏财办〔2013〕2号)和省财政厅、省民政厅颁布的《关于推进政府向社会组织购买公共服务的实施意见》(苏社管〔2014〕5号)。

服务"内容的地方法规规章。① 可以看出,虽然我国地方法律规章规范政府购买公共体育服务的专门立法并不多,但相关的条文和规范并不少;随着我国政府购买社会服务的逐步推开,我国各级政府、体育行政部门将会越来越多地从市场购买公共体育服务。

纵观最近几年来我国政府与立法机构颁布的关于政府购买服务的规范性文件、通知,以及部分地区的实践可以看出,政府购买公共体育服务,让市场参与公共服务产品的提供,是政府的决策方向,也是社会的大势所趋。为社会提供公共体育产品是政府责任,是实现社会公平正义的重要方面;政府通过健身休闲市场购买体育服务,为社会大众提供低廉乃至免费的体育公共服务,将会是一种趋势。体育健身休闲市场应当做好准备,大量发展大众化、成本较低、具有广阔前景的体育健身休闲项目,迎接政府购买公共服务高潮的到来。可以预见,政府在体育健身休闲市场购买公共体育服务,将成为市场主体参与市场治理的一个主要的途径,国际体育健身休闲市场发展的经验也表明了这一点。

二、政府购买公共体育服务的内容

(一) 政府购买公共体育服务内容的理论分析

从理论角度看,应当依据怎样的标准判定哪些体育健身休闲服务应当通过市场购买的方式来实现,哪些服务应当通过政府直接提供的方式来实现,人们对此有着不同的理解。有学者认为,应当从交易成本的角度来判断哪些服务应当通过政府部门直接提供,哪些应当从市场上购买②;也就是说,依据这个观点,哪种体育服务提供形式成本低、质量好,就采用哪种服务提供形式。我国学者句华认为③,应当从价值的角度,判断哪些服务应当由政府直接提供,哪些可以从市场购买。依据他的观点,强调公平性、公共性强的体育服务,应当

---

① 数据来源于北大法宝。输入"购买公共体育服务"对地方性法规规章全文进行精确搜索,共搜到地方政府规章1部,地方规范性文件21部;搜索时间为2015年10月2日。实际上,这个搜索结果并不准确,我国很多省市涉及"购买公共体育服务"的立法并没有被搜索出来;譬如,《广东省群众体育工作方案》《关于加快转变我省体育发展方式的意见》(粤府〔2012〕58号)、《广东省公共体育设施向社会开放指导意见》,这三个规范文件的内容均涉及政府购买公共体育服务的问题,但均没有被搜索出来。
② WILLIAMSOM O. The Economics of Organization [J]. American Journal of Sociology, 1981, 87 (3): 548 – 577.
③ 句华. 公共服务合同外包的适用范围: 理论与实践的反差 [J]. 中国行政管理, 2010 (4): 51 – 55.

通过政府部门直接生产的形式提供。还有学者认为，应当从服务质量考核的难易程度来决定哪些服务直接由政府提供，哪些服务通过政府购买服务来提供①。根据该观点，难以考核服务质量的体育健身休闲服务，应当通过政府直接生产来提供，反之则应当通过政府从市场购买服务向社会公众提供。

（二）政府购买公共体育服务内容的立法分析

从我国政府购买服务的立法来看，对于哪些体育健身休闲服务应当由政府购买、哪些应当由政府直接提供并没有明确的规定。从中央层面立法来看，《国务院办公厅关于政府向社会力量购买服务的指导意见》（国办发〔2013〕96号）并没有直接地、非常明确地指出应当进行政府购买的内容，只是相对笼统地规定"政府向社会力量购买服务的内容为适合采取市场化方式提供、社会力量能够承担的公共服务，突出公共性和公益性"，并进一步提出"教育、文化体育、残疾人事业、就业"等基本公共服务应当加大政府购买力度，非基本公共服务的内容也应更多地发挥社会力量的作用，适合交由社会承担的都应当交由社会承担。财政部、民政部、工商总局联合颁布的《政府购买服务管理办法（暂行）》（财综〔2014〕96号）规定了"公共体育服务"必须纳入"政府购买服务指导性目录"，采取政府购买的形式为社会提供服务，但是这条规定还是比较笼统，对于何谓"公共体育服务"并没有明确的界定。

我国地方性立法中，有少部分地方已经出台专门的文件规范政府购买公共体育法服务的问题。譬如，2013年常州市出台了《购买公共体育服务的实施办法（暂行）》；2015年常熟市出台了《关于向社会组织购买公共体育服务暂行办法》；湖南省财政厅印发的《2016年湖南省省本级政府购买服务指导目录》中，将"公共体育服务"及"残疾人体育"纳入了政府购买服务的目录中；还有一些关于政府购买服务的地方法规规章，其中的部分内容涉及政府购买体育公共服务的问题。

虽然《政府购买服务管理办法（暂行）》（财综〔2014〕96号）第十三条第一款规定"各级财政部门负责制定本级政府购买服务指导性目录，确定政府购买服务的种类、性质和内容"，试图将政府购买服务的内容明确化，但总体而言，无论是中央或者地方性立法，在规定原则性、方向性问题的同时，都对政

---

① HART O, SHLEIFER A, VISHNY R W. The Proper Scope of Government: Theory and an Application to Prisons [J]. Quarterly Journal of Economics, 1997 (4): 1127.

府购买公共体育服务的操作、购买类别等具体问题采取了相对模糊的处理，给具体执行政府购买的行政机构依据当时、当地具体情况进行动态调节的空间。应当说，采取这样的立法模式，是基于我国政府购买服务处于探索阶段所决定的，也是我国市场主体提供公共体育服务的能力所决定的。可以预见，随着我国政府购买公共体育服务经验的累积，我国市场主体承接政府购买服务能力的提高，我国将告别粗线条的立法现状，各地财政部门将陆续出台政府购买服务指导目录，逐步将政府购买体育服务所涉及的问题进行详尽、细致的立法。

（三）政府购买公共体育服务内容的实践分析

从我国政府提供公共体育服务的实践来看，政府直接提供的体育健身休闲服务内容并不多，大部分公共体育服务通过政府向市场购买的形式，由体育健身休闲市场直接承担。

政府直接提供的公共体育服务的方式，主要是利用原来隶属于自身的一些体育设施，免费或者低收费地向社会公众开放，但这些设施占全社会体育设施的比例并不高。以广州为例，"体育系统公共体育场馆仅占全市场馆总数的2.7%"①。在某些情况下，政府也会直接投资建设一些健身休闲设施，但这种情况下我们不应当将其视为直接提供体育健身休闲服务。

通过政府购买的形式，向社会公众提供体育健身休闲服务，是我国现阶段的主流。体育健身休闲市场承接政府购买服务的形式，主要有以下几个方面：（1）学校等主体作为特殊的市场主体，政府通过给予适当的补贴，推动这些"特殊的市场主体"的体育场地向公众免费或者低收费开放。学校数量众多，分布相对分散，一般周围的居民也众多，因而各地政府都非常重视推动学校体育设施向社会公众开放。（2）体育社会组织接受政府资助，致力于推动特定体育项目的发展。以上海为例，近年来攀岩、拉丁舞、三人制篮球等项目受到了大众的欢迎，政府因势利导，成立专门的协会推动运动项目的发展；2008年，上海成立了"登山运动协会"，除了专责推广普及攀岩、登山、拓展、登高及相关户外运动以外，还全面担负起上海市登山户外运动的规划组织、科学管理的任务②。（3）政府向市场经营主体购买、市民低价或者免费享受市场经营主体的体育健身休闲服务。如广州通过"群体通"，让市民享受到优惠的体育健身休闲

---

① 群体通. 广州启动新一轮体育惠民服务——300家社会体育场馆将向市民优惠开放 [EB/OL]. 广州市体育局，2015-10-13.

② 曹玲娟. 上海 让更多人享受体育 [N]. 人民日报，2009-01-16（12）.

服务①；上海闸北大宁社区居民则可以通过办理健身卡，享受到某些体育场所的免费体育服务②。(4) 发放体育消费券，如杭州拱墅区。(5) 提供税费优惠或者专项资金支持。

综上所述，随着政府职能的改革，简政放权、构建服务型政府已经成为一种趋势，在这样的背景下，体育健身休闲市场承接政府购买公共体育服务的内容具有全面性，只要是适合由市场主体承担的公共体育服务，或者说市场能够承担的公共体育服务，政府都可以通过购买服务将其交给社会主体。总体而言，适合由市场来承接的政府购买的内容可以包括体育行业标准的制定、体育健身休闲业自治规则的制定、体育社会组织的运作与自治、向社会公众直接提供体育健身休闲服务、公共体育健身设施的维护、特殊群体（如老人、残疾人）体育健身休闲服务的提供等。而对于市场主体暂时无法承担的公共体育服务事项，政府应当尽快培养包括市场主体在内的社会力量，促进社会力量的发展，在适当的时候将这些职能转移到由社会力量承担。

三、政府购买对政府与社会合作治理的影响

政府从市场购买公共体育服务，除了能够回应社会对于公共体育服务的需求之外，还能够通过引入社会资源来应对体育健身休闲市场治理中的问题，形成系统性的解决方案。政府购买对市场的政社合作治理的促进作用，这主要表现在以下的两方面：

（一）政府购买提高社会主体合作治理能力

就当前我国的现实来看，政府购买面临的基本困难是体育社会组织、市场

---

① 根据广州市体育局网站《广州启动新一轮体育惠民服务——300 家社会体育场馆将向市民优惠开放》一文报道，广州体育系统体育资源太少，无法满足社会公众体育服务需求的状况，采取了一系列措施，盘活社会体育场馆资源为市民服务。自2015 年11 月中旬开始，将依托"群体通"丰富的信息资源、便利的订场手段、科学的评价机制，展开政府购买社会体育场馆公共服务试点工作，启动新一轮体育惠民服务。计划在全市范围通过公开招标方式择优选择300 家社会体育场馆向市民优惠开放，广州市民只要上网运用"群体通"平台订场，就可享受到价格优惠和订场便利。（资料来源：广州市体育局官方网站，网址：http://www.quntitong.cn/sport/platformnotice/platformDetail.do?rid=8a42f487505b28e301505f5e6313190a，2015 - 10 - 13/2015 - 10 - 15.）

② 曹玲娟. 上海 让更多人享受体育［N］. 人民日报，2009 - 01 - 16（12）. 根据该报道，2008 年11 月，上海闸北大宁社区居民以政府购买服务的形式，建立起市民健身卡制度，社区居民可免费办理并凭卡任意享受8 所"市民周末健身学校"的开放场馆和所有开放项目，场馆还提供健身拳操、球类运动培训及健身讲座等方面服务。

经营主体等社会主体，它们承担提供公共体育服务能力的匮乏，这在经济不发达地区更为明显。政府购买公共体育服务的行为，可以为体育社会组织、市场经营主体等主体提供良好的发展机会，为政社合作治理奠定组织基础。

1. 政府购买提高了社会主体内部治理能力

我国体育社会组织、市场经营主体等社会主体面临的最大问题，是规模小、专业化程度低、规范化存在诸多问题，这些都造成了其难以成为政府治理的长期合作者。政府购买公共体育服务，能够迫使社会主体按照政府的要求与市场规则提升自身的管理水平与服务水平。政府购买公共体育服务所设定的一系列要求与程序具有导向性作用，社会主体要获得政府购买的机会，务必在组织结构、内部管理、组织文化、人员结构等方面进行自我改造、自我提高，以适应政府购买带来的外部竞争。而且，政府购买对于社会主体，特别是对于体育社会组织的意义还在于，帮助它们摆脱对于政府的依附关系，让它们可以通过市场的竞争从政府那里获得发展资源，而不仅仅是充当"二政府"的角色。

2. 政府购买提高了社会主体外部治理能力

体育社会组织、市场经营主体等社会主体的外部治理能力，主要体现于处理好社会主体与利益相关者的关系。在体育健身休闲市场社会治理中，社会主体需要处理好与社会个人、体育行政组织、税务部门、公共安全部门、健身市场经营主体、社区、不同人群等利益相关者的关系，平衡各方诉求的同时，实现自身的目标。社会主体的外部治理能力，能够在参与政府购买公共体育服务过程中获得了发展。一方面，政府购买公共体育服务，促使社会主体要处理好自身的需求、政府的需求、社会公众的需求等多层面的需求，既是为了让自己更好地履行已有的合同，也是为了让自己获得更多的政府购买服务的合同。满足需求能力的提高，不仅能够为社会提供更多的体育健身休闲服务产品的问题，更重要的是能培养出具有生命力、市场竞争意识的市场经营主体和体育社会组织。另一方面，在政府购买服务中，体育社会组织、市场经营主体等社会主体将受到更多的外部监督。这些监督的措施，包括接受体育行政部门、民政部门的评价考核，接受第三方的评价，接受制度性的考核，接受体育参与人的考核等方面。这些考核措施，直接影响到社会主体是否能够继续参加政府购买公共体育服务活动，是否能够足额地获得提供体育服务的酬金；因此，这些外部的监督措施，是有利于社会主体提高其外部治理能力的。

（二）政府购买也能提高政府的合作治理能力

政府从市场购买公共体育服务，有利于其提高自身的合作治理能力。政府从市场购买公共体育服务,应当遵循市场交易的一般原则,严格遵守合同约定,并将自身从直接的体育健身休闲服务生产者变为间接的体育服务提供者,有利于政府发挥其在合作治理中的作用。政府购买有利于约束政府自身的行为,促使政府更加廉洁高效,为合作治理的开展奠定基础。政府购买服务作为一个契机,能够促进政府完善市场规范,促进市场良性运行,实现市场的法治,从而为与社会主体的合作治理奠定基础。

四、政府购买中政府与社会合作治理的形式

政府从社会中购买公共体育服务,能够促成政府与社会在体育健身休闲市场治理中分工合作,采取联合行动,也就是说,政府购买对于政社合作治理具有建构作用。具体而言,基于政府购买的体育健身休闲市场政社合作治理的实现路径,主要有以下几个方面:

(一)政府对社会主体进行授权的合作治理

在政府向市场购买体育健身休闲服务的过程中,政府通过对社会主体进行授权,实现对市场的共同治理。政府对社会主体授权的内容,必须符合两个条件:一是,政府自身拥有这项权力;二是,该项权力能够授予第三方,也就是说,授权行为及相关的权力为法律允许授予第三方行使。政府购买公共体育服务过程中,有些权力能够授予市场经营主体、体育社会组织等社会主体行使,有些则不能。能够授予社会主体行使的权力,通常属于法律自由裁量权的范畴,或者非行政机关专属的权力等。但是,对于有一些法律规定属于行政机关的专属权力,如对体育健身休闲市场经营主体的行政处罚权、执法权等,则不能让社会主体代为行使,例如,最为典型的如高危险运动项目的审批、检查、监督、处罚等内容。政府购买公共体育服务中,能够对社会主体授权的内容应当包括以下的一些类别:

1. 政府授权社会主体直接为社会公众提供公共体育服务

在这个过程中,社会主体既是体育健身休闲市场治理的主体,同时也是体育健身休闲市场的主体。政府授权过程实际也是购买公共体育服务的过程。体育社会组织、市场经营主体等市场主体接受了授权之后,为社会公众提供公共体育产品,譬如,提供体育场馆服务、国民体质测试服务、指导社会公众进行体育健身服务、组织体育活动服务、为老人提供体育服务等方面。

政府与社会主体在授权与被授权的过程中,相互合作,交换各自的资源,致力于为社会公众提供优质的公共体育服务。政府提供的资源，是社会主体提供公共体育服务所必需的设施、资金等经济性资源，以及合法性资源、信赖资源等；社会主体提供的资源则主要包括体育健身领域的专业能力、健身服务网络、体育健身休闲信息资源等方面。社会主体获得授权后，一方面获得了履行提供公共体育产品所需要的合法性、信任、资金等；另一方面构建起了政府、市场主体、社会公众之间的桥梁，为自身的发展创造了良好的机会。政府的授权行为，减轻了自身在公共体育服务产品生产方面的负担，并让自身得以弥补柔性管理与公益性人格的缺失，将主要精力集中于为社会提供更优质的服务。

2. 政府授权社会主体履行购买公共体育服务的组织性工作

政府购买服务，除了弥补自身公共体育服务产品生产能力不足之外，另外的重要原因还在于弥补自身在具体事务中组织能力的不足。这种组织能力的不足，体现在以下几个方面：（1）柔性管理①能力的不足。柔性管理的核心，是以平等、细致、耐心的方式方法，来激发主体的积极性、创造性。行政权力具有天然的不平等，它们虽然拥有国家的行政资源、信任资源、立法资源等，但是在购买公共体育服务的具体组织性工作中，未必能够适应社会瞬息万变的环境。（2）沟通能力的不足。在提供公共体育服务的过程中，涉及很多与社会公众进行沟通的问题；对于政府而言，我们强调其应做好服务性职能，而深入街区、单位等做好沟通工作并非体育行政部门所长。（3）直接进行社会动员方面能力的不足。购买体育服务过程中的组织性工作，需要动员各方力量的参与，这过程中的细致、耐心工作也非政府所长。实际上，体育行政组织等政府部门对社会公众的动员能力往往也难以与很多具有草根性质的社会主体相比。（4）专业管理能力的不足。提供公共体育产品，不仅需要专业上的能力，更需要对于专业管理的经验与能力，这些对于行政机关来说都是勉为其难的。

购买公共体育服务中，政府授权社会主体履行的组织性工作的内容，具体可以包含以下几方面：

一是，购买前的广泛调查。调查通常涉及现有体育资源的分布、人口数量、

---

① 所谓柔性管理，是指"以人为本"的人性化管理模式，其核心是通过尊重人的心理、行为规律的基础上，采用引导、鼓励等激发被管理者内驱力的非强制管理方式，达到将组织目标转化为个体自觉行为的目的。柔性管理的最大特点是依赖个体的心理过程与个体的内驱力，而非自上而下的强制命令实现管理目的。柔性管理以线性思维方式向非线性思维方式转化为前提，其本质是对"稳定和变化"进行管理的方式。柔性管理的最大作用，是能激发人的创造性、适应瞬息万变的外部环境、满足柔性生产的需要。

人口分布及活动规律、人们对体育项目偏好、可以提供体育产品的数量及质量等方方面面的内容，这些工作是可以授权社会主体来具体操作。

二是，购买计划的制订。购买计划通常需要考虑体育行政部门、财政部门、民政部门、公共安全部门、体育科研部门的意见，并依据调查的数据及结论，在此基础上制订综合性的政府购买公共体育服务计划。但是，当前我国很多地方政府购买公共体育服务的计划，是由体育行政部门来制订的。实际上，很多体育社会组织、市场经营主体等，它们也有能力制订这些购买计划，并且这些主体制订的计划可能更接地气。因此，是否应当将购买计划的制订权授予社会主体来承担，我们认为是值得考虑的。

三是，购买过程中的招标投标。体育服务的招标投标涉及很多法律及技术性的问题，需要符合《政府采购法》《中华人民共和国招标投标法》及其实施细则，以及涉及专门规范体育领域政府购买的法律，国家标准体系对于体育服务及设施的相关标准等。体育行政部门显然没有能力对所有的这些问题进行规范化的操作，因而在实践中，通常的做法是授权社会专业机构进行招标标书的制定与审核，并在实际中主导招标投标的整个过程。

四是，公共体育服务供给的监督与评价。监督与评价的对象，通常为具体负责向社会公众提供公共体育服务的市场主体。监督的主体，名义上应为体育行政部门等政府部门。然而，面对众多的体育服务提供者，以及复杂、长时间的体育服务提供过程，体育行政部门的监督显得无能为力。为此，授权社会主体履行监督职责，具体地制定监督措施与监督细则，是现实的必然选择。

（二）政府与社会共同决策的合作治理

政府购买公共体育服务的行为无法单方面完成，需要多方面配合，这意味着社会主体参与到政府的决策过程中。政府决定购买体育服务的内容，需要社会主体共同决策，才能做到精准定位；政府购买公共体育服务的流程设计、公共体育服务标准的确定、政社合作治理与合作提供服务的模式等，政府都需要与社会共同决策，才能弥补自身在组织、专业方面能力的不足；政府购买公共体育服务的监督方式、方法、措施等，也需与社会主体共同地决策，才能得以具体地落实。

在政社共同决策的合作治理中，社会主体应当充分发挥自身的治理性职能与服务性职能，促进治理效果的提高，为自身争取更多参与决策的机会。政府也应当充分信任、适当放权，更多地将其纳到决策过程中，通过服务职能的转移来提高其决策能力。

（三）政府协助社会主体嵌入客体的共同治理

社会主体在履行提供公共体育服务职能的时候，需要嵌入具体的社区、与社会公众展开深入广泛的交流，获取它们的信息。社会主体如何能为社区、社会公众所接纳与信任，这对于每一个提供公共体育服务的社会主体而言都意味着严峻的挑战。在政府购买公共体育服务的背景下，市场经营主体、体育社会组织、社会体育指导员等社会主体，它们可以凭借着政府帮助与信任背书，在提供公共体育服务的过程中自然而然地与社会公众、社区进行互动与沟通，取得一手的、真实的信息。社区、社会公众在接受公共体育服务中所面临的问题，将可以通过这些最直接的渠道进行反馈，社会主体在这过程中逐渐演变为所服务的社会公众及社区的体育权益代言人，不仅承担了提供公共体育服务的职能，实际也担负了一定的治理职能，是政府治理中的合作者。

第三节 清单管理背景下政府与社会合作治理

体育健身休闲市场的治理应当回归社会，核心是解决政府和社会力量在市场治理中的角色定位，亦即两者权力分配的问题。一方面，为了实现对政府的限权、简政放权，防止政府权力的异化，需要在体育健身休闲市场治理中，通过清单管理来明确哪些方面政府应当担当起应有责任，哪些方面是政府可以行使的权力，哪些方面政府不应当干预，哪些方面程序政府行政应当遵循的问题；另一方面，限制政府权力而形成的权力真空需要由社会力量来填补。由此，我们有必要探讨清单管理下政府与社会合作治理的问题。

一、体育健身休闲市场清单管理的依据

虽然体育健身休闲市场作为我国市场经济的重要组成部分，但在政府的宏观经济调控中甚少受到特别的关注，因而很少存在专门规定体育健身休闲市场清单管理的规范性文件。随着清单管理在全社会逐步推行，它作为一种治理模式，在逐步地与体育健身休闲市场深入融合。具体而言，现阶段体育健身休闲市场清单管理的施行依据，主要包含以下几方面：

(一) 党的部分政策性文件

1.《中共中央关于全面深化改革若干重大问题的决定》(下简称《决定》)

《决定》为体育健身休闲市场清单管理推行提供了纲领性依据。中共十八届三中全会通过的《决定》指出，要推行政府清单管理制度；而关于市场准入方面，《决定》提出要全面推行负面清单制度，清单之外的领域，各类市场主体均可自由进入，政府不再进行各类非必要的审批；对于外资的准入，《决定》提出实行准入前国民待遇结合负面清单的管理模式，只要没有被列入外资准入的不符措施，外资将可以投资任何领域。①

也就是说，按照十八届三中全会的要求，涉及体育健身休闲市场的体育行政部门，以及其他相关的政府部门，都应当将关于体育健身休闲市场管理的相关职权向社会公开，并且保留这些职权的都应当有相应的法律依据，没有法律依据的不得做出相应的行政行为。而对于体育健身休闲市场准入方面，应当最大限度地放宽限制，没有被列入负面清单的体育项目，都应当允许社会各类投资；外国投资者投资体育健身休闲项目的，将获得准入前的国民待遇，也就是说，他们在准入方面将享有和我国国民一样的待遇，除非该项目被列为不符措施。

2.《中共中央关于全面推进依法治国若干重大问题的决定》(下简称《决定》)

十八届四中全会通过的《决定》，在多方面直接或者间接地要求我国推行清单管理，也为体育健身休闲市场清单管理的开展提供了依据。

一是，《决定》中提出要"坚持依法治国、依法执政、依法行政共同推进，坚持法治国家、法治政府、法治社会一体建设"，为体育健身休闲市场推行清单管理奠定基础。清单管理的核心，是防止政府乱作为、不作为与激活社会与市场的力量相结合，通过法律"捆绑住政府的手"与"放开市场的腿"。没有依法行政、法治政府，就没有清单管理可言。因此，在依法治国的背景下，体育健身休闲市场推行清单管理是必然的选择，也是依法行政、建设法治政府、国家治理体系和治理能力现代化的具体体现。

二是，《决定》中强调了"必须保证人民在党的领导下，依照法律规定，通

---

① 十八届三中全会《中共中央关于全面深化改革若干重大问题的决定》中指出，我国要"实行统一的市场准入制度，在制定负面清单基础上，各类市场主体可依法平等进入清单之外领域。探索对外商投资实行准入前国民待遇加负面清单的管理模式"。

过各种途径和形式管理国家事务，管理经济文化事业，管理社会事务"，这为体育健身休闲市场清单模式的推行奠定了社会基础。清单管理的推行，意味着政府简政放权，将部分职能转移到社会承接；发展社会力量，保障社会公众、各类主体参与社会治理的权利，能够从社会角度保障清单管理的实施。

三是，《决定》明确地规定了我国要实行权力清单、责任清单、程序清单制度。① 根据《决定》的内容，我国要通过法律完善行政组织与行政程序法律制度，通过法律明确行政机关的职权，严禁行政机关法外设权，并要推行权力清单制度，做到"法定职责必须为、法无授权不可为"。这实质是限制了政府在体育健身休闲市场中的权力。

四是，《决定》关于政府事权问题的规定，即"推进各级政府事权规范化、法律化，完善不同层级政府特别是中央和地方政府事权法律制度"，实际上也是要求政府严格按照法律的规定实行权力清单。按照十八届四中全会通过的决定的要求，行政部门对于体育健身休闲市场的行政管理行为，应当推行清单式管理制度，制定明确的权力清单、责任清单、程序清单；为了配合清单管理制度在体育健身休闲市场的落实，我国应当在相关部门积极落实依法治体，依法行政，积极发展社会力量，完善政府的事权法律制度。

（二）国务院公布的一系列涉及实行清单管理的文件

当前，国务院通过审批制度的改革，颁布市场准入目录等一系列的举措，下大力气在全国推行清单管理，特别是推行政府权力清单与市场准入清单。为此，国务院及国务院办公厅颁布了一系列直接或者间接相关的规范性文件。这些文件包括：2014年6月4日国务院颁布的《关于促进市场公平竞争维护市场正常秩序的若干意见》（国发〔2014〕20号）；2014年12月10日国务院办公厅颁布的《关于印发精简审批事项规范中介服务实行企业投资项目网上并联核准制度工作方案的通知》（国办发〔2014〕59号）；2015年2月4日国务院颁布的《关于规范国务院部门行政审批行为改进行政审批有关工作的通知》（国发

---

① 十八届三中全会《中共中央关于全面深化改革若干重大问题的决定》规定，要"完善行政组织和行政程序法律制度，推进机构、职能、权限、程序、责任法定化。行政机关要坚持法定职责必须为、法无授权不可为，勇于负责、敢于担当，坚决纠正不作为、乱作为，坚决克服懒政、怠政，坚决惩处失职、渎职。行政机关不得法外设定权力，没有法律法规依据不得作出减损公民、法人和其他组织合法权益或者增加其义务的决定。推行政府权力清单制度，坚决消除权力设租寻租空间"。这些内容，实际上是规定了我国要实行政府权力清单、政府责任清单、政府程序清单。

〔2015〕6号）；2015年3月24日中共中央办公厅、国务院办公厅印发的《关于推行地方各级政府工作部门权力清单制度的指导意见》（中办发〔2015〕21号）；2015年4月8日国务院办公厅公布的《关于印发自由贸易试验区外商投资准入特别管理措施（负面清单）的通知》（国办发〔2015〕23号）；2015年10月2日国务院颁布的《关于实行市场准入负面清单制度的意见（附：关于开展市场准入负面清单制度改革试点的工作方案）》（国发〔2015〕55号）；2015年11月30日国务院办公厅颁布的《关于简化优化公共服务流程方便基层群众办事创业的通知》（国办发〔2015〕86号）。

  这些由国务院、国务院办公厅所颁布的规范性文件，均是落实十八届三中全会、十八届四中全会关于在我国建立清单管理的具体举措。政府正在从自身做起，自上而下向地方政府及政府职能部门推行清单管理。虽然国务院及国务院办公厅所颁布的这些规范性文件直接涉及体育健身休闲市场问题的清单管理并不多，但是我国在政府责任、政府权力、政府办事程序、市场准入领域建立清单管理是大势所趋，体育健身休闲市场领域也必然受到这一趋势的影响，将逐步在市场准入领域方面，政府责任、权力及办事程序方面，实行清单管理。

（三）地方政府所制定的清单管理的文件

  实际上，在十八大之前，就有地方政府探索实行政府权力清单问题。[①] 2013年十八届三中全会提出要建立清单管理以来，我国地方政府制定了大量关于清单式管理的规范性文件。截至2015年12月1日，根据北大法宝的统计，地方所制定的、现行有效的、涉及清单管理的规范性文件共有703件，主要涉及地方政府权力清单、职责清单、程序清单的内容。

  这些主要规范政府清单管理的规范性文件中，有一些内容涉及体育健身休闲市场。譬如，滁州市人民政府颁布的《关于公布滁州市市级政府权力清单和责任清单目录的通知》（滁政〔2015〕17号）中，有一些内容涉及体育。2015年7月31日镇江市人民政府办公室颁布的《关于公布市级事中事后监管责任清单的通知》（镇政办发〔2015〕147号）中，规定镇江市体育局负有"对公共体

---

① 王方杰. 河北清理行政权力公布"权力清单"引起各界关注 [N]. 人民日报, 2006-01-16 (5). 该文报道：2005年2月河北省委省政府转发省纪委、省监察厅《关于开展推进行政权力公开透明运行试点工作的意见》，在国土资源厅、邯郸市、商务厅试点推行权力清单，明确每个单位、每个岗位的职责与权限，并将办事项目及办事环节都向社会公开，没有列入清单的权限不得行使，力图让权力透明运行，减少人为干扰因素。

育设施的监管、对体育经营活动的监管、对高危险性体育项目经营的监管、对公共体育场所控制吸烟工作的监管"四项责任,这些内容都与体育健身休闲市场有着密切的关系。浙江省人民政府办公厅在《关于深化权力清单责任清单工作的意见》中规定了要在2016年3月底之前,各市县(市、区)政府,省发改委、省编委办要完成"基本公共服务清单"的编制,涉及体育健身休闲市场的问题。

而在市场准入清单方面,根据2015年10月2日国务院颁布的《关于实行市场准入负面清单制度的意见(附:关于开展市场准入负面清单制度改革试点的工作方案)》(国发〔2015〕55号)的规定,负面清单①必须由国务院颁布,地方政府即使根据地方的实际情况需要有所修改,也必须报国务院批准且由国务院公布。但是在实践中,我国有些地方政府在上述文件颁布之前,也制定了一些规范文件涉及内资及外资市场准入的问题。纵观我国市场准入负面清单的规范,涉及体育健身休闲市场内容的,主要是在内资负面清单中涉及了禁止新建高尔夫项目及新建赛马场项目,以及在外资准入负面清单中涉及了禁止外资投资高尔夫项目及带有赌博性质的跑马场。

总体而言,我国地方政府制定的涉及清单管理的规范性文件中,直接规范体育健身休闲市场的内容并不多,这与体育健身休闲市场自治性强的特点有关;这在另一方面表明,我国清单管理的实行,对于体育健身休闲市场治理而言实际是"政府退,社会进"的过程。因此,随着政府进一步简政放权,减少对体育健身休闲市场的直接干预与调控,社会力量将在体育健身休闲市场治理中发挥更大的作用。

二、体育健身休闲市场清单管理的内容

从宏观的角度而言,清单管理包含着政府清单管理与市场准入清单管理。

---

① 根据《关于实行市场准入负面清单制度的意见(附:关于开展市场准入负面清单制度改革试点的工作方案)》关于"负面清单的主要类型和适用对象"这一条款的规定,"负面清单主要包括市场准入负面清单和外商投资负面清单。市场准入负面清单是适用于境内外投资者的一致性管理措施,是对各类市场主体市场准入管理的统一要求;外商投资负面清单适用于境外投资者在华投资经营行为,是针对外商投资准入的特别管理措施。制定外商投资负面清单要与投资议题对外谈判统筹考虑,有关工作另行规定。我国签署的双多边协议(协定)另有规定的,按照相关协议(协定)的规定执行"。也就是说,国务院《关于实行市场准入负面清单制度的意见(附:关于开展市场准入负面清单制度改革试点的工作方案)》关于市场准入的内容,不涉及外资准入的问题。

体育健身休闲市场实行清单管理，不仅包括通过政府清单管理的实施实现对政府的限权，将社会可以承担的事情归还给社会；还包括通过市场准入清单管理的实施，最大限度地保障社会主体在市场中的自由选择。从总的趋势而言，我国体育健身休闲市场清单管理，其最重要的作用是政府限权与社会扩权；政府限权后，其原来承担的部分权力将转移到由社会承担，社会将承担更多政府转移的职能。结合体育健身休闲市场的状况，可以对清单管理的内容分析如下：

（一）政府清单管理

政府清单管理，是指政府在体育健身休闲市场治理中，通过清单的形式明晰自身的权限、责任、办事程序等，约束自身的行为。清单之内的内容，政府应当依法行使或者承担起责任，不得放弃或者予以更改；没有列入清单的内容，政府不得干预市场主体的行为。清单管理，是政府简政放权、机构改革的最重要实现模式，由此带来的职能转移，将由体育社会组织等社会主体承担。体育健身休闲市场的政府清单管理，主要包含以下几方面的内容：

1. 政府权力清单

政府权力清单是指各级、各个政府部门，将与体育健身休闲市场治理相关的权力向社会公开，明确政府该干什么，做到"法无授权不可为"，使得政府对体育健身休闲市场的治理透明化，减少政府的行政审批权及政府权力行使的神秘性。

现阶段，我国很多地区的体育行政部门已经公布政府的权力清单，并将有权审批的事项一一向社会公布，没有列入审批清单的事项，政府一律不得设置审批权限。事实上，十八大以来，我国围绕简政放权，政府职能转移，已经在体育健身休闲市场治理领域大幅度地开展削减政府权力清单，只保留少量的政府权限。被削减的政府权力，主要包括：商业性体育赛事与群众性体育赛事的审批权[①]；体育社会组织成立、变更、年检、注销等方面的前置审批权；体育社会指导员的等级审批、武术学校的等级评定等。

另外，当前体育行政部门保留的权力，可以分为审批权与处罚权。审批权主要涉及的内容包括高危运动项目的审批、"举办健身气功活动"的审批、"射击运动"的审批、"攀登7000米以上山峰活动和外国人来华登山活动"的审批等有限的几个项目。并且作为一种趋势，国家及省体育行政部门的审批权在逐

---

① 2014年9月2日的国务院常务会议上决定并通过。

步地下放到市一级、县一级的体育行政部门。根据清单管理的原则，政府的处罚权也必须予以公示与明确。当前保留的政府处罚权包括：对擅自改变经批准的经营活动的范围、期限和地点的经营者处罚；对没有建立并落实安全责任制的游泳场所处罚；对未经批准擅自经营高危险性体育项目处罚；对高危险性体育项目经营者取得许可证后，不再符合规定条件仍经营该体育项目处罚；对违反社会体育指导员资格规定处罚、对公共体育设施管理单位违规行为处罚等。这些保留的处罚事项，主要是与社会公众的人身安全有着密切联系的事项。

事实上，在体育健身休闲市场治理中，除了涉及体育行政部门的权力清单外，还涉及其他政府部门的权力清单，如税务部门、民政部门、财政部门的权力清单，对于体育健身休闲市场的治理也有所影响。

2. 政府责任清单管理

体育权利是公民的基本权利，政府有责任采取保障性的措施促进公民权利的实现。体育健身休闲市场是公民体育权利保障的重要手段，政府有责任采取合适的治理手段发展体育健身休闲市场。因此，通过政府责任清单，可以促使政府"法定责任必须为"。

政府在体育健身休闲市场治理中的责任清单，包括宏观领域的责任清单与微观领域的责任清单。宏观领域的责任清单，主要包括制定体育发展战略、体育健身休闲市场体育法规的制定、体育服务的标准化工作、公共体育设施的建设与维护、体育社团的指导性工作等。微观领域的责任清单，主要包括对举办健身气功活动的监管、对体育学校的监管、国民体质监测、公共体育设施开放、组织开展群众性体育赛事或活动等方面。

3. 政府程序清单管理

程序清单的目的，是使得政府行使其职责的过程清晰化、流程化，最大限度地减少人为因素对行政行为的干扰。政府程序清单对于体育健身休闲市场而言，是指政府职能部门有必要将与行使其职能相关的程序进行必要的分析与细化，列出步骤，标明办理部门与办理时间，实现标准化的管理。体育行政部门在公布相关的审批、处罚、责任清单的时候，通常会将相应的程序清单一同公布。通常，体育行政部门的程序清单包括开展健身气功活动的审批程序、开展高危险体育项目的条件及程序、体育行政处罚的程序、攀登7000米以上山峰活动和外国人来华登山活动的申请程序等方面。

（二）市场准入清单

市场准入清单主要通过正面与负面清单的形式规范市场准入问题。正面清单与负面清单能够起到互补的作用，其中负面清单在市场准入中较为常用，它可以通过直接的规定禁止进入市场的内容，没有被禁止的均可进入市场；正面清单主要用于较为特殊的市场，没有列入正面清单的，则禁止其进入相关的市场。实践中，体育健身休闲市场作为一个非特殊领域的市场，在准入方面主要是通过负面清单的形式予以规制，我国只有少量关于体育健身休闲市场正面清单的规定。市场准入清单的宗旨，在于放松市场准入，促进政府管理水平的提高，为体育健身休闲市场主体营造宽松的环境。

市场负面清单管理的目的，是鼓励市场跑起来，它通过明确禁止企业干什么，达到"法无禁止即可为"；对于体育健身休闲市场而言，只要是没有被列入清单管理的项目，则可以大力发展，不必受到诸多审批机关的制约。显然，这样的治理模式对体育健身休闲市场发展而言具有极大的意义，它可以让社会与市场"撒开腿地跑"。体育健身休闲市场负面清单的内容，从现有的立法来看，主要集中在两个领域：内资新建高尔夫球场项目及新建赛马场项目，或者外资投资高尔夫项目或者赌博性质的赛马场。其他的体育项目，从目前公布的法律法规来看，并没有被列入负面清单之中。

总体而言，体育健身休闲市场政府清单管理与市场准入清单管理两个方面相互影响、相辅相成。其中，政府清单中的责任清单、权力清单、程序清单规范的是政府参与体育健身休闲市场治理过程的行为准则，其目的在于依法行政、简政放权，减少政府行为对于体育健身休闲市场发展的影响；负面清单是关于市场准入的规范，没在清单之内的，或者没有被列入不符措施的，市场主体皆可根据自己的判断自主选择，这在充分发挥市场作用的同时，将政府对市场的调控由直接调控变为间接调控，倒逼政府提高市场治理水平。实际上，政府清单与市场准入清单缺一不可，它们从不同的方面规范了体育健身休闲市场治理，这既是对政府行为的规范与约束，也是市场发展与治理模式的根本性变革。

三、清单管理对政府与社会合作治理的影响

清单管理的核心，是相对清晰地划分政府与社会的权限，通过政府限权与社会扩权的结合，促进政府与社会之间对体育健身休闲市场形成相对和谐的合作共治的关系。清单管理对于体育健身休闲市场政府与社会合作治理的影响，主要表现在以下几个方面：

（一）限制政府权力，避免政府逐利冲动

清单管理能促使体育行政部门专注履行法定范围内的体育健身休闲市场治

理职能，避免基于逐利冲动而与社会争利。虽然，理论上我国体育行政部门并无自身独立的利益，它们在履行自身体育健身休闲市场治理职能的时候，应当以社会公众的利益为出发点与依归，社会公众的利益即为体育行政部门的利益。然而实践经验告诉我们，体育行政部门难免会存在扩权、逐利的冲动，对于无法带来实质性收益的，但应当由其承担起相应治理责任的体育健身休闲市场事项，在缺乏有效制约的情况下难免推诿了事；而对于能带来权力与收益的事项，即使不属于体育行政部门应当管理的事项，也有可能基于现实的利益而参与其中，形成与社会争利的状况。特别是，在我国公民社会不甚发达的情况下，难以对体育行政部门的权力形成真正有效的制约，这就彰显了制约体育行政部门公权力的必要性。通过施行清单管理，有效地规范体育行政部门的权力，清晰地界定体育行政部门在体育健身休闲市场治理中的权限，实际上是给权力戴上了"紧箍咒"，防范体育行政部门在体育健身休闲市场治理中不当地与社会主体争利，这对于政府与社会之间合作治理关系的形成与长远发展有着重要的意义。

（二）提高社会主体参与合作治理的积极性

清单管理能让社会治理主体获得更多的发展资源，并在履行体育健身休闲市场治理职能时避免不必要的权力干扰，有利于社会主体参与到合作治理当中。一方面，社会主体履行体育健身休闲市场治理职能，必须以其自身的发展为前提，清单管理为社会主体的发展提供良好的机会。清单管理在限制体育行政部门权力的同时，也意味着将部分体育健身休闲市场治理职能及其相对应的物质与权力资源向社会转移，这些都有利于社会治理主体的发展。另一方面，体育健身休闲市场准入负面清单也让社会主体松绑，获得更好的发展机会。事实上，我国禁止进入的体育项目已经越来越少，体育健身休闲市场经营主体已经获得了较为自由的发展权限；而且，即使是高危体育项目的审批及执法权限，也在逐步下放到县一级的体育行政部门，体育健身休闲市场经营主体举办相关的项目也已经变得较为容易；民间、商业性质的体育赛事的审批也已经取消。上述的这些，不仅意味着体育行政部门放松对体育健身休闲市场管制、激活体育健身休闲市场，还意味着社会主体将在体育健身休闲发展中获得更多的发展机会，有能力在合作治理中发挥更大的作用。

（三）构建和谐的合作治理关系

清单管理有利于体育健身休闲市场社会主体与政府之间构建和谐的合作治理关系。和谐的合作治理关系，以相对清晰的权利义务关系为前提。清单管理，无论是政府清单还是市场准入清单，都意味着在体育健身休闲市场治理中，对社会主体与政府主体之间的权限有相对清晰的划分，可以让社会主体安心履行治理职责，而不必将主要精力用于处理与体育行政部门之间的关系。

四、清单管理中政府与社会合作治理的形式

清单管理下治理权限的划分，并不意味着政府与社会主体不需要合作治理，反而彰显了合作治理的必要性。随着政府职权在多数体育健身休闲市场治理中退出，政府需要社会承担起由于自身退出而造成的治理真空；此外，社会主体承担起相应的治理职能的同时，需要政府在资金、技术、政策等方面资源的支持。实际上，政府与社会主体在体育健身休闲市场治理中是互补、互助的关系。清单管理下，政府与社会对体育健身休闲市场进行合作治理具体体现在以下几个方面：

（一）社会主体担负制定部分体育行业标准的职责

清单制管理模式下，政府对于市场的调控以间接的调控为主，这种间接的调控有时候表现为通过制定相应的标准来引导体育健身休闲市场的发展。但是，标准的制定涉及非常专业的问题，单纯地由政府主导标准的制定非常容易脱离实际。而且，标准的制定直接影响到体育健身休闲市场主体的切身利益，因此必然要求在这过程中听取社会主体，特别是市场经营主体的意见，并发挥他们的积极性，引导他们参与到标准的制定当中；这是由体育健身休闲市场自身的特点所决定的，也是政府与市场主体协调治理的需要。

（二）社会力量配合政府履行市场监管的职能

清单管理下，政府与社会力量在市场治理上相互分工、相互合作，各司其职，相互促进，从而实现政府职能的优化高效与社会积极性的充分发挥。在清单管理下，政府再也无法通过直接的职权、程序与市场准入对体育健身休闲市场进行直接的干预，政府监管变为了事中与事后的监管，这对于政府的监管能力提出了严峻的挑战。这时社会力量对于弥补政府能力的缺失作用就显得非常重要，特别是通过与政府合作，为政府提供行业发展的信息，能够使得政府的治理行为更贴近社会的实际需要，减轻治理过程中的民主压力、政治压力。另外，社会力量对于实现市场自治有着重要的作用，体育健身休闲市场可以通过体育社会组织、社会公众等的参与，实现一定程度的自治，减轻政府监管职责。

(三) 社会主体分担政府公共服务责任

虽然，我国很多地方没有将体育公共服务列入政府的责任清单当中，但是根据已有的政府购买体育公共服务的实践，以及浙江省在立法上提出要制定政府的"基本公共服务清单"，可以预见，为公众提供公共体育服务这一政府责任，未来将在大多数地方政府的责任清单中得到确认。我们有理由相信，在这社会大背景下，政府将来最重要的责任，是集中精力为社会公众提供包括公共体育服务在内的基本公共服务。体育健身休闲市场经营主体、体育社会组织、社会公众等社会力量，它们通过致力于体育健身休闲市场的发展，为社会公众提供丰富的体育产品，从而分担了政府一定的责任，减轻了政府在履行其责任过程中的压力。

(四) 社会主体以参与促进清单目录的优化

根据《关于推行地方各级政府工作部门权力清单制度的指导意见》（中办发〔2015〕21号）的规定，"省级政府2015年年底前、市县两级政府2016年年底前要基本完成政府工作部门、依法承担行政职能的事业单位权力清单的公布工作"。在推行政府权力清单、责任清单方面，我们可以看到我国政府"革自身的命"的勇气与魄力。然而，如果清单制定都是政府单向度决定的话，还是难免让人有疑虑之处。特别是体育健身休闲市场作为一个涉及面广，参与人数众多的市场，如果清单的制定没有公众的广泛参与，缺乏民意基础，这对于清单的落实难免会产生消极的影响。为此，政府部门进行市场准入清单制定的时候，也应当多听取市场主体的意见，充分论证，避免行政部门闭门造车，做出违背市场规律的决定。

(五) 社会主体是维护市场公平竞争秩序的重要主体

清单管理下，社会主体的积极性、主动性将会得到更好的发挥，在体育健身休闲市场治理、发展中将扮演着更重要的角色。为了更好地发挥社会主体的作用，政府需要加强对于体育健身休闲市场相关治理事项的事中、事后的监督管理，为社会主体塑造公平有序的环境。特别是，政府有必要加强市场竞争秩序的监管，落实反垄断法、反不正当竞争法、消费者权益保护法的规定。然而，毕竟政府并不是体育健身休闲市场竞争的直接参与者，作为外部的监管者难免会有其局限性，因而单纯地依靠政府来维护市场的秩序未必能取得预期效果。因此，有必要在维护市场秩序中发挥体育社会组织、市场经营主体、社会公众的积极力量,与政府合作,弥补政府在维护市场良好竞争秩序中的不足,保证体育健身休闲市场健康有序的发展。

第四节 体育健身休闲市场政府与社会合作治理存在的问题

一、政府购买中政府与社会合作治理存在的问题

(一) 政府购买公共体育服务资源投向不合理

当前,政府购买公共体育服务的资源投向主要集中于两个方面:一是,政府购买公共体育服务,如资助体育社会组织、举办群众性的体育活动、购买社会体育场馆服务、购买学校体育服务等方面,其资金主要来源于体育彩票公益金、财政拨款。其中,购买学校体育服务的资金,主要来源于财政拨款;而购买其他公共体育服务的资金,主要来自体育彩票公益金。二是,政府将大量资金投向基础体育设施的建设,如公共体育场馆的建设、露天体育场地、体育设施的建设等,其资金主要来源于财政拨款。

分析我国政府资源投向,以及部分地方政府制订的公共体育服务计划,可以发现我国很多地方政府主要将资源用于建设体育设施,以及购买大规模群众性体育活动方面,对于群众性的、日常的体育健身休闲服务、体育社会组织的服务购买力度并不够,所投入的资金只占政府体育经费支出的很少一部分。总而言之,政府购买公共体育服务资源投向存在不合理之处。

(二) 政府购买公共体育服务制度不完善

政府购买公共体育服务面临的最大挑战,是对政府购买行为的监督,以及对于服务质量的监督与评估。很多学者认为,非常有必要通过一定的机制来控制风险,提高政府服务外包的绩效。[①] 我国对政府购买公共体育服务的监督力度在加强,但是政府购买本身的规范化程度还有待提高,这也是制约政社合作治理的重要因素。

---

① BROWN T L, POTOSKI M. Managing Contract Performance: a Transaction Cost Approach [J]. Journal of Policy Analysis and Management, 2003 (2): 275 – 297.

1. 缺乏社会主体监督政府购买的机制

对于政府购买行为的监督，现阶段主要是通过行政部门内部的纪委、财政等部门来实施；而体育行政部门在购买之前广泛征求意见，引入民主程序，通过竞标的形式选择服务提供者等，也能起到一定的监督作用。总的来说，现阶段政府购买公共体育服务的项目、金额、监督等，基本由行政内部决策，并由行政主导购买的整个过程，社会公众的参与程度依然非常有限。因此，可以说我国政府购买公共体育服务的行为是一种单向度的行为，就购买项目问题向公众征求意见，在事后监督上引入第三方等，这些都是属于点上的监督，并非对于政府购买体育健身服务整个过程的体系性监督，因而，政府购买服务依然缺乏足够的公民参与、沟通和协商，隐藏着一定的风险。

2. 行政主体对体育健身服务提供者的监督也还存在一定的问题

总体而言，对于通过招投标而购买的群众体育服务的监督还是比较完善的，很多地方制定了专门的规范性文件用以规范体育健身服务提供者。譬如，常州市颁布了《关于购买公共体育服务的实施办法（暂行）》，依据该办法的规定，体育行政部门成立政府购买评价领导小组、制定评价指标。我国有些地方对于体育健身休闲服务提供者的监督，除了行政部门的监督外，还引入第三方评价，实行"群众满意才付款"的制度，这对于提高服务提供者的服务质量，激发公民的参与热情是有积极作用的，同时也对我国正在逐步推行的政府购买公共体育服务制度的建立与完善，具有较高的参考价值。但是，对学校提供体育服务质量的监督，是当前监督方面的难点。现阶段很多市、区（县、市）通过财政补助，促使学校向社会开放体育设施，提高体育服务质量，但实际上缺乏有效的监督制约手段，有必要加强这方面的探讨。

（三）社会主体在合作治理中的作用没有被充分发挥

首先，我国政府主导政府购买资源的投向，导致体育社会组织等社会主体为了获得更好的发展机会，围着政府转，而不是围着市场转和围着社会公众的需求转，这造成社会主体满足社会公众需求的能力下降，在合作治理中没有发挥应有的作用。

其次，志愿者作为能够发挥特殊治理作用的社会主体，他们在合作治理中的作用也没有能够被充分发挥出来。纵观世界发达国家与地区，政府在向社会购买大量体育健身休闲服务的同时，也会调动大量志愿者。志愿者能够协助体育行政部门、体育社会组织、市场经营主体等，组织大量的体育健身休闲活动，特别是在促进弱势群体体育权利实现方面,可以发挥重要作用。社会志愿者不但可以降低社会公众参与体育健身休闲活动的成本,降低政府购买公共体育服务中的支出,还能提高社会公众体育健身的参与率,对全面健身意识的形成有着重要的作用。当前,我国虽然有一些社区活动中心与志愿性组织合作,通过志愿者协助举办体育健身休闲活动,参与日常的经营服务工作;但是,在体育资源最稀缺的经济落后地区,志愿者的组织程度、参与度反而不高。实际上,即使是经济发达地区,志愿者数量依然不能满足需要。因此,从我国总体状况来看,志愿者对体育健身休闲活动的参与度还不足,没有发挥出应有的作用。

(四) 社会主体与政府之间互动不够

如果单纯从政府部门的立法、体育发展规划制订等情况来看,我国政府部门还是注重与社会主体之间沟通的;然而从实践来看,社会主体与政府之间的沟通与互动做得是不够的,严重影响了政社合作的效果。一是,虽然体育发展引导资金、体育发展规划、立法等,都有广泛地向社会征询意见;然而,真正立法或者制订发展规划的过程中,政府处于绝对强势地位,社会主体几乎不可能参与到具体事项的博弈当中。二是,政府大规模投资体育健身休闲设施的过程中,虽然也有一定的论证环节,但这基本都是政府的单方面行为,对市场经营主体、社会公众意见的吸纳还是欠缺的。三是,从放权与自治的角度来看,政府依然掌握着大量的资源,承担着体育健身休闲设施建设、公共体育健身休闲设施运营、体育健身休闲市场发展、体育社会组织管理等任务,没有真正实现职能向社会的转移,也没有致力于培育体育健身休闲市场自身的自治能力。

综上所述,行政强势主导依然是当前我国体育健身休闲市场合作治理的障碍,自治、分权、多主体共治并没有得到很好的体现,某种意义上这与政府简政放权、激活社会活力的要求是相违背的。

(五) 体育社会组织的培育不够

体育社会组织是政府与社会合作治理的重要主体,也是体育健身休闲市场实现自治的重要主体。体育社会组织的治理能力,是影响政府与社会合作治理目标实现的核心要素之一。当前,我国体育社会组织与其他类型的社会组织一样,"普遍存在数量少、规模小、专业化程度低和缺乏有效社会支持的问题"[1],

---

[1] 敬乂嘉. 从购买服务到合作治理——政社合作的形态与发展 [J]. 中国行政管理, 2014 (7): 54-59.

远远无法满足现实的需要，需要加大培育力度，采取有力措施促进体育社会组织的发展。体育社会组织培育方面存在的问题，主要体现在以下几个方面：

一是，相对于推进政府购买公共体育服务的相关立法，体育社会组织缺乏相应的规范性文件。纵观我国大量关于发展体育事业的立法，不仅没有专门的规范体育社会组织的文件，就是在其他的立法中，规范体育社会组织的内容也非常少。在税务、资金扶持方面获得支持的体育社会组织，占所有体育社会组织的比例并不大。

二是，政府对体育社会组织的控制过严，很多体育社会组织都具有一定的官方背景，纯民间的体育社会组织发育不足。现阶段重点发展的体育社会组织，如社会体育指导员协会、体育总会、老年人体育协会三个综合性的体育社会组织，都有一定的官方背景。其他的非营利性体育社会组织很少得到扶持。

三是，体育社会组织承担的政府职能转移还比较少。体育社会组织发展，既有赖于社会的捐助，也有赖于政府职能的转移；只有政府将大部分提供体育健身休闲服务的职能转移到由社会承担，体育社会组织才有可能实现真正的发展。我国政府还偏重于体育设施的建设，而较少从社会购买体育健身休闲服务，体育社会组织出现没有用武之地的情况，政府的职能没有实现真正的转移。

上述的这些都导致体育社会组织缺乏应有的社会公信力，难以独立承担开展体育服务的职责，难以有效地筹集与整合社会资源为民众提供体育健身休闲服务，难以成为政社合作中长期的参与者。

二、清单管理中政府与社会合作治理存在的问题

清单管理的推行，意味着我国政府自身治理及对市场治理的重大变革，是政府放权与社会扩权的结合，是政府职能向社会转移的过程。体育健身休闲市场清单管理实践中，政府放权与社会承接职权的后果，便是促进体育健身休闲市场的政社合作治理。然而，体育健身休闲市场这种合作治理模式远未完善，其存在的问题主要体现在以下几个方面：

（一）政府与社会主体职责界限不清晰

清单管理的目的在于清晰界定政府与社会权限，两者分工合作、相互支持。体育健身休闲市场治理中，政府的职责是将自身定位于服务者的角色，集中精力于体育基础设施建设、为社会公众利用体育设施提供支持、为体育社会组织和市场经营主体开展具体体育健身休闲活动提供服务等几个方面；社会的职责

是向社会公众直接提供公共体育服务，举办体育活动这些具体性的工作。

然而在实践中，体育行政部门依然存在不该管的去管，该管的没管好的现象。政府不该管的去管，最典型的是很多地方隶属于体育行政部门的体育场馆并没有交付社会经营，而是由政府每年拨付大量的资金进行运营与维持。以广州为例，根据2014年广州市体育局的决算，广州将大笔资金用于公共体育场馆的维护和运作；如果我们将这些场馆维护、运作资金与2015年广州用于购买社会体育场馆体育服务的支出相比较，可以发现政府直接管理公共体育场馆所支出的资金效率是比较低的。政府该管的没管好，最典型的是很多社会体育场馆、健身俱乐部、运动场所、群众性体育赛事等信息内容，政府没有将这些体育信息资源集中起来进行推广，致使社会公众难以通过便捷的手段获取相关信息，也增加了市场经营主体、体育社会组织的营销成本，对于全民健身与体育健身休闲市场发展及治理都是相当不利的。

（二）社会主体承接政府职能转移能力与意识还不强

清单管理下，意味着政府职能的转移与社会主体的承接，这两者都必须以社会主体具备相应的承接能力与承接意识为前提。但当前无论是意识还是能力，都无法满足清单管理下政社合作治理的要求。

1. 社会主体承接政府职能意识的缺失

长期以来社会主体要么依附于政府而生存，成为"二政府"的角色；要么与政府保持着遥远的距离，难以参与到政府对市场的治理当中。虽然最近几年来，我国逐步地将体育社会组织与行政脱钩，但是从体制脱钩到思想脱钩，两者之间有着漫长的路程；而且让市场经营主体、社会公众等养成积极参与市场治理的意识，也会是一个漫长的过程。因此，我国社会主体承接政府职能转移的意识还不够强。

2. 社会主体承接政府职能转移的能力也还不够强

社会主体在政社合作治理中的能力，与其承接能力有着密切的联系。我国体育社会组织无论数量还是质量，都难以满足清单管理下政府职能转移的需求；市场经营主体的发展规模、经营能力，也无法满足清单管理下政府转移的职能服务与治理职能。

（三）政府职能向社会转移的意识有待提高

清单管理下，政社合作治理的基础是政府职能向社会的转移；然而，当前政府职能向社会转移的意识有待提高。清单管理，实际是政府限权与社会扩权的结合，这对于政府来说，意味着"自我革命"，在很多时候可能会影响到政府的切身利益，造成政府不能真心实意地进行职能的转移。一方面，在清单式管理下，政府在体育健身休闲市场中的权力被大幅度地削减，大部分审批权被取消，通过审批而衍生出来的收费、权力寻租空间被极大地压缩，这些能够为政府带来利益的权力或者全部向社会转移，或者与社会主体共同分享并接受社会的监督。而体育健身休闲市场准入的清单管理，则从另外一个角度限制政府权力对市场的干预，充分发挥市场主体的积极性，激发社会活力。另一方面，在清单管理下，还意味着政府将承担更大的责任。在政府的很多权限被取消了之后，政府对于体育健身休闲市场的治理，将由事前的审批转变为事后监管，这意味着政府将承担起更繁重的责任。因此，基于以上因素，很多政府部门未必是真心实意地愿意推行清单式管理，清单管理在实践执行中难免会受到人们认识因素的影响。

（四）清单的制定缺乏社会参与

体育健身休闲市场的清单管理，它以清单的制定为基础。实践中，无论是体育行政部门所公布的清单，还是关于体育健身休闲市场主体的准入清单，其过程均为自上而下、单向的清单制定过程，市场经营主体、体育社会组织等社会主体均没有参与其中。由于清单制定过程中缺乏社会主体的参与，这在一定程度上影响到了体育社会组织、市场经营主体等社会主体对于政府职能的衔接，并进而影响政府与社会主体对于体育健身休闲市场合作治理的开展。

清单制定的社会缺位，有法律上的原因。政府权力清单、政府程序清单、政府责任清单三项清单的制定，就其本质而言是政府内部权力的清理过程，并没有法律要求其必须向体育社会组织、市场经营主体等社会主体征询意见。而市场准入清单的制定，虽然我们可以将其视为一种准立法行为，但它更多体现的是体育行政主体、经济管理部门等政府机构，它们履行对于市场准入的行政管理职能。因此，清单制定的社会缺位，有其法律上的根源。

显然，政府单向制定清单，在与体育社会组织、市场经营主体等社会主体缺乏必要沟通的情况下，会对体育健身休闲市场政社合作治理造成一定的消极影响。有些政府转移的职能，社会主体还缺乏承接能力，如果政府在缺乏沟通、社会主体缺乏准备的情况下将职能推由社会承担，则政府有推脱责任的嫌疑，政社合作治理也是难以顺利开展的。

第五节 体育健身休闲市场政府与社会合作治理案例分析

一、常州市体育健身休闲市场政府与社会合作治理

(一) 常州市体育健身休闲市场相关概况

常州市体育健身休闲市场发展有着良好的经济与社会基础。常州市是江苏省的一个地级市，人口469.6万，国民生产总值4901.9亿元，人均GDP约10.4423万元（2014年数据），属于我国经济发达地区。2012年常州市的体育产业增加值是40.29亿元，占GDP的1.02%，其比重在江苏省13个市里面排在第4位①。2011年常州市体育锻炼人口达53.6%，社会体育指导员人数超过了8000人，远远超出全国的平均水平②。

常州市政府大力发展公共体育服务，为体育健身休闲市场发展创造了良好的条件。常州市区的多个健身场所被国家体育总局命名为国家级的"全民健身活动中心"和"全民健身户外活动基地"，获得专项经费支持。③ 2013年，常州"文化体育与传媒"公共财政预算项目支出为6.1亿元④，人均经费支出约130元。常州市制订了《公共体育服务体系建设三年行动计划（2014—2016）》。根据该计划文件，常州市将在三年之内分阶段提升公共体育服务水平，建成"10分钟体育健身圈"，提升所有全民健身中心功能，建成农村体育设施四级网络，建设"科学健身综合性数据平台"，研发"健身常州"APP，在体育场馆、公园、健身点、健身步道等地方设立100个二维码智能服务点，为市民提供方便的健身服务。⑤ 2014年常州市通过招投标的方式，在全国率先完成了政府购买公共体育服务的"首单"，共吸引43家社会单位参与了竞标，最终所有招标的18个赛事项目均成功举办，现场参与及观摩的群众约10万人，撬动了社会资金

---

① 资料来源：《2014年江苏省体育产业发展报告》。
② 常州全民健身再开全省先河 [EB/OL]. 南京晨报网，2011-11-16.
③ 常州全民健身再开全省先河 [EB/OL]. 南京晨报网，2011-11-16.
④ 资料来源于《2013年常州市国民经济与社会发展统计公报》。
⑤ 资料来源：《国家体育总局和江苏省政府在常签订建设公共体育服务体系示范区合作协议》，http://tyj.changzhou.gov.cn/html/tyj/2014/FMAJJNIC_0102/8959.html, 2014-01-02/2015-12-15.

100万元。2015年,常州市政府向社会购买公共体育服务投入及项目均较2014年有大幅增加,其中项目由18个增加到31个,经费由129万元增加到400万元。①

为了引导与促进包括体育健身休闲业在内的体育产业的发展,常州市除了积极支持本市体育企业申请江苏省体育产业引导基金外,2015年还设立了市级产业引导基金,并配套制定了《常州市体育产业发展引导资金使用管理暂行办法》。市级体育产业发展引导基金主要用于发展体育产业、促进体育消费,首批支持14个项目。在这些支持的项目中,既有竞赛类的项目,也有体育健身场馆经营项目。②

(二)常州市体育健身休闲市场政府与社会合作治理的形式

常州市体育健身休闲市场政府与市场合作治理的形式及其内容,具体可以呈现为以下表格(表2-1):

表2-1 常州市体育健身休闲市场政社合作治理的形式及内容

合作治理形式	合作治理内容
立法中的政社合作治理	政府支持市场主体制定健身市场相关标准 社会主体与政府相互配合对健身市场治理进行立法
政府购买公共体育服务中的政社合作治理	政府购买群众性体育活动中的合作治理 政府购买社会体育场馆服务中的合作治理 政府推动学校体育设施向社会开放中的合作治理 专项资金引导健身市场发展中的政社合作治理
清单管理中的政社合作治理	社会主体承担政府转移的市场治理职能; 政府简政放权,健身经营主体强调自治;市场准入中的合作治理

具体的,我们将结合常州市的实际情况,进一步分析体育健身休闲市场政社合作治理的内容及形式。

---

① 资料来源:唐传虎. 常州启动今年政府购买公共体育服务 [EB/OL]. 新华报业网, 2015-01-08;政府购买公共体育服务 常州完成全国"第一单" [EB/OL]. 人民网, 2014-12-1;财政局:常州购买公共体育服务获部省高度评价 [EB/OL]. 常州市人民政府网站, 2013-12-31.
② 我市首批市级体育产业发展引导资金揭晓 480万元重点扶持14个项目 [EB/OL]. 常州市体育局网站, 2015-12-16.

1. 常州市体育健身休闲市场立法中的政社合作治理

从理论上说，立法是政府的法定职责；然而，现代社会的立法离不开全社会的支持。常州市体育健身休闲市场治理的相关立法中，政府与社会合作体现于多个方面。

首先，政府支持市场主体负责制定健身市场相关标准。以2015年6月成立的常州武进区游泳运动协会为例，它的成员主要是武进区的游泳业经营者、游泳爱好者，除了推广游泳运动之外，协会基于政府的授权承担起教练员、水上救生员的业务学习、培训及晋级考核相关标准的制定及具体的实施，从制度化的角度促进群众游泳体育运动的发展。

其次，社会主体与政府相互配合制定健身市场标准及其他规范。《常州市城市社区"10分钟体育健身圈"建设奖补办法》明确了市级社区体育健身俱乐部的创建标准、"10分钟体育健身圈"建设标准、常州市全面健身示范工程的申报条件。这些具体的内容，是常州市体育局综合社会各方意见而制定出来的。对于常州市体育社团评估的问题，体育社会组织配合政府制定了关于体育类社团评估的标准，以此作为第三方对体育社团进行评估的依据；而关于高危险体育项目的审批标准，也是政府与相关经营者反复沟通而最终确定的；还有，常州制定的《关于进一步加强城乡社区体育设施建设的意见》中，也包含有社区体育设施的建设标准问题，这是体育局在其他主体，如建设局、城市管理部门、社会公众等配合下共同推进建立的。

事实上，常州市关于体育健身休闲市场治理的绝大部分立法，均体现了立法部门、体育行政部门及相关社会主体的意愿，是他们共同合作、不断博弈的结果。

2. 常州政府购买公共体育服务中的政社合作治理

从政治学理论来看，政府购买公共体育服务，实现公共服务供给与生产的分工与协作，这从本质意义上就是合作治理①。常州市在政府购买公共体育服务的过程中，政府与社会的合作治理可以表现为以下的几个方面：

（1）政府购买群众性体育活动中的合作治理

以2015年政府直接购买公共体育服务为例，对于购买公共体育服务的决策，常州市体育行政部门广泛调动社会主体的参与，深入社区百姓进行调研，

---

① 王名，乐园. 中国民间组织参与公共服务购买的模式分析 [J]. 中共浙江省委党校学报，2008（4）：6-13.

并在网上广泛征求意见,充分考虑社会各界和广大市民的需求;而对于政府购买监督方面,2015年开始将监督规范化,通过引入财政、民政、体育专家、社会组织代表等第三方,对参与投标主体的标书进行评审,纪检全程跟进,结果当场公布。2015年常州市政府购买公共体育服务中,有46家的企业及社会组织参与了竞标,最终26家单位获得承办权。体育活动实施过程由社会承接主体决定,体育行政部门等政府部门不介入与干预。对购买效果评估方面,根据《常州市关于购买公共体育服务的实施办法(暂行)》,社会主体承接了政府购买的体育服务后,政府将对资金分两期支付,第一期支付一半作为活动启动经费,剩余资金在活动举办结束后,接受"常州市购买公共体育服务领导小组"的绩效评估,并了解市民的满意度,据此来决定第二期资金是否支付。由此可以看出,常州市政府从社会购买公共体育服务的整个过程,包括决策、招标投标、实施、监督等方面,均体现了政府与社会的合作治理。

(2) 政府购买学校体育服务中的合作治理

政府与学校合作治理的具体表现为,政府提供资金补贴,学校负责提供服务。2008年开始,常州市政府就着手推动学校体育设施向社会开放,并将其列为对于领导的政绩考核标准之一,配套制定了《学校体育设施向社会开放的补充实施办法》,每间向社会开放体育设施的学校给予补助5万元,学校可以向使用者适当收取室内场馆的维护费用。政府投入、学校提供服务并向公众使用者适当收费、对领导进行考核的做法,有利于提高学校向社会开放体育健身休闲设施的积极性,也有利于地方政府落实对于学校的财政支持,是双方协作治理的具体体现。

(3) 通过体育产业引导资金,引导体育健身休闲业在内的体育产业发展

常州市体育产业发展引导资金运作的过程中,涉及政府与经营主体的互动,因而我们将其视为合作治理的一种形式。根据《常州市市级体育产业发展引导资金使用管理暂行办法》第九条,引导资金采取资助、贴息等扶持方式,根据该办法的第七条第(一)项、(二)项、(三)项,扶持的范围包括"体育场馆运营管理类""体育健身健康服务与培训类"、群众性体育赛事等涉及健身休闲活动性质的主办者。主办者要获得引导资金的支持,必须配合政府的产业引导政策,接受资金使用情况的绩效评估。

(4) 政府鼓励社会参与体育场馆建设与管理

常州市2011年开始以来的大规模体育健身休闲硬件设施建设,通过市、

区、体育彩票公益金的财政投入，推进村、社区的健身设施的建设，落实10分钟健身圈。2013年常州市体育局、财政局出台的《常州市乡镇（街道）全民健身活动中心室内体育场馆建设资金补助办法》，对建成并向社会开放的体育场馆，每平方米补助1000元，截至2016年补助总金额达2000多万元。同时，为了进一步促进体场馆的建设，常州市推进"全面健身全民办"，鼓励、支持社会力量通过合作、合股等形式参与到健身休闲设施建设当中；对于部分已经建成的公共体育设施，采取公办民营的形式，引入社会力量参与到经营管理中来，减轻政府负担，也激活市场，为社会提供更多的体育健身休闲产品；如南夏墅街道全民健身中心引入武进区体育产业公司进行专业化运营。① 而对于一些民营的体育健身休闲市场经营主体，则采取民办公助的形式，降低经营成本，吸引社会主体投资。

3. 常州市清单管理背景下政府与社会合作治理形式

常州市体育健身休闲市场清单管理的模式下，政府的职权已经大为缩减，对于体育健身休闲市场的权力介入，以及准入方面的限制已经较少。社会主体在配合政府履行市场监管职能、分担政府公共体育服务、维护体育健身休闲市场公平竞争秩序方面发挥着重要的作用。两者的合作治理可以体现为以下的几方面：

一是，政府职能转移，社会主体承担政府转移的市场治理职能。根据常州市2014年10月23日发布的《常州市市级行政审批事项目录清单》的规定，常州市政府部门涉及体育健身休闲领域的审批清单并不多，具体包括：常州市公安局负责的"大型群众性文化体育活动安全许可"，常州市体育局负责的"经营高危险性体育项目许可"，常州市体育局、规划局负责的"临时占用全民健身设施批准"，常州市体育局、规划局负责的"全民健身设施拆迁或变更用途批准"，以上一共四项。这四个行政审批事项的政府清单，相关的审批部门详述了办理相关许可的法律依据，需要准备的材料、办理的程序、办理的监督等几个方面，实际是涵盖了权力清单、程序清单、责任清单这三个类型的政府清单。这四项之外的其他事项，政府部门不得行使审批权限，不得以任何借口进行干预。换言之，除了这四项审批权限之外，健身休闲市场主体的行为可以自行决定，无须得到行政机关的批准。也正因如此，常州市很多体育项目教练的培训、晋级、

---

① 聚焦公共体育服务体系建设的"常州模式"［EB/OL］. 常州市体育局网站，2015-04-27.

救生员的培训等职能，均交由社会主体来承担，体育行政部门只是起到指导作用。

二是，政府简政放权，健身经营主体强调自治。为了发展自治力量，常州市民政局、体育局专门颁布了《关于培育发展基层体育社会组织的实施意见》，市民政局、体育总会颁布了《关于做好街道（乡镇）、社区体育类社会组织登记备案工作的通知》（常体总〔2012〕14号），通过扶持的形式促进街道（乡镇）体育总会、社区体育社团、健身俱乐部等体育社会组织的成立，重点发展受广大群众欢迎与参与的单项运动健身俱乐部或综合性体育俱乐部。在简政放权背景下，常州市政府不再承担公共体育服务的投资与管理职能，健身经营主体将更多承担起自治的职能，很多涉及具体体育项目的标准、俱乐部的经营管理等事项，完全交由市场主体自治。

三是，市场准入中的合作治理。体育健身休闲市场准入中的合作治理，体现为政府只限制于规范少数的准入行为，其他的准入行为将交由体育经营者自主决定。常州没有制定关于投资方面的负面清单，因而对于体育健身休闲准入而言并无特殊的规定，主要适用全国性的关于市场准入方面的规范。我国《产业结构调整指导目录》（2015）中，鼓励体育旅游、户外体育服务、体育场馆设施建设及运营、大众体育健身休闲服务的发展，限制高尔夫球场项目及赛马场项目。常州市体育健身休闲市场准入，除了为国家所限制进入的项目之外，其他的应当对社会放开，没有法律法规的规定，不得额外设置准入条件。

（三）常州体育健身休闲市场政府与社会合作治理评析

常州政府购买公共体育服务、社会主体参与体育健身休闲市场治理等都走在全国前列，为其他各省提供了宝贵的经验。常州体育健身休闲市场政府与社会合作治理的模式，既有非常好的优点，也有值得我们注意的地方。其特点如下：

1. 政府主导市场合作治理

政府与社会合作治理体育健身休闲市场的过程中，常州市呈现出政府主导的特点，主要体现在以下三方面。

一是，政府通过立法主导体育健身休闲市场治理。常州市政府在体育健身休闲市场治理当中，坚持了主导性的作用，主动通过大量的立法，规范市场主体与社会主体的行为，为市场发展与治理提供了相对完善的法律保障与间接支持。纵观全国范围内，对公共体育服务进行如此大力度的经济资源投入、法律法规及规划建设的,也是非常罕见的,这既有政府观念的因素,也与当地的经济发展水平、财政收入有着密切的联系。

二是,常州市政府还通过长期发展规划,主导市场治理与其他社会主体的行为。从过程的角度来看,常州市政府对于健身休闲市场的治理并非短期行为,而是已经持续近10年的过程性行为;在这个过程中,政府不断调整自身的行为,定期不定期地制订体育事业发展规划,协调自身与其他社会治理主体的关系。特别是2007年以来,政府制订了一系列涉及资金投入、引导健身经营主体发展、促进体育社会组织成立的发展规划,并在实践中逐步落实这些规划,引导体育健身休闲市场健康有序的发展。

三是,常州市通过主导资源投向影响合作治理。在清单管理模式下,常州市体育行政部门权力名义上已经受到很大的压缩,仅保留少数的几项审批权与处罚权。但是,常州市政府通过政府购买、投资引导、行政自由裁量权等方面,主导着常州体育健身休闲市场的发展及其治理。常州市政府主导、社会参与的市场治理模式有其独特的优势,特别是在当下的中国,很多地方政府不重视体育健身休闲市场的发展,体育社会组织等社会主体不发达,公共体育服务还相当匮乏,强调政府的主导性作用有着重大的现实意义。然而,正如一枚硬币存在两面一样,这也会带来一定的弊端,那就是政府占有过多的资源,反而在一定程度上遏制了体育健身休闲市场的发展,让社会主体无法在市场治理中发挥应有作用,甚至会带来权力寻租和腐败。因此,如何在合适的时候,适当减少政府所支配的资源,将这些资源交由社会主体支配,这是常州市体育健身休闲市场发展与治理过程中所面临的重要问题。

2. 政社合作治理体现了过程性与协调性

根据全球治理委员会的界定,治理的过程性与协调性是指"使相互冲突的或不同的利益得以调和并且采取联合行动的持续的过程",我们将这一理论用来分析常州市体育健身休闲市场政社合作治理问题,可以得出以下的一些结论。

一是,常州市政府与社会主体合作治理是过程性行为。具体可以表现为政府与社会主体共同制定规范性文件的过程、政府购买公共体育服务的过程、政府设置体育产业引导资金促进体育健身休闲市场发展的过程等方面。

二是,常州市政府与社会主体合作治理也是一种协调性行为。常州市政府与社会主体的目标存在诸多差异,但从总的方面来看,它们能够相互沟通、相互协调;也正因如此,常州市体育健身休闲市场发展与治理都比较好。常州市社会主体与政府的协调性，具体表现为多方面：政府加强体育设施建设供给、利用体育产业引导专项资金促进体育健身休闲市场发展过程中，大量的社会主体，如体育社会组织、体育经营主体、事业单位、社会公众等，都被广泛地动员参与到其中来；在常州市政府简政放权、职能转移的背景下，支持基层体育社会组织广泛地成立，承担起相应的治理职能；政府购买公共体育服务的过程中，常州市政府与社会主体之间通过互动、沟通、反馈、改进，不断完善政府购买服务的项目安排、组织、后期监督等。

3. 社会主体培育力度不够

社会主体的培育力度不够，也是常州体育健身休闲市场政府与社会合作治理存在的瓶颈。虽然，常州2015年一季度体育社会组织达1200个左右，但是这些体育社会组织规模还比较小，有能力承接政府职能转移的还比较少，通过提供服务获取自身发展资源的能力比较低；另一方面，政府并没有专门孵化、扶持、发展体育社会组织的计划，致使体育社会组织难以承担起应有的治理责任。而对于市场经营主体，虽然江苏省、常州市都设立了体育产业发展引导资金，但能够享受到扶持资金的毕竟是少数；而且对于体育健身休闲的经营主体而言，由于规模相对较小，其获取资助的难度远远大于体育用品生产企业。社会主体发育不足的状况，对常州体育健身休闲市场政社合作治理造成了较消极的影响。

二、广州体育健身休闲市场政府与社会合作治理

广州体育健身休闲市场社会治理与常州有明显的差异，表现为政府、社会力量在市场治理中的地位、关系，以及社会力量对于体育健身休闲市场的参与程度等。在广州，政府在体育健身休闲市场社会治理中主要起到引导性作用，社会主体对体育健身休闲市场发展及其治理的参与程度较常州要高。

（一）广州体育健身休闲市场的概况

广州是国务院定位的国际大都市、国际商贸中心[1]、国际综合交通枢纽[2]、国家中心城市、国家综合性门户城市、国家历史文化名城[3]，其经济总量位居北京、上海之后排第三位。2015年，广州全市实现地区生产总值18100.41亿

---

[1]《国务院关于广州市城市总体规划的批复》（国函〔2016〕36号）。

[2] 马喜生，郑佳欣，成希. 落实国家交通大战略 构筑北上广"金三角"枢纽［N］. 南方日报，2016-03-07.

[3]《国务院关于印发全国主体功能区规划的通知》（国发〔2010〕46号）。

元,其中第三产业产值占比为66.77%,对经济增长的贡献率达到70.6%,首度超过了七成。① 广州市下辖11个市辖区。广州城市总面积7434.4平方千米,常住人口1667万,其中户籍人口832万,人均GDP超过2万美元(2015年数据),达到了高收入国家的水平。

广州市体育服务业包括体育组织管理活动、体育场馆管理活动、体育健身休闲活动、体育中介活动和其他体育活动。根据广州市体育产业的统计数据,2014年广州市体育服务业共有法人单位数3118个,比2013年增长11.2%;从业人员5.64万人,比2013年增长5.8%;产业规模62.02亿元,比2013年增长16.9%;实现增加值93.88亿元,与2013年相比,增加了3.18亿元,增长3.5%。②

根据《广州市第六次全国体育场地普查数据公报》,对比广州市第五次全国体育场地普查(截至2003年12月31日),全市体育场地数量增加9510个,场地面积增加1353.58万平方米,人均场地面积增加0.68平方米,每万人拥有体育场地数增加5.37个,10年间体育场地增加了一倍。③

为了宣传体育健身知识,培养社会公众体育习惯,最近几年广州市加大对各区、街镇、社区和企事业单位、大学院校等社会体育指导员的培训,每年培训体育社会指导员有1500人左右;除此以外,还积极鼓励奥运冠军、世界冠军、足球名宿和优秀教练员、运动员深入各区的网点、社区、街镇和大、中、小院校指导和传授技艺。截至2015年年底,广州市已有近3万名国家级、一级、二级、三级社会体育指导员,在广州11个区和机关、企事业单位、街镇、社区、晨晚练点及大学院校指导全民健身,涉及市民喜闻乐见的广场舞、健身操、广播体操、乒乓球、羽毛球、毽球、足球、太极拳、太极扇、柔力球等项目。

(二)广州体育健身休闲市场政府与社会合作治理的形式

1. 政府购买中政府与社会合作治理形式

首先,广州市政府购买学校体育服务,推动学校体育设施向学生开放及社会开放。2015年11月,广州市学校体育设施向社会开放名录,以及具体地址、

---

① 赖伟行. 广州GDP增8.4%稳居全国第三 第三产业占比首次超过70% [N]. 广州日报,2016-01-21.
② 穗体法宣. 穗2014年体育产业统计总体保持稳步增长 [EB/OL]. 广州市体育局网站,2015-12-25.
③ 《广州市第六次全国体育场地普查数据公报》。

开放时间、是否收费、联系方式等，都通过广州市体育局网站公布。① 根据《广州市体育设施向社会开放管理办法》第三十一条②，学校体育设施对社会开放的必要费用，各级财政依据具体情况予以补助。

其次，广州市政府通过招标向市场购买群众性的公共体育服务。2015年8月8日，广东省（广州市）全民健身日和体育节活动启动。由广州市体育局、广州市体育总会主办的2015年广州市第十一届体育节活动，共安排了41项赛事，广州地区省属、市属、区属公共体育场馆在8月8日结合自身实际向市民免费开放，共有4个省属场馆单位、25个市属场馆单位、20个区属场馆单位免费开放。各场馆设有游泳、足球、篮球、网球、乒乓球、羽毛球等10多个开放项目，进场人数超过20万人次。该届体育节主要有五大亮点：一是以户外运动为引领；二是内容更具趣味性；三是鼓励家庭齐参与；四是比赛具有观赏性；五是线上预约服务更贴心。③

最后，政府对社会体育场馆进行补助，提高社会体育场馆提供公共体育服务的积极性。2015年年底开始，广州展开政府购买社会体育场馆公共服务试点工作，启动体育惠民服务。2015年广州社会体育场馆惠民服务主要有四个亮点：一是，加大了社会场馆惠民经费的投入。广州用于政府购买社会体育场馆公共服务经费，由原计划从市本级体育彩票公益金安排350万元增至890万元，并在2016年计划安排2000万元以上。二是，广州根据全市全民健身发展需要，确定购买社会体育场馆公共服务的范围和数量，根据场馆服务时段和数量结算给予场馆惠民开放资金补助。使得社会体育场馆服务与市民健身都从中获益。④ 三是，均衡社会场馆惠民开放的数量。委托广州有德招标代理有限公司，对购买的社会体育场馆公共服务商资格入围项目进行公开招标。对参与投标的场馆按

---

① 2015年广州市学校体育设施向社会开放名录［EB/OL］.广州市体育局网站，2015－11－11.

② 《广州市体育设施向社会开放管理办法》第三十一条规定："学校体育设施向社会开放的必要支出，由各级政府根据具体情况予以补助。"第二款规定："市体育行政主管部门、教育行政主管部门会同市财政部门制定学校体育设施免费开放及优惠开放的财政补贴标准。各学校按补贴标准科学合理编制财政补贴预算方案，报同级教育行政主管部门审核后，按财政预算编审程序列入本单位年度部门预算。"

③ 广东省（广州市）全民健身日和体育节活动启动［EB/OL］.广州市体育局网站，2015－08－08.

④ 广州市体育局网站关于"群体通"的介绍［EB/OL］.广州市体育局网站，2015－11－20.

场地设施、开放时段价格、人员配备、管理制度、交通便利等因素进行综合评分，择优选择300家社会体育场馆进行惠民开放。为了方便市民进行锻炼，这300个场馆必须满足运动项目和区域分布要求；每个区入围场馆不少于15家，每个场馆应涵盖羽毛球、乒乓球、网球、足球、篮球、游泳6个具有广泛群众基础的项目。①

2. 市场清单管理背景下政府与社会合作治理形式

一是，政府大量职能向社会转移。清单管理背景下，广州市体育健身休闲市场治理中政府的许可、审批、备案等权限受到了严格的限制，广州市体育局不再行使行政许可、非许可审批、备案职能，最大限度地为社会力量松绑，让社会充分地发挥其积极性、主动性，其相应的法律依据是《广州市人民政府关于公布保留取消调整行政审批事项的决定》（市政府令第38号）、《中共广州市委广州市人民政府关于简政强区（县级市）事权改革的决定》（穗字〔2011〕8号）。为此，广州市体育局已经不承担任何实际意义上的对外办事服务事项。换而言之，这些服务类型的事项，都全部交由社会来承担，或者下放到区一级的体育行政部门。在实践中，广州市高危险性体育经营项目设立、延续、变更许可的权限，临时占用公共体育设施的审批，以及举办健身气功活动及设立站点审批这三项涉及体育健身休闲市场治理的事项，具体的审批权限已经下放到区一级的体育行政相关的部门，譬如，广州市番禺区文化广电新闻出版局（版权局）就承担起了相关事项的审批服务。

二是，政府大量行政执法权限被压缩。而行政执法方面，在清单管理背景下，广州市体育行政部门的执法事项则被最大限度地压缩，相应的执法职权及其依据也向社会公开。依据《关于市政府各部门行政执法职权及依据的通告》（穗府〔2012〕23号），除了公告所有涉及体育的执法职权及其法律依据外，以后凡是需要取消、调整、新增行政执法权限的，都需要经广州市法制办对外公布。根据所公布的清单，体育行政部门涉及体育健身休闲市场治理的执法职权，主要可以分为以下几个方面：（1）行政处罚职权，具体是对"公共体育设施管理单位开展不适应设施功能、用途的服务或违规出租"进行行政处罚。其处罚依据是《公共文化体育设施条例》（国务院令〔2003〕第382号）第二十二条

---

① 广州启动新一轮体育惠民服务——300家社会体育场馆将向市民优惠开放［EB/OL］. 广州市体育局网站，2015 – 10 – 13.

第二款、第三十一条①；其处罚主体依据是《中华人民共和国体育法》（1995年8月全国人大通过）第四条第二款②：《公共文化体育设施条例》（国务院令〔2003〕第382号）第七条第二款③。（2）广州市体育局行政检查职权。主要是依据《体育彩票公益金管理暂行办法》（1998年9月国家体育总局、财政部、中国人民银行发布）第二十六条，"对体育彩票公益金的收取、使用和账户管理情况的行政检查"。（3）体育行政部门的其他执法职权共有11项，其中与体育健身休闲市场相关的有6项。这些执法职权具体包括：责令改正擅自侵占、损坏或者拆除公共体育设施行为；责令改正未依法开放公共体育设施等违法行为；责令改正未履行对公共体育设施管理和维护责任等违法行为；对公共体育设施的监督管理；对体育类民办非企业单位的监督指导；对全市体育事业方面的指标、劳资情况进行统计及其他专项性普查（包括体育产业和体育场地等）。可以看出，体育行政部门的职权，主要集中在维护公共体育服务秩序领域，而涉及具体的、直接的公共体育服务的提供，则已经全部将其转移由社会主体承担。广州市政府所公布的涉及体育行政部门的职权清单，非常明确地显示了体育行政部门与社会主体职权的划分，对于限制行政揽权、滥权干预体育健身休闲市场发展，维护社会主体在从事体育健身休闲市场活动中的权益，有着重要的意义。

三是，大力鼓励社会资本投资。在市场准入方面，根据《广州市民营投资产业导向目录》中所列出的清单中的"二、民营投资产业导向目录（鼓励类）"的规定，鼓励社会力量投资"各类体育设施、运动场（馆）""体育健身休闲服务""体育竞赛表演、器材场地租赁、体育运动指导等产业化经营服务及体育设

---

① 第二十二条第二款：公共体育设施管理单位不得将设施的主体部分用于非体育活动。但是，因举办公益性活动或者大型文化活动等特殊情况临时出租的除外。临时出租时间一般不得超过10日；租用期满，租用者应当恢复原状，不得影响该设施的功能、用途。第三十一条：公共文化体育设施管理单位，有下列行为之一的，由文化行政主管部门、体育行政主管部门依据各自职责责令限期改正，没收违法所得，违法所得5000元以上的，并处违法所得2倍以上5倍以下的罚款；没有违法所得或者违法所得5000元以下的，可以处1万元以下的罚款；对负有责任的主管人员和其他直接责任人员，依法给予行政处分：（一）开展与公共文化体育设施功能、用途不相适应的服务活动的；（二）违反本条例规定出租公共文化体育设施的。
② 县级以上地方各级人民政府体育行政部门或者本级人民政府授权的机构主管本行政区域内的体育工作。
③ 县级以上地方人民政府文化行政主管部门、体育行政主管部门依据本级人民政府规定的职责，负责本行政区域内的公共文化体育设施的监督管理。

施服务""体育经纪、培训、信息咨询服务""农村体育设施建设",以及鼓励社会力量投资"汽车体育产业的发展"。

在广州市体育健身休闲市场发展中,社会发挥着积极而有效的作用,这与清单管理模式下广州市体育行政部门的权限得以清晰地界定有着密切联系,也与广州市政府主动限权,较为亲商的环境有着密切的联系。广州市以"草根"体育社会组织、体育健身俱乐部、学校等为代表的社会力量,承担了大量政府职能的转移,为社会公众提供了大量的公共体育服务职能。2016年第一季度,广州市商业机构赞助,体育社会组织负责承办,广州市体育行政职能部门指导的大型群众性体育活动达16项,广泛地吸引了广州市群众的参加。广州市各区、各个街道、乡镇的政府部门与社会商业机构、体育社会组织合作举办的群众性体育活动,更是项目繁多,多姿多彩;根据《2014年广州体育年鉴》,"花都、增城等区、县级市积极开展社区群众体育活动,全市全年共组织开展各类全民健身活动350多项次,超过400万人次参与"。

(三)广州市体育健身休闲市场政府与社会合作治理评析

广州市体育健身休闲市场政府与社会合作治理,表现为政府积极地支持与引导社会主体参与到公共体育服务的提供当中,社会主体较为深刻地影响着体育健身休闲市场的治理与发展,为社会提供了大量的体育服务。相对于其他省市而言,广州市体育健身休闲市场政府与社会合作治理呈现出以下的特征:

1. 政府主要通过招投标的形式向社会购买公共体育服务

从政府向社会购买公共体育服务的形式来看,主要有向社会招标投标购买与定向购买两种形式。显然,招标投标购买形式是主要的形式,它有利于规范广州政府购买行为,提高政府购买质量。但是,对于特定的合作单位,政府购买也会采用定向购买的形式;如政府对向社会开放体育设施的学校进行财政补贴,这种行为属于定向购买的行为①。为了促进承担政府职能转移的体育社会组织的发展,鼓励它们向社会提供更多的体育服务,广州市也会采取政府定向

---

① 《常州市学校体育设施向社会开放的实施意见》(常政发〔2008〕166号)第五条"(二)落实经费"的规定,常州市将"根据学校体育设施开放的实际情况和工作量,每年补贴学校体育设施维护费和管理人员经费。所需资金按管理权限,由市、区两级财政分别承担"。2013年常州市体育局、教育局和财政局联合出台《进一步推进学校体育设施向社会开放的补充实施办法》,明确规定"对体育设施向社会开放的学校,每年给予2万至5万元的专项补贴"。

购买的形式对它们予以资金、实物等形式的支持。应当说，当前广州以招标投标为主的政府购买公共体育服务的形式，是我国政府从社会购买公共体育服务的一种趋势。这种购买形式，不仅仅是解决资金使用效率的问题，它还让体育社会组织之间、市场经营主体之间、体育社会组织与市场经营主体之间形成竞争的关系，促使它们不断地完善自身的治理，提高公共体育服务的供给能力。

2. 社会主体密切配合政府提供多种多样的体育健身休闲服务内容

广州政府招标购买社会体育场馆服务的时候，要求体育场馆能够提供6项群众基础好的体育项目，并符合相应的地域分布要求，这就对社会体育场馆的分布及其举办的体育项目有着引导作用。社会力量除了向社会提供体育场馆服务之外，还承接了绝大部分的群众性体育活动服务、社会体育指导员服务等；特别的是，政府引入了第三方对政府购买社会体育场馆的服务质量进行监督与制约，而自身超然于监督之外，这不仅有利于减轻政府的负担，还能使得监督更加客观与中立，避免政府在购买服务中既作为购买者，又作为监督者、裁判者。另外，政府还资助部分体育社会组织举办的体育活动。

3. 政府与社会的合作体现为前者对后者的引导

广州政府投入了大量的物力、人力为社会公众提供公共体育服务；除了直接进行公共体育设施的建设外，政府还将大量的社会力量纳入了政府公共体育服务的供给体系当中，引导社会体育场馆、社会体育指导员、体育社会组织、学校的体育设施等，为社会公众免费提供，或者相对低收费的体育健身休闲服务。这些社会力量在这过程中，也获得一定的经济回报、税收优惠，乃至在民政部门对社会组织的评级中获得一定的优势。政府对社会力量的引导，让政府在不必耗费大量的资金进行体育基础设施建设的基础上，以较小的投入调动体育健身休闲市场参与公共体育服务的积极性，实现自身的公共服务职能；而在这过程中，体育健身休闲市场自身也获得相应的发展，实现自身治理水平的不断提高。

4. 广州体育健身休闲市场政府与社会合作治理也存在一定的问题

首先，广州市体育行政部门服务不到位，与社会主体的职能划分不够清晰。清单管理模式的要求，使政府与社会主体之间职责明确，合理分工，不该政府办的事、不该政府管的事，要坚决地交由社会主体来办。虽然，社会主体对公共体育服务的深度参与是广州体育健身休闲市场社会治理的主要特色，然而有些应当由社会主体承担的职能，体育行政部门没有将这些职能转移。譬如，体育行政部门直接耗费大量资金,管理一些本系统的体育场馆。另外,"群体通"的服务范围依然有限,很多社会体育场馆、健身俱乐部、高尔夫球场等,并没有纳入服务范围,这不利于社会公众获取体育信息与体育服务,也让经营主体、体育社会组织不得不将大量的资源投入宣传活动中。

其次,政府从市场购买服务的资金来源、数量、范围依然有待改进。现阶段,广州体育行政部门从市场购买公共体育服务的资金主要来源于体育彩票公益金,财政直接支持还比较少。2015 年,广州用于购买社会体育场馆服务的投入仅 890 万元,相对于广州市 1600 万左右的常住人口而言,这样的投入显然是不足的;实际这么少的投入也不利于体育健身休闲市场的发展。另外,政府购买服务的内容及范围方面,还比较少地购买体育社会组织的服务,没有将社会的活力充分调动出来,这也直接或者间接地导致广州体育社会组织发育不良,没有发挥出应有的作用。

最后,就是对志愿者服务的动员不足。广州存在大量有志于服务公众的志愿者及志愿性组织,将其动员起来可以极大地完善体育健身休闲市场社会治理,为市场的发展增添动力,也能够节约大量的行政资源。但是,现阶段广州在体育健身休闲领域还较少动员志愿者参与,导致有些体育健身休闲市场治理的措施不够大众化。为此,体育行政部门还应当通过一定的手段,将社会的这些志愿性力量引导到全面健身事业中来,节约行政成本,促进体育健身休闲市场社会治理的完善。

三、美国汉德森市体育健身休闲市场政府与社会合作治理

(一)美国汉德森市体育健身休闲市场概况①

美国内华达州汉德森市(Henderson)邻近拉斯维加斯、洛杉矶、凤凰城、圣地亚哥,其中距离拉斯维加斯仅 7 英里左右,被认为是美国最适宜居住的 20 个城市之一。汉德森拥有优越的自然条件,有风沙、水流侵蚀景观,科罗拉多河景观等,是远足、探险、激水漂流等户外体育运动的圣地。根据汉德森市城

---

① 资料来源:[美] MULL R F, BAYLESS K G, JAMIESON L M. 娱乐体育管理[M]. 韩勇,康胜,译,辽宁科学技术出版社,2009:103;汉德森市官方网站,网址:http://www.cityofhenderson.com/。

市发展与服务部及美国人口调查局① 2009—2013 年社区调查的数据估算,2015 年该市人口估算为 286,273 人,每个家庭的平均人口数为 2.57 人,家庭资产中位数 213,700 美元,家庭收入中位数 64,489 美元,9.8% 人口收入处于贫困线以下,人口平均年龄 40.9 岁,18 岁以上占 77.9%,65 岁以上占 15.5%,残疾人口占 10.3%。

美国内华达州的汉德森市公园和娱乐部是政府的行政部门,致力于为迅速增长的社区服务,主要面向汉德森市 28 万左右的居民服务。为了跟上迅速变化的人口构成和社区的需求,汉德森市公园和娱乐部与城市一起成长和变化。汉德森市公园和娱乐部负责 6 个娱乐场馆经营管理,包括健身装备、水上设施、室内攀岩、户外表演艺术场;提供从健美操到排球等多种活动。2015 年,该部门管理 64 个公园、开放的草坪,超过 900 公顷的土地,还有几十个球场和网球场,超过 50 英里的健身小路,以及一些自行车、健身和马术路径。汉德森公园与娱乐部为各个年龄段、各种身体状况的体育参与者提供形式多样的体育活动;参与者可以通过公园与娱乐部的网上体育专栏找到各种体育俱乐部及赛事信息。

汉德森公园和娱乐部的资金来源,主要包括营业性收入以及市政府的拨款。其中市政府的拨款是主要的收入来源。汉德森市公园和娱乐部综合运用多种营销策略,包括每季度直接邮寄项目宣传单和报纸广告。另外,它还维护一个网站(www.cityofhenderson.com/parks/phpparksbody.php),公众可以通过网站预订体育健身休闲服务。汉德森市公园和娱乐部全部工作人员有 59 个全职人员和 300 名左右的兼职人员。营业性收入主要由市场经营主体收取,他们通过运营具体的体育项目,或者提供体育场馆运营等服务,向参与者收取一定的会费或者参加费用。这部分的经营收入与政府拨款投入相比,还是比较少的;市场经营主体绝大部分的收入均来自政府的直接或者间接的支持。

汉德森市较注重弱势群体体育权利的保护。汉德森市残疾人口占总人口比例达 10.3%,65 岁以上的老年人达 15.5%。面对残疾人口与老年人口众多的情况,汉德森市公园与娱乐部注重保障弱势群体体育权利的实现,在公园的规划、设计及运作中,严格遵守《美国残疾人法案》和《康复法案》504 节(Americans with Disabilities Act & Section 504 of the Rehabilitation Act),在有社会力量举办的一系列体育健身休闲活动中,有专门针对弱势群体的项目。

---

① City of Henderson Community Development & Services Department and U. S. Census Bureau American Community Survey.

（二）汉德森市政府与社会合作治理的形式

汉德森市体育健身休闲市场发达，它所展现出来的体育健身休闲市场政府与社会合作治理的形式，是美国社会力量参与市场治理的典型。总体而言，它主要表现为以下几方面：

1. 政府将自身在体育健身休闲市场中定位为服务者而非经营者

汉德森政府为整个市场提供的服务包括：一是，投入庞大的资金建设与维护健身休闲公园，为公众提供充足的体育健身休闲场所与设施。2015年，汉德森市大约每4473人就有一个娱乐公园，每5720人就有1英里的健身小路，相对于人口而言，汉德森市的公园数量非常庞大，能为其居民提供足够多的基础性体育健身休闲场所及设施。除了在公园建设方面投入巨额资金外，汉德森市每年投入娱乐公园维护方面的资金也非常庞大，这都为公园与相关体育娱乐设施的运作提供了足够的保障。二是，统合体育健身休闲资源，方便社会公众获得相应的服务。汉德森市64个公园的信息、场馆信息、市内的健身设施信息、健身路径信息、相关的地图服务，以及场地预订服务、体育活动信息、体育俱乐部信息、报名服务、收费退款服务等与体育健身休闲相关的服务，都可以在汉德森市政府的官方网站中完成，社会公众可以非常轻松地获取与之相关的信息，预订体育服务。三是，规范市场经营活动，做好市场的监督者。为了更好地提供服务，汉德森市公园与娱乐部的主要职责是服务、监督、管理，并不直接参与具体的场馆、野营、高尔夫球场等的经营活动。

2. 充分利用社会力量举办体育健身休闲活动

汉德森市公园和娱乐部通过与体育社会组织、体育健身休闲经营主体、志愿者的合作，为公众提供丰富多彩的娱乐和文化项目。汉德森市体育健身休闲市场的典型特色是高度的社会化，场地的管理、球场的运营、具体项目的举办、体育活动有组织地开展等服务，均由社会力量予以提供。市场经营主体或者体育社会组织，通过组织具体的体育活动，向参加者收取一定的费用；获得了政府批准的活动项目，因有政府的资助其收费通常会低一些。政府通过资助社会主体举办的项目，每年举办近600个为青年人和成年人提供的娱乐活动，包括为青少年和家庭开展的远足活动、康复娱乐项目和教育论坛。大量体育健身休闲项目是免费向市民提供的，虽然也对一些项目进行收费，但当天额度不高。市民可以免费使用健身路径、特定的绿地等，在生日当天还可以订到免费的高尔夫球场；而预定公园的一些体育健身休闲设施，如网球场、足球场、篮球场、橄榄球场等，参与者需要交纳一定的费用。部分青少年、成年人的体育项目通过体育社会组织进行开展，收取一定注册费用与参加具体项目的费用。如果报名参加汉德森市的年度体育竞赛，如"汉德森市奥林匹克运动会"，则要根据不同的体育项目收取200~350美元。另外，自2016年1月开始，汉德森市成人体育社团的参与者要求必须拥有成人体育资格证书，汉德森市居民办证费用为15美元，克拉克郡的居民办证费用为17.5美元；可以在娱乐中心或者体育办公室购买证书。① 为了促进体育参与，汉德森市通过体育联盟与比赛，为各个年龄段的人、各种运动能力的人提供适宜的体育项目；即使是不想参与体育运动项目的人，也可以尝试申请成为教练。同时，为了降低体育参与带来的风险，汉德森市为公众参与集会与体育赛事提供一个名为"Automated External Defibrillator Loan Program"的保障项目。②

3. 政府与社会治理力量之间是互补的关系

考察汉德森市体育健身休闲市场社会治理，可以发现政府主要负责的是服务，社会力量则负责举办具体的体育活动，它们分工合作，是互补的关系。政府除了建设大量的体育健身休闲设施外，还统合体育健身休闲市场的资源，为经营主体、体育社会组织提供资金、技术、信息支持，方便社会公众获得体育健身休闲服务；而市场经营主体、体育社会组织则可以将精力集中于举办体育健身休闲活动中，不必操心市场营销、服务推广等问题。可以看出，汉德森市政府与体育社会组织、市场经营主体之间职责明确，两者是互补合作、相得益彰的关系，为汉德森市体育健身休闲市场良好治理奠定了基础。

（三）对我国政府与社会合作治理的启示

一是，作为社会力量参与体育健身休闲市场治理的前提条件，是政府应当大力发展基础体育设施，为社会公众参与体育健身休闲活动提供便利条件。汉

---

① 英文原文为：Beginning January 2016, all adult sports league participants are required to have an Adult Sports Pass. The pass is $15 for Henderson residents and $17.25 for Clark County residents. You must purchase your pass in person at any recreation center or the Sports Office. 资料来源：汉德森市政府公园与娱乐部网站，网址：http://www.cityofhenderson.com/parks-and-recreation/sports，访问时间：2015-11-25。

② 英文原文为：For the added safety of our patrons, the city offers an Automated External Defibrillator Loan Program for public use at gatherings and sporting events. 资料来源：汉德森市政府公园与娱乐部网站，网址：http://www.cityofhenderson.com/parks-and-recreation/sports，访问时间：2015-11-25。

德森市人口约 28 万，提供健身休闲公园数量达 64 个，对比我国的现状，显然在人均体育资源方面远远落后于汉德森市。因此，我国有必要将政府购买公共体育服务的资源，集中用于向民众提供基础的体育设施方面，而不是主要用于购买大型的群众性体育活动方面。事实上，社会公众是很难通过参加一两次的集体体育活动而达到健身目的的，将资源用于为公众创造参与体育活动的便利条件，更能发挥政府购买对于社会公众健康的促进作用。

二是，应当充分发挥体育社会组织与志愿者对公众体育参与的促进作用。汉德森市除了为公众提供足够多的体育资源外，还引导民众参与各种类型的体育俱乐部，帮助民众在群体中从事体育活动，有力地提高了公众的体育参与率；在这方面我国值得向汉德森公园与娱乐部学习。另外，为了降低行政成本，培养服务精神，增强体育活动的参与感，汉德森市公园与娱乐部专职人员较少，管理如此众多的公园与娱乐设施，其全职工作人员仅为 59 人，其他的绝大部分工作人员都是兼职的志愿者，这也非常值得我国学习。

三是，注重通过社会力量保障弱势群体体育权利。长期以来，我国弱势群体体育权利的保障，主要由残联、养老机构、儿童福利院等机构负责具体实施，整个体育健身休闲市场，以及公园、日常的户外体育项目等极少为他们提供参与的便利，导致弱势群体难以真正地融入社会。我国政府购买公共体育服务的时候，有必要向汉德森市学习，遵守保障弱势群体体育权利的法律，考虑弱势群体的需要，为他们参与体育健身休闲活动提供便利，充分利用社会力量引导他们走向社会。

四是，要正确处理好政府与市场经营主体、体育社会组织的关系。汉德森市体育健身休闲市场治理的最成功之处，是构建职责明确、权责清晰的政府与社会关系，政府与社会力量之间不是争夺利益的关系，甚至不是争夺主导权的关系，而是互补的关系。政府的主要职责，是为社会公众参与体育健身休闲服务提供足够的便利，嫁接起市场经营主体、体育社会组织两者与社会公众的桥梁，方便社会公众轻而易举地获得身边的体育健身休闲服务。市场经营主体、体育社会组织在这样的环境下，可以专心地搞好经营活动，为社会公众提供优质的服务。

本章小结

体育健身休闲市场政府与社会合作治理，是指政府与社会主体基于各自的目的，在体育健身休闲市场治理过程中相互沟通，相互协作；两者合作治理的主要形式，包括政府购买公共体育服务及清单管理背景下的合作治理两种。具体的，在政府购买公共体育服务的背景下，政府与社会合作治理包括三种形式：政府授权给社会主体的合作治理、政府与社会共同决策的合作治理、政府协助社会主体嵌入客体的合作治理。清单管理背景下，政府与社会合作治理包括五种形式：社会主体担负制定部分体育行业标准的职责、社会主体配合政府履行市场监管的职能、社会主体分担政府公共体育服务责任、社会主体参与促进清单目录的优化、社会主体担当起维护市场公平竞争的职能。目前，体育健身休闲市场政府与社会合作治理依然存在很多问题有待解决。

基于上述探讨的基础上，本章进一步对体育健身休闲市场政府与社会合作治理的相关案例进行了分析。

第三章

体育健身休闲市场社会治理与社会资本

经济领域的社会资本,通常认为是与政府资本相对的资本形式,即来源于社会的、用来生产剩余价值的生产资料和货币,表现为资金、土地、生产工具等形式,是一定社会关系的反映。我国体育健身休闲市场庞大的体量及巨大的发展潜力,使其成为社会资本竞相追逐的对象。社会资本通过市场机制提高健身休闲服务产品供给效率,不仅有利于促进整个体育健身休闲市场发展,而且对整个市场治理也有着重要的影响。为此,有必要探讨当前我国社会资本影响体育健身休闲市场治理的相关问题。

第一节 社会资本类型、准入及其在治理中的价值

投资体育健身休闲市场的社会资本有多种类型,不同类型社会资本对市场治理有着不同的影响。另外,对于体育健身休闲市场而言,社会资本存在着投资准入与融资准入的情形,不同准入情形对市场治理同样存在着不同的影响。本节在探讨体育健身休闲市场社会资本类型及其准入问题的基础上,具体地分析了社会资本在体育健身休闲市场治理中的价值。

一、体育健身休闲市场社会资本的类型

结合我国体育健身休闲市场社会资本投资的情况,以及国务院46条关于社会资本问题的规定,我们可以对投资体育健身休闲市场的资本类型做出如下分类。

(一)对体育健身休闲市场进行直接投资的社会资本

直接投资的社会资本来源于社会公众或者其他的法人、非法人实体的自有

资金,它们不经由第三方,以追逐利润为目的,直接投资于体育健身休闲市场。社会资本所有者通过直接投资行为,从事或者委托他人从事体育健身休闲经营活动,直接地为社会提供健身休闲产品。很多经营性体育健身俱乐部的举办,多以社会资本直接投资为主。在这里要注意的是,很多企业、个人等社会主体捐助从事公益性体育健身休闲活动为目的的体育社会组织,这些社会捐助者不追求任何的商业上的直接利润回报,因而不应当将其视为社会直接投资。但是,这些被捐助的体育社会组织,它们为了维持自身的长远运作,在为社会公众提供公共体育服务的时候,获取一定的政府补贴或者收取一定的费用,虽然它们所获得的资金并不会用于分红并将用于为社会公众提供公益性的体育服务,但在这里我们将其视为准商业行为。我们将体育社会组织的行为视为社会直接投资。特别要注意的是,如果完全基于免费地为社会公众提供体育健身休闲市场服务,则社会组织的行为并不会产生生产性行为而出现的现金流,因而不构成投资行为。

(二)专门投资体育领域的私募基金

我国的基金可以宏观地分为公募基金与私募基金,两者基本的区别在于,前者向社会公众公开募集基金份额,并且按照基金章程进行投资,受到证监会的严格监管;后者只能向特定的对象募集基金份额,按照基金管理人与投资人的约定从事投资行为,它在我国可以分为私募证券投资基金、股权投资基金、创业投资基金三种类型。"截至2015年6月末,已完成登记的私募基金管理机构13918家,管理私募基金15612只,管理规模3.78万亿元,私募基金行业从业人员221092人。"① 私募基金在我国社会投资领域中扮演着重要的角色。由于我国体育行业的上市公司还不多,并且也没有专门以体育行业为投资标的的公募基金,因此我们在这里不讨论公募基金的问题,只讨论涉及以体育健身休闲服务为投资领域的私募基金。

现阶段,我国已经成立了多个以体育为主要投资标的的私募基金。截至2015年年底,我国有14只私募基金专门从事休闲健身、体育场馆运营、健身俱

---

① 6月末私募基金管理资产3.78万亿 62家规模过百亿[EB/OL].中国新闻网,2015-07-16.其中,根据该新闻,在已经备案私募基金中,私募证券投资基金8970只,规模13078亿元;股权投资基金5018只,规模21120亿元;创业投资基金1059只,规模2296亿元;其他类型基金565只,规模1347亿元。

乐部、本地群众体育赛事活动等体育领域投资，总金额超 200 亿元。①

（三）体育健身休闲类经营主体通过证券市场上市融资

上市融资是指体育健身休闲企业通过证券公司公开发行股票募集发展所需要的资金。通过证券市场发行股票公开募集资金有着法律上的严格要求，必须符合《公司法》《证券法》规定的股票发行条件才能获得批准。特别是当前我国还在实行核准制的条件下，体育健身休闲公司要达到发行股票的条件，有着一定的难度，必须符合规定的公司治理条件、盈利条件等。也正因如此，我国体育行业在主板、创业板上市的公司少之又少，而这些上市公司中涉及提供体育健身休闲服务的又更为之少，现只有中体产业②、莱茵体育③等少数几家。不过，随着新三板的推行，在新三板挂牌交易的体育类公司逐渐增多，并且呈现出快速发展的趋势；然而，现阶段这些挂牌交易的公司中（分别为：欧迅体育、康莱体育、大统体育、体育之窗、梅珑体育、高德体育、泛华体育，共 7 家），依然是以体育用品生产类型的公司为主，有些公司只是在工商登记的经营范围中涉及体育健身休闲业务，但是在实际中并没有开展相应的业务。因此，体育健身休闲市场经营主体通过上市获取社会资金的支持，其前景虽然美好，但现实却面临着诸多问题的制约。

---

① 体育 BANK 团队. 体育文化产业基金共 14 支，总金额超 200 亿元 [EB/OL]. 腾讯网，2016 - 4 - 11.

② 根据公开披露的资料，中体产业集团股份有限公司系经国家体改委以体改生 [1997] 153 号文批准，由国家体育总局（原国家体委）体育基金管理中心、沈阳市房产实业有限公司、中华全国体育基金会、国家体育总局体育彩票管理中心和国家体育总局体育器材装备中心五家发起人共同发起，并向社会公众募集股份设立的股份有限公司。其经营范围包括"体育用品的生产、加工、销售；体育场馆、设施的投资、开发、经营；承办体育比赛；体育运动产品的生产、销售；体育运动设施的建设、经营；体育俱乐部的投资、经营；体育健身项目的开发、经营；体育专业人才的培训；体育信息咨询等"。资料来源：中体产业 [EB/OL]. 新浪财经，http://vip.stock.finance.sina.com.cn/corp/go.php/vCI_CorpInfo/stockid/600158.phtml，以及中体产业集团股份有限公司网站。

③ 根据公开披露的消息，莱恩体育的经营范围包括：实业投资，体育活动的组织、策划，体育场馆的设计、施工、管理及设备安装，体育用品的研发与销售，化工原料（不含化学危险品和易制毒品）的销售，体育经纪代理业务，知识产权代理（除专利代理），会展服务，设计、制作、代理、发布国内各类广告，设备租赁，物业管理，经济信息咨询，投资咨询，建筑技术咨询，企业管理咨询，投资管理，仓储服务（不含危险品），资产管理。（依法须经批准的项目，经相关部门批准后方可开展经营活动）。资料来源：新浪财经，http://vip.stock.finance.sina.com.cn/corp/go.php/vCI_CorpInfo/stockid/000558.phtml。

(四) 体育健身休闲类经营主体通过非金融企业债务融资工具融资

《公司法》《证券法》对于公司的债券发行有着严格的规定，只有符合规定的，才能获得发债资格。国务院关于促进体育消费的46号文规定，"支持符合条件的企业发行企业债券、公司债、短期融资券、中期票据、中小企业集合票据和中小企业私募债等非金融企业债务融资工具"。我国体育健身休闲经营主体通过发行债券进行融资的并不多，但其他行业的经验表明，发行债券是企业获取社会资金的重要方式，体育健身休闲市场经营主体在发展过程中，也应当充分地利用这种资金融通的工具。

(五) 金融机构对体育健身休闲市场经营主体的贷款融资

金融机构的贷款分为信用贷款与抵押贷款，前者不要求抵押物，而是基于企业自身的信用决定是否获得金融机构贷款；后者要求企业必须提供抵押物，才能获得相应的贷款。银行业是现代经济活动的中枢，体育健身休闲企业发展有赖于银行等金融机构的融资支持。因此，有必要根据实际情况，大力发展适合体育健身休闲市场经营主体实际情况的信贷品种。

(六) 外商的直接投资

据国际健康及运动俱乐部协会统计，美国健身业市场庞大，占到整个体育产业的1/3左右，经营及组织的水平较高[①]。近年来，随着我国经济的发展，人们消费能力的提高，以及体育健身休闲市场自身的发展，很多外国的资本基于发达国家的经验，纷纷将其目光瞄准我国体育健身休闲市场。我国也将体育健身休闲产业列入鼓励外商投资的产业目录中。国务院46号文也规定，"支持扩大对外开放，鼓励境外资本投资体育产业"。我国有必要大力吸引外商的直接投资，借助发达国家的体育健身休闲产业经营管理方面的成熟经营，促进我国体育健身休闲市场社会治理的发展。

二、体育健身休闲市场社会资本的准入

我们在这里讨论的社会资本准入，包含两个层面的问题：一是，社会资本的投资准入，即社会资本在体育健身休闲市场中，可以投资哪些具体的项目，这实际在清单管理模式中已经有所讨论，在此我们将进一步进行深入的分析；

---

① 张伟. 美国体育产业：经营模式成熟 规模庞大［EB/OL］. 中国经济网，2014-10-28.

二是，体育健身休闲市场经营主体的融资准入，即经营主体获得社会融资的准入条件，是指经营主体符合怎样的条件，才能获得进行社会融资的资格，在这里我们将重点讨论这个问题。

（一）体育健身休闲市场社会资本的投资准入

根据我国正在逐步推行的市场准入负面清单制度，对于社会资本而言，"法无明文禁止即为权利"，只要不是法律禁止的体育项目，社会资本皆可获得准入资格，从事经营活动。在此，我们将体育健身休闲项目分为普通体育项目、特殊体育项目、特别鼓励的体育项目三大类型。我们将对社会资本投资这些体育项目的具体情况进行分析。

普通体育项目，我们可以将其定义为经过国家体育总局正式认可的、没有特别准入条件的体育健身休闲项目。这些普通体育项目主要有乒乓球、篮球、羽毛球、排球、游泳、足球、网球、轮滑、健美操、跑步、五人制足球等。普通体育项目在日常开展得比较多，在普通公众中也非常普及，并且不存在高度的危险性、不会对社会公众的利益存在影响，因而国家对于社会资本投资这些体育项目，持开放、欢迎、鼓励的态度。

特殊体育项目，在这里我们将其定义为国家对其举办有着特殊的要求，只有符合特定条件的，才允许其举办的体育项目。这类的体育项目包括高危体育项目、对社会公共利益可能造成比较大影响的体育项目。高危险性体育项目，通常而言是指专业性较强、危险性较大、安全保障要求高的体育项目。现阶段，我国公布的高危体育项目包括游泳、滑雪（包括高山滑雪、自由式滑雪、单板滑雪）、潜水、攀岩。按照《经营高危险性体育项目许可管理办法》（2013年国家体育总局令17号）的规定，高危险性体育项目实施许可证管理，只有相关的设备、人员、场地达到举办该项目的标准，才能够获得准入许可。实践中，蹦极、攀登特定高度的山峰、水上运动等危险性较高的运动，虽然暂时还没有被列入高危险性体育项目，但也需要举办者具备特定的设备条件、人员条件等，方有可能获得我国行政部门的实施许可。再有就是气功、高尔夫、赛马等特殊的体育项目，因为涉及较为广泛的社会利益，因而在实践中受到了较为严格的管理。对于上述这些特殊体育项目，社会资本虽然可以自由地进入，但是在具体举办这些项目的过程中，必须符合特定的条件，获得相应的许可；否则，经营主体即使在工商局或者民政部门获得相应的营业执照，依然无法举办这些体育活动。

我国还有一些体育健身休闲项目，为国家所特别鼓励社会资本进入的。这些项目和普通的体育项目存在部分重复，但是基于其特殊的服务对象，我们将其归类为特别鼓励的体育项目。这些体育项目主要服务于残疾人、老年人、病人、福利机构供养人员等特殊的社会群体，以保健、康复治疗为主要目的。这些体育健身休闲项目，国家大力地鼓励社会资本进入，在实践中还会给予税费、补贴等方面的扶持。

（二）体育健身休闲市场经营主体的融资准入

融资准入，即体育健身休闲市场经营主体获得从社会融资的资格。根据我国的证券法、公司法，市场经营主体要想发行股票，或者发行债券，必须符合一定的条件。而即使是专门从事体育领域投资的私募，也必须符合我国证券法律相关的规定。虽然，体育健身休闲市场具有一定的公益性，并且在我国被定义为"朝阳产业"，但是实际中，我国体育健身休闲市场经营主体的股票及债券市场融资，并无特殊的扶持政策，依然沿用通用领域的一般做法。也就是说，体育健身休闲市场经营主体如果要获得发行债券或者股票的资格，必须符合产业政策、财务、公司内部治理等方面的最基本要求。[①]

体育健身休闲市场经营主体要想获得金融机构的贷款，也必须在财务、公司内部治理方面符合特定的条件。由于体育健身休闲市场经营主体属于体育服务类公司，具有轻资产重服务的特点，因此较难获得金融机构的抵押贷款。而信用贷款则需要公司具有良好的财务记录，完善的内部治理，良好的信用记录，较好的发展前景与可信的偿债能力，这些都是体育健身休闲市场经营主体获得信用贷款的必要条件。

三、体育健身休闲市场社会资本在治理中的价值

社会资本对于体育健身休闲市场的意义在于，它既促进其发展，也为其治理的完善提供内在的动力。2014年国务院发布的46号文，提出要支持体育产业

[①]《证券法》第十六条规定了公司债券发行的条件：公开发行公司债券，应当符合下列条件：（一）股份有限公司的净资产不低于人民币三千万元，有限责任公司的净资产不低于人民币六千万元；（二）累计债券余额不超过公司净资产的百分之四十；（三）最近三年平均可分配利润足以支付公司债券一年的利息；（四）筹集的资金投向符合国家产业政策；（五）债券的利率不超过国务院限定的利率水平；（六）国务院规定的其他条件。

的发展，并从多方面提出了系列性举措，让人们看到了体育健身休闲市场的发展潜力。由此带来的结果是，近2年来，我国社会对体育健身休闲市场的关注与投资急剧提升，市场快速发展，深刻地影响到了体育健身休闲市场的治理。具体而言表现在以下几个方面：

一是，社会资本投资体育健身休闲市场，有利于社会主体分担政府的市场治理角色，促进体育健身休闲市场内部治理水平的提高。政府主导体育健身休闲市场的发展，意味着政府不仅承担起投资体育健身休闲市场的责任，还承担着市场治理的责任。即使政府有意识地吸纳社会公众等社会力量参与到体育健身休闲市场治理当中，但在缺乏利益驱动的情况下，作为非产权人的社会力量难以承担起治理重担。社会资本投资体育健身休闲市场，意味着社会力量无可避免地要在市场治理中扮演着与投资者身份相适应的角色，这对于提高体育健身休闲市场治理的水平有着积极的意义。

二是，社会资本进入体育健身休闲市场，有利于营造公平合理的市场治理环境，优化市场资源的配置，为社会公众提供更多的体育健身休闲产品。市场经济最基本的要求是诚信、效率、公平、法治，社会资本投资体育健身休闲市场，其实际是一种市场行为，除了有其特定的社会意义外，还有着不可忽视的经济学意义。因此，相对于政府投资更多追求社会意义而言，社会资本投资体育健身休闲市场的行为，其兼顾社会效益的同时普遍追求经济效益，对于形成高效、充分竞争、公平合理的体育健身休闲市场有着积极的意义。

三是，社会资本通过对体育健身休闲市场发展的促进，为体育健身休闲市场治理的完善奠定基础。长期以来，我国过分倚重国家直接投资，对我国体育健身休闲市场治理产生了消极的影响。虽然短期内，我国的体育健身休闲市场投资及治理状况还不会发生根本性的转变，但是随着政府简政放权、权力清单管理的推进，以及市场准入负面清单的公布，我国体育健身休闲市场绝大多数产品将在政府产业政策引导和扶持下，交由社会主体投资生产并向社会提供。社会投资将在体育健身休闲市场发展中扮演着越来越重要的角色。在这样的背景下，我国体育健身休闲市场治理将迎来与以往截然不同的治理局面。

第二节　社会资本影响治理的依据及路径

本节主要分析的是影响社会资本投资体育健身休闲市场的规范性文件，以及社会资本对体育健身休闲市场治理影响的路径，旨在了解当前我国体育健身休闲市场社会资本影响治理立法、治理实践的情况。

一、体育健身休闲市场社会资本影响治理的依据

从宏观的角度来看，鼓励社会投资，调动社会资本的积极性是我国社会与经济发展的重要策略。为此，人大、中央与地方政府制定了大量关于促进社会投资的规范性文件。具体从体育健身休闲市场来看，近年来我国颁布的促进体育产业发展的规范性文件中，虽然有少数涉及国家限制社会资本投资少数特殊的体育健身休闲项目，但总体基调为大力地鼓励社会资本对体育健身休闲市场等体育产业的投资。这些或宏观、或微观涉及社会资本投资体育健身休闲市场的法律文件，对体育健身休闲市场发展方向及其规范治理产生了多方面的影响。这些规范性文件包括：

（一）法律

我国的法律中，直接涉及社会资本投资体育健身休闲市场的规定非常少，只有《体育法》等少数几部。我国《体育法》第四十二条规定，"国家鼓励企业事业组织和社会团体自筹资金发展体育事业，鼓励组织和个人对体育事业的捐赠和赞助"。《残疾人保障法》提道，要鼓励社会力量举办康复机构，康复机构应当创造条件，开展康复训练活动。而《未成年人保护法》第二十九条提道，"各级人民政府应当建立和改善适合未成年人文化生活需要的活动场所和设施，鼓励社会力量兴办适合未成年人的活动场所，并加强管理"。

但是，宏观方面规定社会资本投资的法律却很多。这些法律虽然不具有针对体育健身休闲市场的专门性，但作为一般性的规范，是能够适用于规范社会资本投资体育健身休闲市场的。这些法律主要包括《公司法》《证券法》《中华人民共和国证券投资基金法》、外商投资企业法等。其中，《公司法》《证券法》规定了公司发行股票、债券的基本条件；《中华人民共和国证券投资基金法》规定了公募基金、私募基金的成立与监管的基本问题；外商投资的法律规范的是外商投资我国产业的问题。这些一般性的法律，对于体育健身休闲社会资本而言，具有极其重要的指引意义。社会投资者举办体育健身休闲企业、创立专门从事体育行业投资的基金（主要是私募基金）、体育企业上市融资或者发行债券等行为，均应遵守上述的这些法律法规。这些法律为体育健身休闲市场社会资本的投资行为提供了宏观上的指引，对于体育健身休闲市场自身的治理有着深

远的影响。

(二)国务院及其部委颁布的文件

1. 直接涉及社会资本投资体育健身休闲市场的文件

在国务院及其部委颁布的规范性文件中,有直接条文规范社会资本投资体育健身休闲市场的文件包括:国务院办公厅2010年颁布的《国务院办公厅关于加快发展体育产业的指导意见》(国办发〔2010〕22号)、2014年颁布的《国务院关于加快发展体育产业促进体育消费的若干意见》(国发〔2014〕46号)、《轮滑活动管理办法》(国家体育总局办公厅1998年8月18日颁布并实施)、《航空体育运动管理办法》(国家体委令15号,1991年8月10日发布并实施)、《经营高危险性体育项目许可管理办法》(国家体育总局令第17号,2013年2月21日发布,2013年5月1日开始实施)、《体育类民办非企业单位登记审查与管理暂行办法》(国家体育总局、民政部令第5号,2001年1月11日发布并实施)、《第一批高危险性体育项目目录公告》(国家体育总局、人力资源和社会保障部、国家工商行政管理总局、国家质量监督检验检疫总局、国家安全生产监督管理总局公告第16号,2013年5月1日发布并实施)、《国务院关于鼓励和引导民间投资健康发展的若干意见》(国发〔2010〕13号)、《外商投资产业指导目录(2015年修订)》《国务院关于鼓励和引导民间投资健康发展的若干意见》(国发〔2010〕13号,2010年5月7日颁布实施)等。这些规范性文件中,均有直接的条文涉及社会资本投资体育健身休闲市场的问题。以《国务院关于鼓励和引导民间投资健康发展的若干意见》为例,该规范性文件的"(十七)"规定:"鼓励民间资本参与发展文化、旅游和体育产业。……鼓励民间资本投资生产体育用品,建设各类体育场馆及健身设施,从事体育健身、竞赛表演等活动。"

上述直接涉及社会资本投资体育健身休闲市场的文件,从产业政策、政府支持、金融政策、市场准入等不同角度,提出了一系列促进包括体育健身休闲业在内的体育产业发展的举措。这些规范性文件的内容,绝大多数涉及要对社会资本等社会力量参与发展体育产业实行松绑与鼓励的措施。松绑是指政府对于社会资本、社会力量参与体育健身休闲市场在内的体育产业采取减少审批,放宽准入的举措,除了极少数体育项目之外,其他项目尽量放开准入限制;鼓励是指政府在产业政策、税收、专项资金支持等方面,鼓励社会资本等社会力量参与体育健身休闲市场的发展。以2014年国务院46号文为例,它用专门的条文规定了"大力吸引社会投资"的内容，提出了要鼓励社会资本进入体育产业领域、拓宽体育产业投融资渠道、鼓励金融机构对体育企业领域的信贷、鼓励外资投资体育产业、推广政府与社会资本合作，明确提出要"政府引导，设立由社会资本筹资的体育产业投资基金。有条件的地方可设立体育发展专项资金，对符合条件的企业、社会组织给予项目补助、贷款贴息和奖励"。可以看出，政府鼓励性的立法，不仅为社会资本进入体育健身休闲市场提供了稳定的政策环境，还为其进入提供了非常实在的政策支持，为体育健身休闲市场吸引社会资金奠定了良好的基础。

2. 间接涉及社会资本投资体育健身休闲市场的文件

国务院及其部委的文件中，直接涉及社会资本投资体育健身休闲市场的文件是少数的，大量的文件并非专门规定体育健身休闲市场社会资本的问题，但是这些文件却能够对社会资本对体育健身休闲市场的投资产生重大影响。这些规范性文件主要有：《私募投资基金监督管理暂行办法》（中国证券监督管理委员会令第 105 号，2014 年 8 月 21 日颁布实施）、《国务院关于进一步促进资本市场健康发展的若干意见》（国发〔2014〕17 号，2014 年 5 月 8 日颁布实施）、《国务院关于进一步加强在境外发行股票和上市管理的通知》（国发〔1997〕21 号，1997 年 6 月 20 日颁布并实施）、《国务院关于鼓励支持和引导个体私营等非公有制经济发展的若干意见》（国发〔2005〕3 号，2005 年 2 月 19 颁布并实施）、《首次公开发行股票并在创业板上市管理办法（2015 年修正）》（中国证券监督管理委员会令第 123 号）、《首次公开发行股票并上市管理办法（2015 年修正）》（中国证券监督管理委员会令第 122 号）、《上市公司非公开发行股票实施细则（2011 年修订）》（中国证券监督管理委员会令第 73 号）、《商业银行并购贷款风险管理指引（2015 年修订）》（银监发〔2015〕5 号）、《关于进一步规范私募基金管理人登记若干事项的公告》《新兴产业创投计划参股创业投资基金管理暂行办法》《发起设立创业投资基金的方案框架》《对现有创业投资基金进行增资的方案框架》《私募股权投资基金份额报价业务管理办法》《全国中小企业股份转让系统业务规则》《上海股权托管交易中心非上市股份有限公司挂牌业务规则》《非上市公众公司监督管理办法》《全国中小企业股份转让系统有限责任公司管理暂行办法》《证券投资基金法》《中央编办关于私募股权基金管理职责分工的通知》《私募投资基金管理人登记和基金备案办法（试行）》等。

这些由国务院及其部委以及承担证券交易监督义务的机构所发布的规范性

文件，主要规范信贷市场、证券市场、私募、非上市公司的股权交易问题等，具体包括公司上市、债券发行、非上市公司股权交易、银行信贷、私募监管等。体育健身休闲市场经营主体，它们在发行债券、股票、向银行贷款、股权交易、引入私募等向社会融资过程中，必须遵循这些规则的指引。这些具体的规则，对经营主体的内部治理提出了严格的要求，无论是在财务、人员聘用、信息公开、业务投资方向等，都必须达到法定或者约定的要求。

（三）地方或其他主体制定的文件

除了法律、国务院及其部委制定的规范性文件外，在吸引社会资本投资体育健身休闲市场、规范社会主体投资行为的还有地方政府及人大制定的大量规范性文件，以及其他一些政府主体，如深圳证券交易所、地方体育行政主管机关所制定的规范社会资本投资的文件。其中，截至2016年1月，我国地方性法规中直接有条文涉及社会力量参与体育健身休闲市场的共有48部（件）[1]，这些地方性法规，主要是拥有立法权的地方人大及其常委会制定的体育设施建设、体育产业发展、体育市场管理方面的条例，具体如《太原市体育设施建设和管理办法（2016年修正）》《贵州省体育条例（2015年修正）》《黑龙江省体育经营活动管理条例（2015年修正）》《大连市体育经营活动管理条例》《浙江省实施〈中华人民共和国体育法〉办法（2014年修正）》《徐州市公共体育设施条例》《沈阳市公共体育设施条例》等。

现行有效的地方政府规章中，有条文涉及体育健身休闲市场社会资本的共有25部（件）[2]。这些政府规章，主要是政府规范地方的体育设施建设、体育市场经营管理活动等内容，其中部分条文涉及了社会投资体育健身休闲市场，进行经营活动的问题，具体如《邯郸市体育经营活动管理办法》《天津市体育场地管理暂行办法（1998年修订）》《长春市体育市场管理规定》《湖北省体育设施建设和管理规定》《江苏省体育设施管理办法》等。也有一些地方政府制定的文件，它们并不具备规章一样严格的形式，但是在实践中也会发挥积极的作用，如《广东省人民政府关于加快发展体育产业促进体育消费的实施意见》，以及其他一些省份、地方政府制定的类似文件。

---

[1] 数据来源于北大法宝。以"体育"为关键词搜索地方性法规，在现行有限的法规中，筛选出其内容中涉及社会主体投资体育健身休闲市场的法规。
[2] 数据来源于北大法宝。以"体育"为关键词搜索地方性规章，在现行有限的规章中，筛选出其内容中涉及社会主体投资体育健身休闲市场的规章。

地方体育行政部门、税务部门等也会根据本地的实际情况，制定一些涉及社会资本投资体育健身休闲市场的文件。这些文件有些具有较为规范的形式，其制定程序也较为严格；但有的只是表现为通知、意见等形式。如深圳市体育局 2008 年制定了《关于加快体育俱乐部发展和加强体育俱乐部管理的意见》《福田区宣传文体事业发展专项资金政策指引》《常州市市级体育产业发展引导资金使用管理暂行办法》等。

除了上述这些与体育健身休闲市场社会资本直接相关的文件外，资本市场领域也有很多适用于社会资本投资的一般性规定。这些规定并非专门针对社会主体投资体育健身休闲市场，但却有普适性。这些文件如《深圳证券交易所首次公开发行股票发行与上市指南（2016 年 1 月修订）》《上海证券交易所股票上市规则（2014 年修订）》《公司债券发行与交易管理办法》等。这些资本市场的一系列文件，是体育健身休闲市场主体发行债券、股票的具体指引，对于社会资本投资体育健身休闲市场有着积极的意义。

二、体育健身休闲市场社会资本影响治理的路径

（一）投资人投资选择影响市场治理

社会资本进入体育健身休闲市场，选择具体的投资项目，这不是一个被动的过程，而是主动进行选择的结果，它的行为将对体育健身休闲市场治理产生直接或者间接的影响。

一是，影响体育健身休闲市场服务产品的供给。体育服务产品，除了少部分由政府投资而生产之外，大多数是由社会投资者投资生产的，它们的投资行为，对于市场服务产品的数量、种类、价格、分布等有着重要的影响，并由此对市场的治理产生直接或者间接的影响。

二是，影响体育健身休闲市场的竞争秩序。社会投资者数量庞大，所拥有的资本量也非常庞大，他们大规模进入体育健身休闲市场，在促进了体育健身休闲市场发展的同时，也影响着市场的竞争秩序，对于体育健身休闲市场的治理是一种挑战。这就要求政府在治理过程中，要严格遵守法律，特别是要严格执行反不正当竞争法、反垄断法等规范市场秩序的法律。

三是，影响政府购买公共体育服务的行为。政府购买公共体育服务的行为，除了自身资源的限制外，还受到市场供给能力以及体育健身休闲市场自身发育程度的影响。社会资本投资体育健身休闲市场，有利于提高市场承接政府职能

转移的能力，配合政府购买公共体育服务。同时，很显然，对于一些市场已经有能力大量提供的体育产品，政府在购买公共体育服务的时候将不再优先考虑。

（二）投资人行使所有者权益影响市场治理

体育健身休闲市场领域，社会资本持有者基于投资行为而享有对经营主体的所有者权益，这种权益通常表现为基于产权关系的管理和控制，以及对经营主体收益的享有与风险的承担。因此，投资主体在行使所有者权益过程中，在多方面影响着体育健身休闲市场的治理。

1. 通过对健身休闲经营主体的经营管理行为影响整个市场的治理

作为健身经营主体的所有者，社会资本投资人将直接地参与到经营主体的经营管理过程中，对于内部的重大经营管理决策、内部治理结构等，都享有依据份额或者章程等约定而形成的发言权、决策权；特别是对于一些社会资本投资者占据控股地位的健身经营主体，更是能够直接地决定主体的整个经营管理行为。虽然，单个社会投资者的行为对健身市场治理的影响是非常有限的，但这并不能否定个体对整体的影响。实际上，体育健身休闲市场整体的发展，有赖于富于开拓性、具有高超治理技巧的社会投资者。

2. 社会资本通过与政府的合作影响体育健身休闲市场治理

2014年国务院46号文中，提出要"推广和运用政府和社会资本合作等多种模式，吸引社会资本参与体育产业发展。政府引导设立由社会资本筹资的体育产业投资基金"。政府与社会资本的合作，可以在以下几个方面促进健身休闲市场的治理。

其一，政府作为公权的行使者，往往在事务中拥有更多的发言权。社会资本与政府的合作，基于产权理论及我国现阶段的法律，必须严格地按照投资比例来行使所有者权益，政府不能基于其行政主体的身份而享有额外的决定权。因此，基于契约的合作办体育的行为，有利于促使政府提高决策水平、严格遵守法律，从而达到提高整个健身休闲市场治理水平的目的。

其二，从参与性的角度而言，社会资本与政府合作办体育的行为，可以让政府有更多的机会倾听社会的声音，而对于社会力量而言，则意味着有更多的机会参与到政府涉及健身休闲规范性文件的制定、具体事务的决策过程中，这些都有利于提高决策的科学性、可操作性，从而提高健身休闲市场的治理水平。

其三，政府对于社会资本的引导行为，有利于提高健身休闲市场的资源配置效率。体育健身休闲市场的发展，从福利经济学理论来看，其着眼点应为通过市场的充分竞争，促进人们幸福的实现。然而，市场存在失败的可能，完全的市场竞争未必能够实现帕累托最优，因而政府通过制度明确投资者对于社会资本的产权，并辅以必要的市场引导有其必要性，这有利于提高体育健身休闲市场资源配置效率，提高市场治理水平。

（三）投资人利用金融市场规则影响市场治理

金融市场，即资金融通市场，是以金融资产作为交易标的并确定其价格的机制；金融资产记载于特定的权利凭证，如股票、债券、储蓄存单等，交易时以这些权利凭证为交易对象，拥有这些权利凭证即代表拥有记载于权利凭证上的权利。金融市场有其自身的特点，社会资本通过金融市场影响体育健身休闲市场治理，主要体现在以下几个方面。

一是，股票或债券市场发行规则，可以极大地促进体育健身休闲市场经营主体治理的规范性。健身休闲市场主体要发行股票或发行债券，必须达到《证券法》《公司法》等相关股票、债券发行的财务条件、公司治理条件，达不到条件的将难以获得发行股票、债券的资格，这直接促进健身经营主体治理水平的提高。另外，体育健身休闲市场经营主体通过发行股票或者债券，可以将分散的社会资金集中起来，用来促进自身的发展。健身经营主体募集到资金后，必须按照募集资金时所约定的用途来使用资金，接受社会公众的监督。这对于公司内部的财务账目、经营管理技术运用，乃至经营人才的要求等，都提出了更高的要求。这将在很大程度上促进健身休闲市场经营主体内部的经营管理。特别是我国现阶段体育健身行业经营管理人才比较缺乏、行业整体管理比较混乱、发展资金相对欠缺，股票、债券等金融市场所带来的资金，以及由此带来的管理上的要求，将会极大地促使其治理水平的提高。

二是，股票或债券市场的日常管理规则，也可以提升体育健身休闲市场经营主体的内部治理水平。那些已经发行了股票、债券的健身休闲经营主体，其重大的经营活动、人事变动、财务信息都必须公开，接受社会公众的监督；根据证券法的规定，如果由于重大信息不及时公开，或者因经营者重大过失而导致中小投资者受到损失的，中小投资者可以依法提起赔偿之诉。事实上，对于进入金融领域的体育健身休闲市场经营主体而言，社会中小投资者通常难以监控市场主体的行为，为了规避风险的发生，保障投资者的合法权益，国家对市场主体的经营活动实行了严格的监督管理，不符合规范的将会被追究法律责任。这些规定，促使金融市场上的健身休闲经营者必须严格依法办事，否则将会受到法律的制裁并为市场所抛弃。也正因如此，进入金融领域的体育健身休闲市场经营主体的治理状况一般都会比较好。

三是，私募股权投资体育健身休闲市场，也会对经营主体产生深远的影响。大多数私募股权投资最重要的目的，并非亲自去运营企业，也非为了得到投资的直接分红，而是希望通过融资帮助目标企业上市，或者促使目标企业利润的大幅提升，从而实现超额的收益。为了达成这一目标，私募基金与目标的体育健身休闲经营主体通常会签订对赌协议，约定上市的期限或营业目标，达不到约定目标的，目标企业将通过多种形式退出，包括要求体育健身休闲经营主体返还资金并支付利息；或者直接委派管理层接手并运营企业，此时公司原所有者将有可能被排挤出管理层。为了实现目标企业上市，私募基金往往会按照对赌协议的约定，向体育健身休闲市场经营主体派驻法律、财务、企业管理方面的专家，按照证券法、公司法等法律对上市企业的要求，对目标的体育健身休闲经营主体进行全方位的包装与治理改造。因此，对于引入私募的体育健身休闲市场经营主体而言，基于私募的压力、业绩的压力、上市的压力等，必须全方位地依法治理。

第三节 体育健身休闲市场社会投资存在的问题

随着我国经济与社会的发展，体育健身休闲市场迎来了快速发展的阶段，未来我国资本市场与体育健身休闲市场的进一步融合具有其必然性。社会资本参与体育健身休闲市场，不仅能够促进市场的发展，而且对于市场的治理水平也有很大的促进作用。然而，当前我国社会资本对体育健身休闲市场参与过程中，依然存在着诸多的问题有待解决。

一、体育健身休闲市场各类融资工具发展滞后

治理强调多元，主张尊重个性。政府支持体育健身休闲市场主体融资的举措，也应当符合体育健身休闲市场自身的特点，而不能适用通用性的鼓励融资的措施。体育健身休闲市场是具有一定公益性的市场，经营主体的初期投入大，回报周期长，其融资需要得到个性化的支持，但我国在这方面的监管政策与支持有所欠缺。

（一）非金融企业债务融资工具发展滞后

国务院2014年46号文明确地提出来要支持符合条件企业发行企业债等非金融企业债务融资工具，但是这个顶层制度设计并没有得到很具体的落实。虽然，我国也有一些体育健身休闲市场经营主体发行了企业债，但总体而言发债的市场经营主体还非常少，大多数市场经营主体的规模比较小、人才缺乏、内部治理不完善，符合利用非金融企业债务融资工具进行融资的主体数量极其有限。究其原因，是因为健身经营主体重服务，轻资产，沿用传统的企业债务发行审查条件进行审查，通常难以通过。为此，在缺乏针对性支持的前提下，对健身经营主体而言，非金融企业债务融资工具难以发挥其应有作用。

（二）股市融资缺乏针对性支持

无论是新三板、创业板还是主板，健身经营主体发行股票并上市交易，要符合《证券法》规定的基本条件，以及证监会所规定的指引性条件。总体而言，主板上市的条件最为严格，创业板次之，新三板最为宽松；随着注册制的到来，上市的条件将更为宽松，证监会只做形式审查即可。现阶段，我国上市公司的体育板块中，绝大多数是体育用品类企业，涉及健身服务类的上市公司只有中体产业，这也与我国缺乏相关的支持政策有一定的关系。我国健身经营主体集中度低，2014年排在前十名的健身俱乐部的市场份额不足17%[①]，如果没有特殊政策的扶持，在现有上市规则下，很难通过股市进行融资。

（三）通过银行融资难度大、成本高

健身经营主体贷款难，主要是因为缺少担保物。银行信贷需要遵循风险控制原则，因此抵押贷款是一般性原则，信用贷款则为例外。健身休闲产业属于服务产业，对人力资本的要求比较高，对有形物质生产资料要求比较少，只要具备一定的场地、必要的运动器材即可。因此，健身经营主体可以用于抵押的资产比较少，银行发放贷款时通常会存在一定的顾虑，导致健身经营主体通常难以获取贷款。虽然我国体育行政部门鼓励银行信贷支持健身休闲业等体育产业，但没有行之有效政策支持、缺乏具体落实监督的情况下，鼓励也只能停留在政策与文件之上，难以真正落到实处。

健身经营主体贷款成本高，则是多重因素造成的。少数健身经营主体在缺

---

① 工信部2015年C–BPI研究成果权威发布［EB/OL］．新浪网，2015–04–12.

乏担保物的情况下，通过贷款保险、连带担保的形式获得银行贷款，其贷款成本也非常高；它们除了要承担固定的贷款利率之外，还要承担保险费、担保费，甚至还有公关费用、账户管理费用等，贷款的综合成本非常高。

二、体育健身休闲市场风险类投资存在诸多局限性

首先，从投资范围来看，我国体育类风险投资以投资新型健身服务产品为主，其投资范围有一定的局限性。风险类投资追求高风险、高收益，对于大量发展速度不快、收益不高的传统健身休闲项目而言，由于缺乏新型健身服务形式所具有的爆炸式增长潜力，即使能获得稳定的回报，也难以得到风险类投资的青睐。因此，从整个体育健身休闲市场的角度来看，仅有风险类投资远远不足，难以满足整个市场发展的大规模资金需求。

其次，风险类投资自身的局限性，对健身休闲市场治理与发展也会造成消极影响。以私募股权投资为例，获取快速、高额回报是第一要务；而健身类公司的长远发展，必须以良好社会形象及社会责任的承担为基础，短期回报通常不是首要目标。为此，私募与公司创始人目标的差异，非常容易造成两者的冲突。而且，私募基金与目标健身服务企业通常签订的对赌协议，要求健身经营主体在规定的时间内上市，否则面临着溢价回收、抽走资金的境地，而且健身企业创始人还需承担无限连带责任。上述的这些，对每一家处于快速成长的健身企业来说，都是严峻的挑战，在某种意义上说，能否处理好与私募的关系，合理约定双方的权利和义务，对每一家引入私募投资基金的健身经营企业来说，都是生死攸关的事情。

三、缺乏鼓励社会资本投资体育健身休闲市场的税费政策

从治理角度而言，虽然我国体育健身休闲市场发展速度非常快，但社会资本进入这样一个回报周期长的领域，还是需要政府的特别支持。为此，2014年国务院46号文确立了"提升体育产业对社会资本吸引力"的政策，然而就目前来看，我国在具体政策落实方面还没有找到很好的切入点，特别是税费方面的支持力度不够：

（一）适用税率较高，减税、免税条件严格

营改增之后，文化体育业一般纳税人适用的税率为6%，小规模纳税人则适用3%的税率，但是对于很多具有游艺性质的体育活动，以及跑马、高尔夫等运动，其实际适用的税率可能是17%的增值税税率；除了增值税之外，很多体育服务企业还需缴纳15%~25%的所得税、3%的城建税、数额不等的土地使用税、房产税等。虽然，2016年1月1日实施的《关于体育场馆房产税和城镇土地使用税政策的通知》（财税〔2015〕130号）对部分体育场馆实行房产税、城镇土地使用税免征政策，但对企业运营的大型体育场馆只是减半征收，小型体育场馆则要全额征收。而我国体育社会组织的经营性及接受捐赠的行为，其免税的条件也较为苛刻，对于投入较高的体育健身业来说，显然有可能让社会资本望而却步。

（二）财政资金支持的门槛过高

虽然我国有些地方设立了专门的扶持体育产业发展的专项资金，但考察扶持条件，普遍要求社会资本前期投入较大，经营状况良好，因此获准支持的以体育用品生产者居多。由于体育健身服务行业的特点，决定了健身经营者前期无须大额的投入，而且我国还有很多健身经营主体营利水平不高甚至亏损，因而甚少能够获得专项资金的支持。

四、部分市场主体缺乏获取社会资本能力

资本具有逐利性，部分体育健身休闲市场经营主体在经营策略、管理方式、人才方面存在较为严重问题，无法给予社会投资者应有的回报，严重制约了其获取社会资本的能力。经营策略方面，有些健身俱乐部看到我国体育健身市场无限潜力的同时，没有意识到其中所存在的风险，盲目扩大经营，野蛮扩张，追求短期的经营回报率，忽视俱乐部的内涵性建设，导致恶性竞争、经营亏损、服务质量下降等一系列问题，让社会资本望而却步。经营方式方面，我国大多数体育健身休闲市场经营主体同质化现象非常严重，运动项目相同、运营模式相同、服务理念相同、服务群体相同，难以满足人们对差异化、新颖性的需求，也无法满足不同群体的运动需求。这样的经营方式，使得市场经营主体所提供的体育健身服务替代性强，难以在市场竞争中立于不败之地，自然难以得到社会资金的青睐。在人才方面，体育健身休闲市场经营主体也面临着人才匮乏的局面，"健身教练存在整体低龄化、学历偏低、从业时间短、经验不足"[①] 的问

---

① 阮伟，钟秉枢. 中国体育产业发展报告（2013）[R]. 北京：社会科学文献出版社，2014：66.

题，而具备良好管理技能与社会资本运作技能的人才更是稀缺，这也阻碍了其对社会资本的吸引力。

第四节　社会资本影响体育健身休闲市场治理的案例分析

一、社会资本影响中体培力俱乐部治理分析

我们将社会投资的体育健身俱乐部界定为民间私人投资、民间私人经营、民间私人享受投资收益、民间私人承担经营风险的法人与非法人经济实体。特别的是，我们将中外合资、中外合作、外商独资、民间资本与国有资本合作而成立和经营的俱乐部也视为社会投资的健身俱乐部。中体培力健身俱乐部有限公司（以下简称中体培力）是一家引入国外与国内民间资本、借鉴国外治理经验，同时具有一定国企背景的中外合资健身企业，我们以其为社会投资体育健身俱乐部的典型案例，分析相关治理状况。

（一）案例

中体倍力由中体产业股份有限公司与美国倍力健身公司（BALLY TOTAL FITNESS）合作成立，定位为规模化、高档次、专业化的健身俱乐部，在管理上沿用美国 Bally Total Fitness 专业管理系统。中体倍力为了增强自身的盈利能力，不断拓展体育领域的经营范围，实行多元化的经营策略，除了提供健身服务外，还同时售卖一些体育用品。除了借鉴国外的经营管理经验，自 2004 年 8 月份开始，中体倍健在发展策略上采取了借力国内民间资本的形式，利用"特许加盟"的形式来发展自身，形成了具有自身特色的中体培力健身连锁俱乐部。加盟商装修设计风格上可以各有不同，但都采取标准化的管理及设备，以此来保证加盟商提供服务的品质和标准。正是这种加盟形式，让中体培力借助社会资本迅速地发展起来；截至 2013 年年底，中体倍力体育健身俱乐部在全国共有 40 家分店，初步形成了在全国的布局。但另外一方面，社会加盟商虽然沿用中体培力的品牌、中体培力的管理标准，但属于独立的法人，中体培力对其缺乏实质控制力。如果加盟商执行中体倍力治理标准出现偏差，或者损害消费者权益、伤害中体培力的品牌，中体培力往往缺乏有效制约手段。2011 年，就发生过加盟

商中体倍力健身俱乐部阳光100店毫无征兆关门，引发消费者群体维权的事件，严重损害了消费者权益与中体倍力的品牌。因此，随着中体培力的扩张，如何处理好总部与加盟商的关系，严格加盟商内部治理，成为中体倍力迫切需要解决的问题。

（二）案例评析

社会资本投资的民营体育健身俱乐部，在我国占据主导性的地位。中体培力是国家体育总局控股的上市公司中体产业股份有限公司和美国倍力公司建立的合资公司，虽然具有国有资本的背景，但品牌旗下的诸多健身房，也大量采取社会加盟店的形式，吸纳社会资本的投资。因此，从某个角度而言，我国体育健身休闲市场发展的关键，取决于能够吸引社会资本加大投资力度。

民间投资者"特许加盟"中体培力出现的问题表明，社会资本的逐利性，对体育健身俱乐部发展是一把双刃剑。就积极方面而言，社会资本本身具有的逐利性及由于市场竞争带来的压力，能够促进健身俱乐部不断地提高自身的治理水平，以适应市场竞争的需要。特别是一些大品牌的俱乐部，投资者为了获取竞争优势，取得更多利润，对外能够主动地拥抱互联网，顺应时代的潮流；对内则不断地提高财务管理、客户管理、教练管理等领域的治理水平，如中体培力甚至直接采用国外的俱乐部管理系统。就消极方面而言，社会资本的逐利性也会导致一些健身俱乐部在治理过程中忽略其社会责任，乃至违反法律规定。中体培力社会加盟店的社会投资者，由于需要尽快地收回投资，使得俱乐部将主要精力用于年卡销售方面，以期实现资金的快速回笼；而对于俱乐部的内部经营管理、客户的体验、健身群体的扩大等方面，反而有所忽略，这对俱乐部的长远发展造成了消极的影响。因此，我们在鼓励社会资本投资体育健身休闲市场，尊重投资者治理权利的同时，应当注意其由此带来的消极影响。

二、银行信贷对健身休闲市场治理影响的案例分析

（一）银行信贷案例

体育健身经营主体具有重服务轻资产的特点，缺少可以用以抵押的资产，因而难以获得银行的贷款。为了解决这个难题，有些地方体育行政部门主动出击，与银行协商，争取银行对本地体育产业的支持，比较典型的案例有两起，分别是宁波市体育局与中国银行宁波分行签订战略合作协议，以及青海省体育局与青海省农村信用社联合社开展信贷合作。

2013年，为了促进体育产业发展，解决宁波市体育类企业的贷款难、融资渠道狭窄的问题，宁波市体育局发挥自身的优势，在各方协调下，与中国银行宁波分行在宁波体育产业联合会成立大会上签订战略性的合作协议，约定在今后5年内，中行宁波分行将为宁波市内的体育企业提供50亿元的信贷支持，用来支持宁波体育服务、体育制造业的发展。中行宁波分行对于宁波体育企业的支持有三个方面。一是，借助银行多种多样的金融工具，为宁波特殊体育项目开发及体育设施建设提供保险、证券、投行类金融服务。二是，通过各种融资服务平台，为宁波市中小体育企业提供信贷融资服务。包括引入"淡马锡模式"，通过"信贷工厂"为年销售额1.5亿元以下的中小体育企业提供快速贷款；在无担保和抵押物情况下灵活处理，允许体育类中小企业采取小额保证保险贷款、专利权质押贷款、选择权贷款等贷款形式；利用中小企业"成长在线"网上融资平台为体育类企业服务。三是，宁波分行充分利用自身社会资源，特别是与风投基金、天使投资机构的合作，为体育中小企业的发展提供融资及其他类型的金融服务。[①]

2015年6月，青海省体育局与青海省农村信用社联合社为了响应国务院与青海省政府关于加快体育产业发展，促进体育消费方面的精神，签署了《绿色金融支持体育产业发展合作协议》，着力推动绿色金融与体育的融合，构建政府、金融机构、体育类企业的协调机制。根据协议的安排，青海省体育局与青海省农村信用社联合社的合作主要有以下两个方面：一是，在体育市场主体培育、体育产业投资融资平台建设、重点产业项目等方面开展业务合作；二是，信用社联合社为青海省内体育产业提供5亿元以上信贷支持。[②]

（二）银行信贷案例分析

针对体育健身休闲市场经营主体、体育社会组织等缺乏抵押物，获得贷款难度大的状况，由体育局牵头为体育企业的信贷牵线搭桥，解决体育类企业的信贷难问题，这不失为一种好的解决方案。但是，市场经济有着其规律，银行

---

① 林海.宁波体育局与中行合作 体育企业获50亿信贷支持［EB/OL］.中国宁波网，2013-08-04.
② 潘彬彬.青海：5亿信贷推动绿色金融和体育产业融合发展［EB/OL］.新华网，2015-06-25.

等信贷机构在向体育健身经营者发放贷款时,依然需要进行严格的审核①,尽力避免必要的风险,因而在缺乏抵押物的情况下,必然只有少数的体育健身经营者能够获得贷款;通常而言,体育健身休闲经营主体内部治理必须达到一定的要求,特别是信用、财务、经营管理方面没有重大的瑕疵,才可能获得贷款。因而,无论是中行宁波分行的贷款模式,还是甘肃的贷款模式,依然难以解决大多数体育健身休闲企业的贷款难问题。虽然宁波商业银行同意在没有抵押物的情况下,贷款的体育健身休闲类经营者可以通过保险等的形式,获得银行的小额贷款;但是,银行的利率,再加上保险金额,会造成贷款的成本非常的高,更会促使这些体育健身经营者追求挣快钱,无法执行长远的发展目标,这对体育健身企业内部治理造成消极影响。

三、风险类投资对健身休闲市场治理影响的案例分析

风险类投资是权益类投资的一种,根据投资的对象所处发展阶段的不同,一般可以分为天使投资(AI,Angel Investment)、风险投资(VC,Venture Capital)、私募股权投资(PE,Private Equity)三种投资类型,但这三者并没有明确的界限,在实践中经常相互渗透。随着我国体育健身休闲市场的高速发展,以及"互联网+体育"在我国的兴起,风险类投资正在迅速地渗透到健身休闲市场的每一个角落,对目标体育健身经营者治理产生重大影响,并通过其外部性深刻地影响到整个健身休闲市场的治理。

(一)天使投资案例及其对健身休闲市场治理影响分析

天使投资指个人或者天使投资基金(又称天使投资人)对于原创项目构思、小型初创企业的一次性前期权益投资,投资人承担由此带来的高风险与高收益,具有投资金额较小、创业者自由度大、天使投资人不参与公司内部治理、失败率极高等特点。天使投资是权益投资的初级阶段,主要帮助年轻公司得以迅速启动。但是,现在也有些天使投资机构的投资金额已经很大,已经难以区分其为天使投资或者风险投资。

---

① 《商业银行法》第三十五条规定,"商业银行贷款,应当对借款人的借款用途、偿还能力、还款方式等情况进行严格审查"。"商业银行贷款,应当实行审贷分离、分级审批的制度。"而依据《商业银行法》第三十六条,商业银行对外贷款应当严格审查借贷人的偿还能力,并应当要求提供担保;如果要想获得信用贷款,则必须进行严格的审查评估,被确认有偿还能力,才能获得贷款。

1. 天使投资案例

我国已经有很多天使投资体育健身休闲经营者的案例。"看台文化"是2013年9月在广州注册成立的初创企业，专注于业余足球领域，尝试改变我国业余足球现状，塑造业余足球生态圈。该公司的计划是通过与第三方合作、引入赞助资金、对业余联赛进行包装，以"球徒"这一产品汇集大量业余足球队，打造业余足球社区文化。2014年，公司引入天使投资300万元，对公司业务的开展以及产品的研发起到了很大的促进作用。① "我开始"是在线健身教学网站，主要通过在线推送健身视频，引导使用者利用零碎时间进行锻炼；该项目在没有找到非常好的盈利模式的情况下，获得了王利杰 Preangel 项目初期天使投资，但具体数目不详。② 顽石运动智能科技（北京）有限公司核心产品是一款传感器 eROCK，其功能是放置于篮球的气嘴，用以记录人们打球时的各项数据，如打球时的命中率、弧度、投篮速度等，并可通过语音对打球者进行实时建议；eROCK 在产品初期主要面向职业运动员、专业球队，以及刚开始学打篮球的儿童；现阶段，顽石运动智能科技（北京）有限公司获得了章明基先生的天使投资③。动网体育是专注于体育场馆在线预订服务及运动社交服务的手机APP，2014年获得了挚盈资本千万元的天使投资。

2. 天使投资案例分析

健身初创企业的天使阶段，通常成熟的商业模式还没有建立起来，天使投资资金主要用来构建团队，不断试错，将创意转化为成功的商业模式。为此，传统健身俱乐部发展与经营中，是不可能获得天使投资的，我国现阶段获得天使投资的健身休闲领域，绝大部分是在"体育+互联网"领域。天使投资的特点，以及健身初创企业的特点，决定了这一领域市场治理的独特性。

一是，更多尊重当事人的意思自治。虽然治理强调对权利的尊重，强调各方平等参与权利，然而分析上述的天使投资案例，基于大数法则选择初创健身企业的天使投资人，真正深入了解体育和互联网的并不多，不可能真正深入参与到企业的试错、经营决策当中。为此，只要不违背法律的强制性规定，都应

---

① 果子. 欲助力打造国内业余足球生态圈，体育类O2O公司看台文化获300万天使投资，推业余足球服务平台球徒 [EB/OL]. 36Kr, 2014-05-16.
② 刘艳艳. "我开始"：在线健身靠谱吗？[N]. 南方都市报，2012-07-09.
③ 金子. 两个技术宅做了一个智能篮球，要帮助你精准投三分，他们还获得了"姚之队"老大的天使投资 [EB/OL]. 禹唐体育，2016-01-28.

当允许当事人意思自治,尊重双方对于投资事宜的特殊约定。

二是,从治理角度而言,需要天使投资人与初创企业有良好的合作,充分利用各种治理规则与工具,合理地分配双方的权利义务。天使投资合约必须能较好地规范双方的权利义务,既给健身创业者以发展空间,又能够最大限度地保障天使投资人的合法权益。

三是,还应当从长远角度安排公司内部的治理结构。现阶段我国民众付费从事日常健身体育活动的习惯还没有普遍养成的情况下,很多处于初创阶段的体育健身经营者的盈利模式还在不断的探索过程中,天使投资为初创企业的发展提供了难得的发展机会的同时,也面临着极大的风险;而且事实也证明,大多数健身初创健身经营者最终会以失败而告终。为此,对于少数存活下来的健身经营项目,则需要在合法的前提下,合理安排其内部治理结构,避免企业发展到一定阶段后,出现不必要的股权纠纷。只有这样,才能促进天使投资人长远地发展,维护良好的健身创业环境。

四是,从宏观角度而言,天使投资对整个体育健身休闲市场治理也有着难以估量的影响。它通过促进初创健身企业的发展,动摇了传统健身休闲市场经营者的治理模式,倒逼它们改善服务,完善自身治理,从而将整个健身市场的治理水平提高到新的高度。

(二)私募投资案例及其对健身休闲市场治理影响案例分析

私募投资基金即私募股权投资基金,它通常通过对赌协议①,对公司内部治理与对外的业务发展产生重大影响。私募投资基金在我国企业社会融资中所占的份额并不多,但是在美国等发达国家,它却是高科技企业、新兴产业在发展初期的主要社会融资渠道之一。我国私募投资基金的投资标的是比较宽泛的②,但根据私募投资基金的实践及其角色定位,股权投资是私募基金的主要投资方向。体育领域,私募基金通过对中小微体育健身休闲经营者的股权投资,满足企业的资金需求,促进企业的快速成长与上市,最终实现超额回报。

---

① 在私募股权投资领域,对赌协议是指投资方与融资方达成融资协议,对未来不确定的情况进行约定。如果约定的情况出现,投资方可以行使约定的权利;如果约定的条件不出现,则可以行使另外的权利。对赌协议实际是一种期权形式。
② 根据我国《私募投资基金监督管理暂行办法》第二条第二款的规定,"私募基金财产的投资包括买卖股票、股权、债券、期货、期权、基金份额及投资合同约定的其他投资标的"。

1. 私募投资案例

现阶段，我国专门针对体育而设立的私募股权投资基金有 15 只①，基金规模超过 200 亿。这 15 只专门投资体育的私募股权投资基金是：新动金鼎体育基金、鸟巢乐视体育文化产业基金、浙江省体育产业基金、光大体育基金、动域资本、国旅联合—中和资本设立体育产业并购基金、君联资本文体基金、广东海外友好体育文化产业基金、雷曼凯洪体育文化基金、中体鼎新体育产业投资基金、探路者和同体育产业并购基金、北京智美红土体育文化产业基金、北京市体育发展投资基金、无锡双象智慧体育产业投资基金、北大青鸟中体基金。这些基金的成立时间大多并不长，最早的是 2013 年 1 月成立的中体鼎新体育产业投资基金，其他大多数基金成立于 2015 年。也就是说，我国专门投资体育的私募基金虽然起步比较晚，但是发展得比较快，对体育健身休闲市场发展的影响日益扩大。

从这些私募基金的规模来看，不同基金差异很大。鸟巢乐视体育文化产业基金、浙江省体育产业基金的规模达 50 亿元；还有一些基金的规模，如北京市体育发展投资基金、无锡双象智慧体育产业投资基金，其规模为 1 亿元。其他基金的规模为 1.55 亿到 30 亿不等，还有一些基金规模没有对外公布。基金规模的不同，决定了其内部治理与对外的投资策略均有不同。通常而言，规模较大的资金，选择项目较为谨慎，但投资的金额比较大，对目标公司内部治理的参与度也比较大；规模小的私募基金，选择投资项目的策略是多数量、少投资额度，对目标公司内部治理的参与力度比较小。

私募基金的投资策略与范围略有不同，但均包含体育健身休闲市场相关主体。新动金鼎体育基金主要用于对体育消费、体育旅游、体育信息化及相关大众体育服务行业的股权投资；鸟巢乐视体育文化产业基金主要投资于运动、跑步、足球、篮球、健身、瑜伽等，以及进行垂直化领域投资；光大体育基金投资的 11 家公司的行业分别是健康管理和减重、电竞、体育新材料设施、体育真人秀影视、健身器械、连锁健身房、赛事运营、俱乐部、体育青少年培训、可穿戴设备和体育场馆设计施工；另外，光大体育基金将以 10 亿元布局体育旅游和体育主题公园。还有的体育基金，如动域资本，具有投资阶段跨度大、投资

---

① 除了"新动金鼎体育基金"的资料外，本部分案例资源来源于"体育 BANK"微信公众号。体育 bank 团队.2015 总结系列丨体育文化产业基金共 14 只，总金额超 200 亿元[EB/OL].体育 BANK（微信公众号），2015－12－30.

范围比较广的特点。动域资本投资阶段覆盖早期、成长期至 Pro-IPO，也就是说，涵盖了投资的天使阶段、风险阶段与私募股权投资阶段；其投资范围囊括了"互联网+体育"、O2O 体育服务、智能设备、体育培训、场馆服务、赛事组织和媒体等体育产业细分领域，基金成立后 1 个月内，落实投资的项目达到 10 余个，覆盖智能硬件、体育 O2O、跑步和在线增值服务等热点领域。

部分私募具有清晰的退出渠道。新动金鼎体育基金规定所投资项目要及时退出：（1）对已经上市或已经在新三板挂牌的项目，基金在可流通之日起 12 个月内择机转让。（2）对未上市或未在新三板挂牌的项目，基金可通过实施回购、并购或转让的方式实现退出。但是，绝大多数体育基金并没有规定非常明确的退出渠道，通常等待目标公司上市后，再择机退出；但由此带来的风险也比较大，特别是以不成熟的体育健身服务商业模式为主营业务的公司为股权投资对象的体育基金，更是面临着高收益高风险的状况。

2. 私募股权投资案例分析

分析我国为数不多的 15 只专门投资体育的私募股权投资基金，可以发现它们在促进我国体育健身休闲市场治理与发展方面日益发挥重要的作用，具体表现为：

首先，私募股权投资基金有利于落实国务院 46 号文提到的政府与社会合办体育、支持体育企业上市的目标。虽然健身服务类企业重服务、轻资产，不像体育用品生产企业那样对资金的要求比较高；但是，要做大做强体育健身服务类企业，私募基金既为健身企业提供资金支持，也对于此类经营主体内部治理的完善起到促进作用。并且，为了获得更高额的回报，私募股权投资者也有足够的动力支持健身经营主体上市，这对于企业的发展有着重要意义。

其次，从我国私募投资目标、退出渠道来看，私募对于健身经营主体内部治理具有规范性作用。在我国，人才缺乏是健身经营主体的常态，大多数处于快速成长期的健身经营主体内部治理并不规范。体育私募为了保障自身的权益，在投入资金前，通常要求经营主体对内部经营管理进行理顺，并约定投入资金后将直接参与完善公司内部治理，使之达到上市的要求。这些举措有利于健身休闲经营主体规范管理、快速成长。

本章小结

体育健身休闲市场社会资本即依据国家法律的规定，投资于体育健身休闲市场，具有一定逐利性的非本国政府性资金。社会资本投资体育健身休闲市场，有利于社会主体分担政府的市场治理角色，有利于营造公平合理的市场治理环境、优化市场资源的配置，有利于促进体育健身休闲市场发展。体育健身休闲市场投资者通过行使所有者权益、影响资金投向、利用金融体系的监督管理制度等，促进市场规范化发展，增强市场主体的竞争力。当前，我国社会资本影响体育健身休闲市场治理存在的问题，具体包括体育健身休闲市场各类融资工具发展滞后、风险类投资具有诸多局限性、缺乏鼓励社会资本投资体育健身休闲市场的税费政策、部分市场主体缺乏获取社会资本的能力等方面。

  本章还分析了中体培力健身俱乐部、银行信贷、风险类投资等涉及社会资本投资体育健身休闲市场的案例。

第四章

体育健身休闲市场社会治理能力建设

借鉴"国家治理能力"的界定①,我们将"社会治理能力"界定为社会主体参与治理国家与社会公共事务能力的综合系统,包含社会治理技术、社会治理体系、社会治理观念、社会主体自我治理情况等多方面构成要素。具体到体育健身休闲市场社会治理能力建设,是指政府、社会等主体采取一定的措施,使得社会主体参与体育健身休闲市场治理过程中的治理技术、治理体系、治理观念、自我治理等能力构成要素符合时代发展潮流,满足现实治理的需要。社会主体的治理能力建设问题是体育健身休闲市场社会治理机制的重要方面;这是因为,完善的制度安排,仅为社会主体参与体育健身休闲市场社会治理提供可能性;而能否真正实现社会参与治理的预期目标,还与社会主体自身的治理能力有着密切的联系。治理能力是一种系统性、综合性的能力,涉及诸多方面的问题,我们有必要对这些问题进行逐一探讨。

第一节 社会治理能力建设的依据及其必要性

一、体育健身休闲市场社会治理能力建设的依据

体育健身休闲市场社会治理能力现代化是一个体系性问题,涉及多方因素,

---

① 蔡文成,赵洪良. 国家治理能力现代化研究述评 [J]. 中共山西省委党校学报,2015,38(3):68-74. 将"国家治理能力"界定为"各种具体能力要素之间的关系结构的优化整合,是各种能力要素之间形成的结构合理安排,是国家能力的综合实现形式"。

因而总体而言，相应的规范性文件也是非常的分散。具体影响体育健身休闲市场社会治理能力建设的文件，主要包括以下的一些内容。

（一）党的政策与中央政府颁布的规范性文件

1. 党的政策是体育健身休闲市场社会治理能力建设的依据

中共中央《关于全面深化改革若干重大问题的决定》以下简称《决定》规定了我国推进国家治理能力现代化的内容，指出我国"全面深化改革的总目标是完善和发展中国特色社会主义制度，推进国家治理体系和治理能力现代化"；社会主体治理能力建设，从总体而言是属于国家治理能力现代化的一部分，因而十八届三中全会通过的《决定》，是我国推进社会主体治理能力建设的纲领性依据。另外，十八届三中全会通过的《决定》还包含了政府向社会购买公共服务，充分发挥社会主体力量，将社会能办的事情回归社会办的内容；这就意味着，社会主体承接政府购买体育健身休闲服务的内容，有必要首先加强其社会主体自身的建设。

2. 国务院及部委制定了许多涉及社会主体治理能力建设的规范性文件

这些规范性文件涉及的内容主要有：

一是，规定了通过税费的减免来增强体育健身休闲市场社会主体治理能力的内容，如《关于非营利组织免税资格认定管理有关问题的通知》（财税〔2014〕13号）、《关于公益性捐赠税前扣除有关问题的通知》（财税字〔2008〕160号）、《全国性社会团体公益性捐赠税前扣除资格初审暂行办法》（民发〔2011〕81号）、《关于调整社会团体会费政策等有关问题的通知》（民发〔2003〕95号）等。

二是，有些规范性文件内容涉及通过政府购买服务、转移职能来促进体育健身休闲市场社会主体治理能力的增强，具体如《关于政府向社会力量购买服务的指导意见》（国办发〔2013〕96号）、《关于促进健康服务业发展的若干意见》（国发〔2013〕40号）、《关于加快发展体育产业促进体育消费的若干意见》（国发〔2014〕46号）等。

三是，还有一些国务院或者其部委制定的规范性文件，通过规定一系列促进、扶持体育社会组织发展的措施，来增强其参与体育健身休闲市场治理的能力。这些促进、扶持的措施，包括业务上的指导、经费上的支持、协助社会组织完善内部组织治理体系、简化日常管理手续、加强必要的监督管理、引导其进行社会服务等方面。这些规范性文件非常多，具体如《民政部关于加强和改进社会组织教育培训工作的指导意见》(民发〔2015〕206号)、《关于行业协会商会脱钩有关经费支持方式改革的通知（试行）》(财建〔2015〕788号)、《关于做好行业协会商会承接政府购买服务工作有关问题的通知（试行）》(财综〔2015〕73号)、《关于推进行业协会商会诚信自律建设工作的意见》(民发〔2014〕225号)等。

上述这三种类型的规范性文件，从不同的维度促进社会主体的发展，为增强其参与体育健身休闲市场治理的能力奠定基础。

（二）地方有立法权的机关颁布的规范性文件

地方性立法中，有很多条文涉及促进体育社会组织发展，增强体育社会组织治理能力的内容。如广东省近年的立法中，《关于进一步培育发展和规范管理社会组织的方案》（粤发〔2012〕7号）、《广东省民政厅关于进一步促进公益服务类社会组织发展的若干规定》①（粤民民〔2013〕111号）等规范性文件都有内容提到，县级以上的民政部门作为公益类社会组织的监督指导部门，相关部门作为业务指导部门（体育类社会组织的业务指导部门是体育局），要采取积极措施促进体育文化类社会组织的发展，充分发挥它们为社会提供公共服务的功能。

市场经营主体的发展，对于其治理能力的提高有着重要的作用。体育健身休闲市场经营主体不仅是承接政府职能转移、为社会提供体育服务的主体，还是参与市场治理的核心社会主体；我国很多地方立法中，都有促进体育健身休闲市场经营主体发展的内容。相关的规范性文件如《广东省高危险性体

---

① 根据《广东省民政厅关于进一步促进公益服务类社会组织发展的若干规定》（粤民民〔2013〕111号）第三条的规定，支持社会组织的措施包括：（一）通过提出建议、发布信息、制定导向性政策等方式对公益服务类社会组织进行指导；（二）对公益服务类社会组织的业务工作进行指导；（三）通过资金扶持、转移职能、购买服务等方式支持公益服务类社会组织发展；（四）协助登记管理机关及其他有关部门查处公益服务类社会组织的违法违规行为；（五）其他应由业务指导单位履行的职责。除了这些支持措施之外，还有一些其他的支持措施，包括建立孵化中心、税收优惠、建立和完善政府购买服务等。具体的，该法第十四条规定："建立社会组织孵化培育中心，应把公益服务类社会组织列入重点培育扶持对象，各级财政予以一定资金支持，并建立激励机制，重点扶持一批具有示范导向作用的公益服务类社会组织。"第十五条规定："保障公益服务类社会组织依法享受税收优惠政策，引导民间力量和社会资源支持公益服务类社会组织发展。"第十六条："建立和完善政府购买服务机制，采取项目招标或政府承担、合同管理、评估兑现的契约方式，根据公益服务类社会组织提供服务的数量和质量，通过政府购买服务的方式，加大孵化培育力度。"

育项目经营活动管理规定（2014年修正）》《苏州市体育经营活动管理条例（2011年修正）》《抚顺市体育市场管理条例（2010年修正）》《无锡市体育经营活动管理条例》等。这些规范性文件，对于促进体育健身休闲市场繁荣，维护经营主体合法权益，促进其规范性发展有着重要的意义。市场经营主体的发展，使得其具备更好地承接政府职能转移、承接政府购买体育健身服务的能力，并在市场政策的制定中获得更大的话语权，这对于转变体育行政机构职能有着重要的意义。

二、体育健身休闲市场社会治理能力建设的必要性

（一）治理能力建设是社会主体发挥自身在治理中作用的前提条件

在当前条件下，社会主体参与市场治理、承担起一定职能的法律、政策障碍已经消失，而且事实上政府还鼓励社会主体在市场治理中承担起一定的职能；然而，这提供的仅仅是参与体育健身休闲市场治理的可能性，而不是参与现实治理的必然性。在中国长久的政治传统中，社会并不发达，公民社会的发育也不健全，社会主体参与体育健身休闲市场治理的知识、经验均有不足。因此，在这样的背景下，有必要采取措施推进社会主体治理能力的建设，这是社会主体发挥治理职能的前提条件；否则，法律与政策赋予社会主体参与体育健身休闲市场治理的权利仅为应然权利，而不是实然权利。

（二）治理能力建设是克服社会主体治理失败的必然要求

虽然，社会参与体育健身休闲市场治理的重要目的，在于弥补政府与市场治理的不足，匡正政府与市场治理的失败；然而，社会主体对体育健身休闲市场治理同样也存在失败的可能。社会主体治理的失败，表现为社会服务于体育健身休闲市场发展的能力下降，无法为社会公众提供合适的体育服务产品。要克服社会主体治理失败，除了需要与政府治理、市场治理密切配合，相互协作之外，社会主体还需要不断地对自身的治理能力进行建设，实现自身治理能力的现代化。

（三）治理能力建设是社会主体弥补市场与政府治理缺陷的必然要求

对于体育健身休闲市场而言，仅有政府的治理是不足的，政府治理能力即使再强，也难免会出现治理失败。无法为社会提供足够体育服务的情况；而市场自发的治理也有盲目、自发、滞后等的特点，同样会存在失败的情况。体育社会组织、体育市场经营主体等社会主体对于良好的市场治理而言都是不可或缺的，能很好地弥补市场与政府治理存在的问题。因此，为了更好地发挥社会主体在体育健身休闲市场社会治理中的职能，处理好与政府、其他市场治理主体之间的关系，促进公民体育权利的实现，有必要加强社会主体在体育健身休闲市场治理中的能力建设。

（四）加强自身能力建设也是社会主体承接政府治理职能转移的必然要求

根据治理理论，政府应当注重与社会、公民之间的平等、合作关系，将社会能办的事情交由社会来办。"社会形势与时代潮流的变化提醒我们，一个强加于人、凌驾于社会之上、能够实现发展的国家的形象正在消失，取而代之的是采取一种更加客观的理念来审视公共行动、统合各种社会力量的条件。"① 因此，我国政府对于体育健身休闲市场的治理，有必要由过去政府强势主导治理的模式，转变为加强与社会力量合作、统合各种社会力量为体育健身休闲市场提供服务的治理模式，并在此过程中实现自身向服务型政府回归与转型。政府转型过程中，大量体育健身休闲市场治理的职能向社会转移，社会力量是政府职能承接的主要主体；为了让社会力量具备相应的承接能力，有必要加强社会力量参与体育健身休闲市场治理能力的建设。特别是对于我国而言，长期以来强政府、轻社会，社会力量及公民社会的建设滞后，在面对政府职能大规模转移的背景下，更是需要加强社会力量治理能力的建设，实现治理能力的现代化。

第二节 体育健身休闲市场社会治理能力建设的内容

要深入地了解体育健身休闲市场社会治理能力建设的内容，有必要对其组成要素进行科学的分析，并了解不同组成要素之间的运行机制。基于能力构成的角度，体育健身休闲市场社会治理能力现代化，包含社会主体治理技术现代化建设，社会治理体系现代化建设，治理观念现代化建设，社会自我治理能力现代化建设等诸多方面。

---

① 张小劲，于晓虹. 推进国家治理体系和治理能力现代化［M］. 北京：人民出版社，2014：183.

一、治理技术现代化建设

从体育健身休闲市场社会治理能力建设的角度来看，治理技术融合了治理的绩效追求与治理的过程追求两个层面的内涵，它们都是治理能力的具体体现。从治理绩效的追求来看，无论是基于制度潜在能力的调动，还是社会主体参与市场治理主观能动性的发挥，都无法回避治理技术的问题。从社会主体参与治理过程来看，治理中的制度安排、立法技术运用、具体操作等，也都无法回避治理技术问题。

治理技术本身有着不同的形态，具体可以将其划分为科技型治理技术、规则型治理技术、行为型治理技术三种技术形态[①]；据此，社会主体的治理技术现代化又可以分为具体每一种技术类型的现代化。

首先，科技型治理技术现代化，其核心是社会主体参与体育健身休闲市场治理过程中，试图通过科学技术的运用来优化治理过程、解决治理难题，为治理制度的设计争取更大的空间，促进治理目标的实现。近代以来的科学技术革命已经证明，科学技术对人们的生活及社会发展形态有着非常巨大的形塑能力[②]；对体育健身休闲市场而言，科学技术深刻地塑造着社会治理的本身，当前最典型的莫过于现代信息技术已经广泛纳入科技型治理技术范畴，为社会主体参与治理提供技术手段的支持。这些科学技术的应用，已经深刻地影响着体育健身休闲市场社会治理的具体形态。因此，社会力量参与体育健身休闲市场治理的过程中，有必要评估科学技术的影响，积极地引入科技型治理技术，特别是现代信息技术，将其作为一种重要的技术资源予以应用。

其次，规则型技术的现代化，是指通过完善微观的制度与程序设计，消解不同政策、制度之间的冲突与不同治理主体之间的矛盾，使这些政策与制度具有良好的可操作性，从而促进社会主体参与治理目标的实现。涉及体育健身休闲市场社会治理的制度、政策中，有些制度与政策比较粗糙、操作性差，甚至不同制度、政策之间存在相互矛盾冲突的内容，这就需要通过对制度的细化与程序的设计，来减少乃至消除这种冲突，从而实现制度、政策与实践的平顺衔

---

① 张小劲，于晓虹. 推进国家治理体系和治理能力现代化［M］. 北京：人民出版社，2014：204.

② ［美］安德鲁·芬伯格. 可选择的现代性［M］. 陆俊，严耕，译，北京：中国社会科学出版社，2003：12.

接。现实中，规则型技术在体育健身休闲市场社会治理中能发挥重要的作用。譬如，社会主体参与体育健身休闲市场治理是一个基本的原则，具体而言，社会主体参与的形式是多种多样的，参与治理的领域也各有不同。政府有必要制定具体的规则，为体育社会组织、市场经营主体的参与提供具体的指引，促进原则落实到具体的实践中。在我国很多地方推行的市场准入"清单式管理"中，没有列入禁止准入清单的体育健身休闲项目，将视为允许准入，政府不得禁止。这实际是政府通过法律程序来保障社会主体参与体育健身休闲市场的权利，是通过规则型治理技术促进治理目标实现的典型。

最后，行为型治理技术现代化，是指社会治理主体参与治理的操作技术及具体的实践技能，能跟上时代潮流，有利于治理目标的实现。社会主体参与体育健身休闲市场治理，不仅需要制度保障、技术保障，还需要主体自身具备良好的操作与实践能力。以广州市开通"群体通"为例，发挥这一技术平台的作用，需要体育参与者具备相应的现代信息技能，如操作电脑、智能手机的能力，网上支付的能力等方面。社会主体参与到政府购买公共体育服务，以及具体政策与法律制度制定过程中，也需要这些主体具备良好的获取信息的技能、公民意识与法律知识，否则他们将缺乏相应的参与能力。为了实现有序、理性的市场治理参与，社会主体有必要接受相应的技能教育、操作训练，这实际是行为型治理技术现代化的过程。

二、治理体系现代化建设

我们可以参照国家治理体系的界定，对体育健身休闲市场社会治理体系进行界定。"国家治理体系是在党领导下管理国家的制度体系，包括经济、政治等各领域体制机制、法律法规安排，也就是一整套紧密相连、相互协调的国家制度"[1]；据此，我们可以将社会治理体系定义为"规范社会力量参与体育健身休闲市场治理的体制机制、法律法规，它是一整套相互联系，相互协调的制度体系。具体而言，它可以包括社会治理的支持体系、社会治理的评估体系、社会治理的规划体系等子系统"。社会治理体系现代化，是指规范体育健身休闲市场社会治理而形成的制度体系符合实践的需要，有利于促进体育健身休闲市场的发展与公民体育权利的实现。

---

[1] 习近平. 完善和发展中国特色社会主义制度 推进国家治理体系和治理能力现代化[N]. 人民日报，2014-02-18（1）.

体育健身休闲市场社会治理体系与治理能力之间有着密切的内在联系。社会力量参与体育健身休闲市场治理过程中，只有良好的社会治理体系，才能有良好的社会治理能力；反之，只有社会治理能力的现代化，才能发挥社会治理体系应有的效能，两者是结构与功能、软件与硬件之间的关系。其中，社会参与治理所形成的体系是结构、是硬件，社会的治理能力则体现了结构的功能，是让硬件发挥作用的软件。"治理体系的现代化具有质的规定性，是治理结构的转型，是体制性'硬件'的更换，只有实现了治理体系的现代化，才能培养治理能力的现代化。"① 为此，只有通过完善体育健身休闲市场社会治理的制度体系，明确社会力量在市场治理中的权利、义务，协调好不同社会主体之间、社会主体与政府之间、社会主体与治理客体之间的关系，保障它们的合法权益，才有可能使得这些制度体系的功能得以充分地发挥，才有可能提高社会主体在体育健身休闲市场中的治理能力。

三、社会主体治理观念建设

体育健身休闲市场社会治理观念现代化，包括参与治理观念现代化、自身发展观念现代化、服务观念现代化三个方面，它们是社会治理能力现代化的核心组成部分。社会主体治理观念建设，应当围绕这三个方面进行。

首先，参与治理观念现代化。它是指社会主体参与健身休闲市场治理的过程中，改变过去被动的思维，主动与政府合作治理，加强沟通与协调。随着我国公民社会的发展，国家治理理念的改变，社会将在体育健身休闲市场治理过程中发挥更大的作用，社会主体自身有必要改变以往从属的观念，主动去承担市场治理职能。

其次，社会主体自身发展观念现代化。我国体育社会组织的发展，过去一直依附于主管部门，有些体育社会组织的人员属于主管行政部门的编制，经费由主管行政部门划拨，是"打着社会名义的行政组织"，自身缺乏独立的生存能力。虽然，根据中共中央办公厅、国务院办公厅印发的《行业协会商会与行政机关脱钩总体方案》，以及民政部门、财政部门、体育行政部门的相关文件，2017年年底之前我国体育行政部门将与行业商会、协会等体育社会组织脱钩，体育社会组织的机构、职能、财产都将与原来的业务主管部门分离；然而，体

---

① 高小平. 国家治理体系与治理能力现代化的实现路径 [J]. 中国行政管理，2014 (1)：9.

育社会组织与业务主管部门由"身离到神离",摆脱依附观念,实现真正的独立还任重道远。为此,体育社会组织有必要在理念上,将过去向行政部门要资源,转变为向社会要资源;通过自身的经营、募集资金的行为等,为自己生存与服务社会创造条件。另外,我国体育健身休闲市场经营主体也需要更新发展观念,加强与政府合作,除了向市场要发展机会之外,也要向政府要发展机会,密切配合政府购买公共体育服务计划,在为社会提供更多的体育健身休闲服务产品的同时,实现自身的超越式发展。

最后,服务观念现代化。在体育社会组织与业务主管部门关系密切时期,我国很多体育社会组织服务的对象不是社会公众而是政府,体育社会组织主要是协助政府实现其目标。随着我国政府简政放权,社会主体将承担起越来越多的提供公共体育服务的职能;为此,有必要转变体育社会组织的服务观念,构建自身的公共服务精神,将自身的立足点、出发点与生长点放在服务公众方面。而体育健身休闲市场经营主体也需要转变服务理念,加强企业社会责任建设,致力于实现自身长远、可持续发展。另外,针对我国体育社会组织等社会主体在社会公信力上还无法与政府相抗衡的现状,社会主体有必要采取相应的措施加强自身的公信力建设。

四、社会主体自我治理能力建设

自我治理,是指社会主体根据体育健身休闲市场治理的需要,主动地调整自身的意识、行为、内部结构的行为。社会主体在参与体育健身休闲市场治理的过程中,除了需要制度的安排与治理技术的支持外,社会主体自身也要不断完善自身的治理。对政府而言,完善自身的治理意味着要简政放权、履行好自身的服务职能;对于健身经营主体而言,完善自身的治理意味着要不断地提高自身的经营管理水平,为顾客提供高质量的健身休闲服务;对于体育社会组织而言,完善自身的治理,意味着要不断完善自身的内部结构,增强自身获取资源、服务社会的能力;对于社会公众而言,完善自身治理,意味着要主动提高参与市场治理的意识与能力。

从哲学的角度而言,内部因素决定着事物的发展方向,而外部因素对事物发展会产生一定的影响;社会主体作为治理主体,其自身的素质如何,是否具有不断调整自身以适应体育健身休闲市场治理需要的能力,所有这些都是内因,对治理能力具有决定性的作用;而治理技术、制度安排等因素作为外因，对社会治理能力仅其影响作用而言。因此，从这个层面而言，社会主体自我治理能力能否与时俱进，将从根本上决定着体育健身休闲市场社会治理能力。

第三节 体育健身休闲市场社会治理能力建设存在的问题

一、先进治理技术的应用无法满足现实需要

体育健身休闲市场社会参与治理的过程中，治理技术的应用是社会主体治理能力的具体体现，在某些层面上甚至会决定治理的成功与否。当前，我国健身休闲市场社会治理中，在治理技术应用方面存在的问题，主要有以下几方面。

（一）科技型治理技术应用区域不平衡

我国中东部经济相对发达地区、大中城市，"互联网+"技术为代表的科技型治理技术已经广泛地应用到体育健身休闲市场治理当中。在这些地区，通过网站、微信平台、手机APP等科技型治理技术，政府可以便捷地征询民意、发布体育信息、进行体育立法等相关事项的沟通、为公众提供体育预订服务等；健身市场经营主体的信息平台建设也相对普遍。所有的这些都为社会主体对治理的参与提供了非常便捷的渠道。但是，对于中西部经济欠发达地区，体育健身休闲市场治理中对于信息技术的应用还任重道远。其主要原因倒不是技术问题，而主要是人才缺乏、经济投入有限，难以承担起相关技术平台的建设、维护的费用。

（二）规则型治理技术不完善

规则型治理技术是指与落实具体制度相关的微观规定与程序设计。科学、符合实际的规则型治理技术的应用，能够极大提高健身休闲市场社会主体治理能力。然而，我国立法原则性强，落实这些原则性规定的规则型治理技术并不完善，难以为主体参与体育健身休闲市场治理提供足够的保障；而即使是已经制定规则型治理技术，但很多技术稳定性较差、随意性强，难以为社会主体参与健身休闲市场治理提供稳定的预期。

(三) 行为型治理技术发展滞后

行为型治理技术可以体现为操作技术与实践技能，与社会公众参与健身休闲市场治理能力密切相关。当前，我国在体育健身休闲市场治理技术领域面临的最大问题，是行为型技术无法满足治理实践的需要。社会主体治理能力的提高，除了要关注制度体系，以及具体科技的应用之外，社会主体自身所起的作用才是最关键的。也就是说，社会主体的意识观念、执行能力、管理经验、知识水平、自我治理的能力等，会决定制度是否能够得到执行，科技是否能够得到应用。我国虽然有社会组织孵化器对社会组织进行专门的培训，增强其服务社会的能力，但就体育健身休闲市场社会治理而言，我国还缺乏对社会主体进行培训的政策与计划，严重地妨碍了社会主体治理能力的提高。特别是我国很多社会主体缺乏必要的民主熏陶，治理经验、服务社会的经验、参与政府购买公共体育服务经验等都有所缺失。为此，有必要加强社会主体的培训，才有可能提高它们的参与市场治理的能力。

二、社会主体参与市场治理体系不完善

治理体系与治理能力有着密切的联系；治理体系从制度层面为社会主体治理能力提供保障，治理能力则是将具体的治理制度、治理体系落实的能力。当前我国体育健身休闲市场社会治理体系存在的问题，体现为具体规范层面、评估体系层面的不完善，一定程度上制约了社会主体治理能力的发挥。

(一) 从制度层面来看，我国顶层制度设计与具体落实规范还存在很大的差距

我国顶层制度设计已经有了较好的党的政策、国务院的文件，可以为社会参与体育健身休闲市场治理提供好的依据。国务院关于促进体育消费、促进体育产业发展的一系列文件，以及国务院关于政府职能转移、简政放权、清单管理的文件，都从宏观上为社会主体参与体育健身休闲市场治理奠定了制度性的基础。如果再看我国《体育法》、地方性法规、各地体育行政部门所颁布的涉及社会力量参与体育健身休闲市场治理的规范，会发现顶层制度设计还缺乏操作性强的配套落实规定，顶层制度设计层面的很多内容，只是停留在文件层面，没有办法真正落到实处。由此导致的后果，是社会主体参与市场治理面临着无法可依、政府部门随意性强的局面，严重制约了社会主体参与治理的能力。

(二) 缺乏对体育健身休闲市场社会治理的评估体系

体育健身休闲市场社会治理评估,是指人们为了了解社会主体参与体育健身休闲市场治理的过程、效果等情况,依据特定的评估指标体系对治理状况进行判断。要提高社会力量参与体育健身休闲市场治理能力,有必要对治理过程进行不断的反馈和改进。治理过程中,究竟效果如何?有哪些方面需要改进?如何改进?现阶段社会主体参与健身市场治理的能力如何?所有的这些都需要通过评估才能获得相应的结论。"只有通过治理评估,才可以发现治理的现实状态与理想状态的差距,明确治理改革的方向。"① 特别是在当前社会力量参与体育健身休闲市场治理还处于起步阶段的情况下,有必要通过评估来促进治理的进步,最终实现"善治"。当前,我国少量的评估举措零星分散,难以为健身休闲市场社会主体治理能力的提高提供有效支持②。具体而言,体育健身休闲市场社会治理评估领域存在的问题,主要有:

一是,评估人才、评估意识缺失,无法为评估的广泛开展提供足够的支持。治理评估需要懂体育、懂治理、具有经济学知识,并具有管理实践经验的复合型人才,我国还缺乏这样的研究与教育机构,致使能够从事体育健身休闲市场社会治理评估的专业人才非常少。而无论是体育行政部门、体育社会组织、社会公众,还是市场经营主体,它们对社会主体参与体育健身休闲市场治理评估的意义还缺乏足够的认识,也就不可能采取具体的行动支持社会治理评估的开展。

二是,缺少具有针对性的治理评估指标体系。以迫切需要具有针对性评估指标体系指引的体育社会组织为例,虽然根据《社会团体登记管理条例》(国务院令第250号),登记管理机关要对社会团体进行年检;民政部民间组织管理局也会对民政部主管社会组织进行审计检查,民办非企业组织、基金会等也有其相应的监督制约措施。但这些宏观评估指标针对的是所有的社会组织,没有体现出体育的特殊性。要真正落实对体育社会组织参与体育健身休闲市场治理的宏观性评估,有必要"量身定制"反映体育健身休闲市场特色的标准体系,但我国在这方面还没有进行相应的探讨。

---

① 俞可平. 国家治理评估——中国与世界[M]. 北京:中央编译出版社,2009:4.
② 譬如,在设立"体育专项资金"的地区,在资金的使用上,如果有治理评估体系,政府则可以依据治理评估的结果,作为对市场主体、体育社会组织实施资助的依据。

三、社会主体自我治理能力有待提高

（一）缺乏主动参与健身休闲市场治理的观念

社会主体参与体育健身休闲市场治理的能力，与自身定位、发展观念、服务观念有着密切的联系。长期以来，我国体育社会组织、体育健身市场经营者、社会公众等，已经习惯我国强政府、弱社会的现状，在参与市场治理过程中多将自身定位于被动、配合的位置，这种观念与现代的治理需求格格不入。十八大以来，我国在顶层制度设计上已经做出了调整，政府简政放权、职能转移，要充分发挥社会力量在治理中的作用。然而对于社会主体而言，改变过去依附体育行政组织、消极被动参与市场治理的观念，确立独立自主、积极主动参与到体育健身休闲市场治理中来的观念，非一朝一夕可以达到，既需要法律的保驾护航，也需要政府、社会各方面的共同努力。

（二）很多社会主体自我治理能力不佳

一是，很多体育社会组织都是成立不久，没有运作经验的组织，内部人才、资金、知识资源都非常匮乏，缺乏不断调适与发展的能力，无法满足时代发展的需要；而即使有一些成立时间较长的体育社会组织，由于长期以来挂靠体育行政组织，因而在内部治理方面也难以跟上时代的潮流，角色定位、组织架构、思维习惯、处理问题的方式上有着非常浓厚的行政色彩。

二是，体育健身休闲市场经营主体的内部治理也面临着诸多挑战。以我国体育健身俱乐部为例，近几年健身俱乐部快速发展，但整体的经营状况不佳，根据《2015—2020年中国健身行业调研及未来趋势报告》的数据，2013年我国健身俱乐部在快速增长的同时，80%的俱乐部处于仅能维持或者亏损的状态。出现这种状况，与我国体育健身俱乐部长期以来粗放式发展，不注重内涵建设有着密切的联系。总体而言，我国健身经营主体内部治理面临的问题，主要表现为具有现代经营管理知识技能的人才缺乏、资金紧张、经营观念比较落后，难以有效应对金融时代、互联网时代带来的挑战。

三是，我国社会公众参与健身休闲市场治理的意识与能力还有所欠缺，公共体育设施的建设、运营，各地体育节的举办基本由体育行政部门主导，社会公众的总体参与度并不高。并且，大多数社会公众不隶属于任何组织，难以形成必要的合力参与到体育健身休闲市场的治理当中。

四、对互联网健身产品的治理能力不足

互联网健身产品作为新兴产品,在促进体育健身休闲行业发展的同时,还导致整个行业原有治理模式的洗牌,对市场治理主体的治理能力提出了严峻的挑战。现阶段,社会主体在应对互联网健身产品治理方面存在的主要问题,主要表现在以下几个方面。

(一)社会主体还缺乏统合各方资源,制定互联网健身产品标准的能力

很多互联网健身产品集健身、电视、互联网、社交、身体监测等相关功能于一身,属于典型的跨界产品,具有较高的创新性。但也正因为这些产品处于初始的发展阶段,因而缺乏相应的国家标准、行业标准;特别是规模相对较大的互联网健身设备生产企业,它们各自为政、自立标准,形成了标准壁垒,影响了不同设备的互联互通及用户的体验,也容易造成社会资源的浪费。政府职能转移、简政放权,意味着体育社会组织、健身休闲经营主体等应担当起制定相应标准、规范市场治理的责任,但从目前的情况来看,我国与互联网健身产品相关的社会主体还缺乏相应的能力。

(二)社会主体内部缺乏化解O2O类健身平台与传统健身经营者冲突的能力

"小熊快跑""燃健身"之类融合互联网技术的健身平台的出现,对以往健身产业经营模式产生颠覆性的影响,很多以销售年卡为主要收入来源的健身俱乐部,由于O2O健身方式的流行而导致收入锐减,面临前所未有的生存压力。由此带来的后果,是O2O类健身平台与以俱乐部为代表的经营者之间矛盾激化,甚至发生相互抵制的现象。这对双方的发展都造成了不良的影响。很显然,出现上述问题,与体育行政部门、体育社会组织、相关经营主体矛盾化解能力不足有着密切的关系。

(三)健身经营主体缺乏应对互联网产品发展中所出现的法律问题的能力

一是,我国还有一些互联网健身产品,主要是通过网站、手机APP向用户推送健身视频。这类互联网健身产品最大的隐忧,是所用视频没有得到版权人的许可,存在侵犯他人知识产权的法律风险。二是,根据我国知识产权法及我国所加入的关于知识产权保护的国际公约,计算机软件也属于知识产权保护的范畴,但纵观现阶段我国互联网健身产品,大多数没有申请相应的版权保护,

容易受到侵权。如果上述法律问题得不到解决，将直接影响到互联网健身产品的长远发展。

第四节 体育健身休闲市场社会治理能力建设案例分析

一、体育健身休闲市场政府治理能力建设案例分析

政府在参与治理过程中，广泛地使用以互联网技术为代表的科技型治理技术来增强自身的治理能力。我国很多体育行政部门，如广州体育局、常州体育局、湖北省体育局都分别打造了沟通俱乐部、体育场馆与社会公众的移动客户端，个人只要下载手机 APP，就可以在其平台上获取俱乐部信息、运动场馆信息等，并且可以通过这个客户端以优惠的价格购买服务。以湖北体育局开发的"去运动"APP 为例，这个服务平台几乎将全省所有的民间体育资源、国有的体育资源囊括在内，人们只需要下载手机客户端，就可以在上面查询到相关的信息并进行预订与付款。这极大地方便了俱乐部的管理，也有利于俱乐部根据具体情况进行业务安排。常州市政府购买群众体育服务过程中，利用现代网络信息技术，在网上广泛征求社会公众意见，"群众点菜、政府买单"，政府根据群众的反馈来决定购买的体育服务内容。广州市体育局推出由全民健身网站、手机 APP、微信公众号"三位一体"组成的全民健身公共服务公益平台"群体通"，它是"国内首创的场馆预订官方服务平台"，将体育场馆信息、赛事消息、场地预订服务等 20 多项的信息发布于该信息平台上，社会公众可以通过电脑或者智能手机 APP 访问"群体通"，便捷地进行场馆开放信息查询、场地（门票）网上预订、活动赛事报名、电子地图查询、体质健康管理等。

政府通过微观规则的制定，运用规则型治理技术，也有助于增强自身的治理能力。为了落实学校体育设施向社会开放的目标，广东省教育厅、体育局制定了《关于开展广东省学校体育场馆向社会开放示范单位创建活动的通知》（粤教体函〔2015〕126 号）。根据这个通知的要求，广东省教育厅于 2016 年 2 月 23 日向社会公布了全省 220 所学校体育设施向社会开放示范单位，并且要求这些单位公休日、法定节假日、寒暑假等每天开放的时间不得少于 6 小时，每个示范单位享受每年 10 万元的政府补贴。这些具体规则的制定，为学校体育设施

的开放奠定了基础。对于政府从社会购买公共体育服务的投入，政府也充分运用了规则型治理技术，保障资金的使用效率。2015年广州体育局购买社会体育场馆公共服务投入890万元，2016年投入增至2000万元以上。2016年广州各区用于维修体育场馆与举办马拉松等赛事的专项补助达4910万元①。为了保障这些资金能够合理地使用，广州市体育行政部门制定了详尽规范性文件规范这些资金的管理、使用、服务的招标投标、服务提供过程中的监督等，对这些资金使用的全过程进行规范。

  政府还通过科技型、规则型等的治理技术，落实对市场相关主体的监督来提升自身的治理能力。以广州市为例，政府在购买社会体育场馆服务过程中，通过制度的设置、治理技术的运用等，来提高社会体育场馆提供公共服务的积极性。一是，"群体通"不仅有场馆的预订功能，还有场馆评价功能，用户可以通过该功能发表自己对于该场馆的意见。由于评价具有扩散性，场馆为了吸引更多的客户，并避免受到政府基于购买服务合同而采取的惩罚性措施，必须尽量地提高自身的服务水平。用户作为体育场馆的使用者，对于场馆服务水平有着最为直接、最为权威的评价权，能有效避免行政部门评价"雾里看花"的弊端。这样的制度设计，能极大地提高市场治理的效能。二是，广州市对于政府购买社会体育场馆公共服务的评价，还引入了第三方。由于用户评价具有一定的分散性，并且系统性较差，因此广州体育行政部门还引入了第三方机构对公共场馆和社会场馆提供的公共体育服务进行巡查监管、满意度调查和服务绩效评价。绩效评价采用定量评价的方法进行，每半年评价一次，总分为100分，评价指标包括场地上线预订率、活跃用户数、顾客满意度和场馆设施条件四大类指标，根据各场馆的最终总得分从高到低进行排序，实行末位淘汰。绩效评价结果在网站上向社会公开，接受市民和媒体监督，以促进公共服务质量提升。场馆如公共服务环境和条件持续恶化，发生重大安全责任事故等，将被终止购买服务合同，虚报、冒领公共服务补助资金的，依法追究其法律责任。常州体育行政部门向社会购买公共体育服务的时候，也采取了类似的对策，政府先行向社会主体支付一半的购买体育服务的费用，剩余部分则留待服务提供完毕之后，视用户的评价情况进行支付。如果评价不良的将拿不到或者少拿政府的购买服务费用。而对于体育社会组织的评估与监督，则通过民政部门来进行。民

---

① 健龙. 广州体育设施获补助专家：补贴到了，制度更要跟上 [EB/OL]. 南方网，2016-03-22.

政部门依据《社会组织管理评估办法》规定的等级评定标准，对体育社会组织进行评估。获得4A等级及以上的体育社会组织的可以简化年检程序，3A级以上的优先获得承接政府购买的权利，这就促使体育社会组织从财务、人员、运作等方面完善自身的治理，重视自身的声誉。

近年来，我国政府制定了一系列机构改革、简政放权、清单管理等的规范文件，规范与约束自身的行为，增强自身的治理能力，支持社会主体参与体育健身休闲市场治理。中央层面，我国已经通过顶层的制度设计，要求政府简政放权，将社会能办的事情交由社会来办。我国地方政府的机构改革，也朝着这个方向，如广州市番禺区体育局已经被撤销，其具体职能由"广州市番禺区文化广电新闻出版局"履行，广州花都区也同样如此。这样的举措，使得政府的一个部门需要处理文化、广播电视、体育等方面的诸多事宜，这就从机制层面使得政府难以大包大揽，简政放权、让社会充分履行其职能成为其必然的选择。

上述事实表明，政府作为体育健身休闲市场治理主体，拥有国家的行政资源、立法资源、财政资源等，其治理能力对于整个体育健身休闲市场治理而言，有着至关重要的作用。广州、常州等地体育行政部门对于体育健身休闲市场治理的能力建设表明，在简政放权、政府职能转移、构建服务型政府这些宏观治理目标已经确立的情况下，地方的体育行政部门对于体育健身休闲市场的治理，应当完善治理过程中的操作性规则，通过规则型治理技术使宏观的治理目标得以落到实处。并且，随着时代的发展，科技型治理技术也是政府在治理能力建设中不可忽略的因素。借助现代的科学技术，特别是互联网技术，以往需要较高成本才能实现的沟通与协商，都较容易地得到实现，能够较好地解决治理过程中政府目标与现实对接的问题。

二、体育健身休闲市场经营主体治理能力建设案例分析

（一）"互联网+"传统健身经营主体案例及其分析

科技型治理技术不仅深层次地影响体育健身休闲市场的发展，而且对经营主体的自身治理也会有深远的影响。与政府开发移动客户端类似，很多健身俱乐部也根据自己的情况，将互联网技术引入客户的开发、日常管理的过程中。很多俱乐部通过微信服务号、手机APP、互联网搜索平台等，进行推介俱乐部、开拓客户、网上预订、网上付款、网上沟通等。有些APP还具有个人健康管理功能，通过内嵌的分析工具，为客户提供个性化的健身建议，将健身、康复、

养生、营养等服务进行个性化，从而提高俱乐部对于客户的黏性。

还有一些互联网科技公司通过网络平台，专门整合体育健身资源，通过集中、便捷的服务吸引健身者。这些网络平台，对于健身俱乐部经营者之间的竞争、利益分配、传统经营模式造成了巨大的冲击。小熊快跑①是健身类互联网服务平台，在上海、深圳、广州、南京、成都、西安、武汉等有数千家签约体育健身房，仅在北上广深这四个城市就有 1600 多家合作体育场馆（2015 年 7 月数据）。小熊快跑与场馆的合作方式以预购服务为主，然后再通过"整进散出"②的形式将这些购进的服务提供给具体消费个体。用户以 99 元包月的价格，就可以通过小熊快跑的微信公众号或 APP 预约签约场馆的健身服务，但单一场馆每月消费次数不超 3 次，不同场馆不限次数，健身项目也不做限制，用户可以根据自己的兴趣爱好任意地选择健身项目。我国另外一款业内较有名气的 APP 是"燃健身"，它是 2015 年由上海森融网络科技公司推出的健身应用软件。它与小熊快跑客户包月付费不同的是，燃健身采取的是"按次付费"的商业模式，用户可以通过燃健身 APP 预约健身服务及俱乐部的活动，并同时提供社交功能。类似于小熊快跑和燃健身之类的 APP，是在互联网条件下健身俱乐部与互联网结合的有益尝试，它将不同的健身俱乐部组成一个整体服务网络，较好地解决了以往单一俱乐部会员无法使用其他俱乐部场地的问题。并且相对低廉的收费，具有培养人们健身习惯、扩大健身人群的作用，对于提高俱乐部客流量、创造更多商业机会有着非常积极的意义。但是，由于小熊快跑、燃健身等 O2O 的商业模式，更多体现的是一种按次销售健身服务的策略③，与当前健身俱乐部主要依靠年卡销售获取收入的策略相左，因而在 2015 年下半年以来，受到了很多城市健身俱乐部的联合抵制。2015 年 12 月 15 日，北京健身俱乐部联合发展委员会成立，50 来家北京的健身俱乐部组成联盟，通过了《北京健身俱乐部联合会章程》和《北京健身俱乐部联合会行业自律公约》两个文件，决定拒绝小熊快跑等类似的 O2O 商业模式，并将尽快搭建属于自身的健身互联

---

① "小熊快跑"案例资料主要来源于其官网及中国网。(1) "小熊快跑"官网：http://www.xxkuaipao.com/；(2) 林依. 健身 O2O 市场大洗牌，小熊快跑跑到哪儿了？[EB/OL]. 中国网，2015－10－22.

② 整进散出，是指小熊快跑整体购进健身房的次卡，然后将这些不同健身房的次卡整合在一起，分散卖给消费者。

③ 两者的不同在于，小熊快跑对健身俱乐部而言是按次预购服务，包月销售给消费者；而燃健身则是按次购进俱乐部的服务，按次销售给消费者。

网平台,在会员内部通过"健身一卡通APP"实现资源共享。① 同时,北京健身俱乐部联合发展委员会还发起倡议,让其他的健身俱乐部与健身工作室也加入他们的联盟。②

就上述的案例而言,互联网技术本身就是一种治理的手段,它与传统俱乐部的结合,已经极大地改变了体育健身休闲市场传统的治理面貌与治理方式。互联网治理技术的应用,使得信息可以在不同市场主体间快速地流动,不仅对社会主体参与体育健身休闲市场治理提供了前所未有的便捷,更是重塑了不同社会主体之间的关系,对治理能力提出了新的要求与挑战。特别是小熊快跑之类的融合互联网技术的健身平台的出现,对于健身俱乐部传统经营模式与治理模式产生了巨大的冲击,两者的碰撞无可避免并将越演越烈。现阶段,类似北京健身俱乐部联合会采取联合封杀的方式,会员集体拒绝与小熊快跑、燃健身等公司推出的通过互联网整合健身资源的产品,在某种意义上已经触犯反垄断法,对于整个健身休闲市场的发展并无好处。为此,如何使得基于互联网技术的健身平台与传统健身俱乐部实现协作,特别是解决其中的利益分配问题,是体育健身休闲市场治理实践中需要探索的重要问题。另外,这些O2O的健身产品只是一个平台,主要依托第三方提供健身服务,如何保障服务质量,消费者出现问题时如何维权等问题,也是有待进一步解决的问题。

(二)互联网健身产品经营者治理能力建设实践及分析

现阶段,我国体育健身休闲市场涌现出很多互联网健身产品,在深刻地改变着人们传统的健身习惯,整个市场的治理也呈现出与之相对应的变化。宏观上,我国近年来涌现出来的互联网健身产品有视频播放、智能硬件、信息系统、健身O2O四大类(详见图4-1),这些产品都与互联网有着高度的关联性,还有一些产品融合了其他领域的特征与功能,譬如社交、身体监测等,具有跨界的特点。作为新兴产品,它们的出现挑战了传统的健身模式,在治理上也已经无法沿用以往健身俱乐部的治理模式,因而对于经营者而言,必须创新地运用治理工具、方式方法以增强治理能力,达到适应产品与时代变迁的目的。具体来讲,现阶段主要有以下的一些互联网健身产品:

---

① 北京健身俱乐部联合发展委员会成立 计划合作推出"健身一卡通"[EB/OL].健人,2015-12-16.
② 许璐娜.北京百家健身俱乐部联合抵制"小熊、热炼"等新兴健身O2O[EB/OL].央广网,2015-08-26.

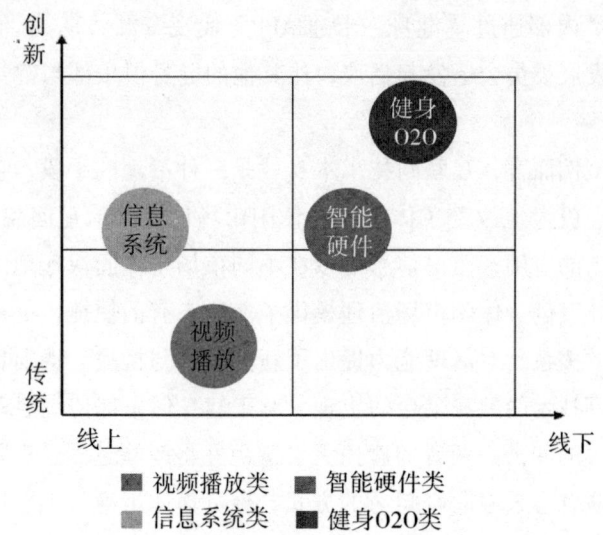

图 4-1　互联网健身市场产品模式纵览（国内篇）

图表来源：Ndcnx. 互联网健身市场产品模式纵览（国内篇）
[EB/OL]．虎嗅网，2014-11-07．

1. 视频推送类健身网站

"我开始"是典型的在线健身教学网站，由杜希萌于 2011 年在北京创立。网站将主要来源于互联网的健身视频，经专门健身团队加工整理后，按难易顺序推荐给用户免费使用，截至 2014 年年底已有健身视频 1000 多部。用户可以在任何时间利用教学视频进行锻炼。如果用户输入自身的身体指标，网站可以根据用户提供的情况，进行个性化的网络训练课程推送。如果用户能够坚持点击网站视频进行锻炼，则可以获取相应积分奖励，积分可兑换奖品。为了增强用户的黏性，"我开始"网站采取增强网站的社交功能和提供实物奖励两个方面的措施。该网站已获王利杰 Preangel 项目初期天使投资，现阶段在盈利模式上开始试水教练个性收费领域；未来，将有可能通过广告、提供个性健身视频等增值服务来盈利。①

评析：从治理的角度看，"我开始"之类的视频推送类健身网站存在着侵犯他人知识产权的法律风险，有可能对平台的长远发展构成威胁。特别是在我国知识产权保护越来越严格的情况下，这些缺乏原创、在网上搜罗的视频，将有

---

① 资料来源于：Ndcnx. 互联网健身市场产品模式纵览（国内篇）[EB/OL]．虎嗅网，2014-11-07；刘艳艳．"我开始"：在线健身靠谱吗？[N]．南方都市报，2012-07-09．

可能构成侵权而受到责任追究。并且这些健身产品营利模式不够明确、健身视频的专业性与针对性有所欠缺、用户的黏性不高，公众利用网上视频进行健身的习惯还没有养成，有可能难以为继。要实现长远发展，必须坚持视频原创、寻找切实可行的盈利点。

2. 智能健身设备

智能手环、智能自行车等智能健身设备，在国内获得了快速的发展，这些智能健身设备，比较典型的是健身硬件设施与健康监测、健身建议、健身记录等的功能相结合，也有一些智能健身设备，仅具有监测、记录与健身建议功能。以手环为例，存在着小米、华为、Fitbit、bong 等数十个品牌，但是它本身不是健身平台，仅提供健身监测、记录等功能。目前，我国将健身硬件设施与软件、其他平台组合起来而形成较为系统的家庭健身平台的，做得较为成功的是北京酷玩部落科技有限公司的系列产品。酷玩部落健身平台最大的魅力，在于通过酷玩部落的智能健身器材与智能电视的跨界组合，为健身提供非常真实的场景体验，摆脱传统家庭健身相对单调无聊的状况，也摆脱俱乐部健身的时间、路程等的限制。现阶段，酷玩部落提供的产品主要包括 APP 云服务①、智能健身器材②、行业应用方案③三种类型。酷玩部落通过"技术＋软件"手段，对用户的数据进行管理，增加用户的黏性，有效地提高了用户的活跃度。用户可以在室内通过电视的大屏模拟广场舞、野外骑行、健身操等，也可以通过互联网与朋友进行分享互动。酷玩部落集健身娱乐社交功能为一体的模式，对于提升用户的活跃度有着积极的意义。④

评析：酷玩部落的产品集健身、电视、互联网、社交、身体监测等相关功能于一身，属于典型的跨界产品，具有较高的创新性，需要经营者能够充分地

---

① 根据北京酷玩部落科技有限公司的官网，提供 APP 软件云服务，具体包括健身管家 APP（iOS＼Android）、运动私教 APP（iOS＼Android）、健身休闲馆运动平台 APP（智能电视 OTT）三大类型 APP 软件的云服务。
② 根据北京酷玩部落科技有限公司官网，酷玩生产的智能健身器材包括蓝牙跳绳、健身车、跑步机、踏步机、摇摆哑铃等。
③ 根据北京酷玩部落科技有限公司官网，酷玩部落提供的行业应用方案，主要是为传统体育器材生产商的非智能产品提供智能化的解决方案。
④ 资料来源：北京酷玩部落科技有限公司官方网站，网址：http://www.coolplay.cn/index.htm，访问时间：2016 年 4 月 20 日；王珏. 酷玩部落闪耀鸟巢 智能健身市场规模超百亿［EB/OL］. 网易，2016 - 03 - 11；Ndcnx. 互联网健身市场产品模式纵览（国内篇）［EB/OL］. 虎嗅网，2014 - 11 - 07.

完善与运用规则型治理技术,促进行业的长远发展。由于这些跨界产品原创性强,因而往往缺乏相应的国家标准、行业标准与企业标准,这就特别需要经营者能够尽快制定相应的企业标准,并推动企业标准上升为行业标准、国家标准,为相应产品的发展奠定规范基础。由于这些产品属于智能产品,生产者较容易实现与用户之间的沟通,也较为方便地收集到用户的个性化数据,这对于改进产品结构、改善用户体验有着极大的帮助,这实际是将科技型治理技术植入产品当中,以相对隐性的形式来达到治理目的。

3. 健身房信息系统类

当前,我国很多健身俱乐部采取的我国中体培力健身俱乐部引入了美国培力公司的 Bally Total Fitness 专业管理系统,浩沙健身则在管理上吸收了其香港母公司的理念,采取了多元化的经营模式。除此之外,我国还有很多健身俱乐部采取的是合资的模式,在俱乐部管理上吸纳了发达国家或地区的先进经验。另外,我国也有一些公司充分利用互联网技术,针对我国的现实情况,开发出了一系列专门用于健身俱乐部内部管理的系统。其中,上海青橙实业有限公司开发的健身房会员管理系统,帮助健身俱乐部通过微信公众号进行健身课程的发布,会员可以通过客户端进行私课、团体课、教练的查询,并可进行课程预约与在线支付费用,极大地提高健身俱乐部的预约率并减少工作人员的工作量;教练端则具有统计功能,健身俱乐部可以通过其快速地了解当日的收入、课时费等内容,并可利用其进行课程表管理了解学员的信息。①

评析:引入国外的健身俱乐部管理系统,有利于国内经营者迅速地提高管理水平;然而,由于经济发展水平、人们健身观念、经营理念等的不同,国外的管理经营模式在国内也容易发生水土不服的问题。另外,我国体育健身俱乐部管理方面与互联网的结合度还比较低,大量规模小的俱乐部还没有自己的 APP,没有自己的网站,会员卡与现金信息管理体系不完善等,导致了俱乐部内部治理成本高企,效率偏低。并且,这些技术型治理技术、规则型治理技术的缺失,还会导致俱乐部与客户、社会公众的沟通协调无法有效进行,影响到俱乐部的发展。

4. O2O 类健身产品

O2O 是指 online to offline,也就是说从线上到线下。在"互联网 +"时代,

---

① Ndcnx. 互联网健身市场产品模式纵览(国内篇)[EB/OL]. 虎嗅网, 2014 – 11 – 07.

O2O类健身产品层出不穷,在某种意义上说,小熊快跑、燃健身、全城热炼等网上购买到健身房进行锻炼的产品,也属于O2O健身产品。此类O2O健身产品自身只是一种资源的整合平台,它自身并不直接提供相应的健身场所、健身器具等产品,因此从严格意义上说,它仅为健身产品网上订购平台而已。还有一类O2O健身产品,如"Coolfit 酷健"健身平台,它提前一个月通过微信公众号公布健身课程,客户可以直接通过微信线上预订、缴费,线下体验"Coolfit 酷健"平台直接提供的健身服务。该平台并没有属于自身的健身场所与教练,主要租用其他健身俱乐部场所,教练则聘请俱乐部教练或自身签约的教练;由于无须自己搭建健身平台,教练也多为经过筛选的优秀教练,因而在保证服务质量的同时,能有效降低成本。总体而言,"Coolfit 酷健"模式对相关各方均有利,俱乐部则可以通过出租场地获得一定的收益,而优秀的教练则可以获得额外收入,会员则可以享受到较为低廉的健身费用,无须支付高昂的俱乐部年卡费用。然而,"Coolfit 酷健"在一定程度上与俱乐部存在竞争关系,可能会导致很多人不再购买年卡而接受这种相对灵活的健身模式,使得俱乐部抵制"Coolfit 酷健";而事实上,"Coolfit 酷健"由于自身并没有健身场所,其发展也的确受制于健身俱乐部。①

评析:类似于"Coolfit 酷健"产品的经营者,其治理能力的核心是沟通与协调能力。由于自身的发展受制于人,此类产品经营者必须与健身俱乐部、教练保持良好的关系,否则将可能难以经营下去,而最核心的问题是构建合理的利益分享机制,避免因为自身的发展严重影响俱乐部的利益。另外,由于此类产品与客户之间缺乏由年卡为纽带而形成的长期关系,健身客户的选择具有随意性,因此就需要经营者与客户保持良好的沟通、协调,并不断地改进自身的产品以适应客户的需要。

总而言之,对于经营者而言,治理能力的核心是通过强化自身内部的管理,并运用治理技术解决日常经营与发展过程中的问题。当前,无论是传统的健身俱乐部经营者,还是新型健身产品的经营者,信息化都对其治理能力产生了严峻的挑战,也直接地影响到了其经营与发展。单纯的俱乐部服务或者体育场馆服务,在互联网时代面临着诸多的局限,已经无法满足人们在体

---

① 资料来源:Ndcnx. 互联网健身市场产品模式纵览(国内篇)[EB/OL]. 虎嗅网,2014-11-07;"Coolfit 酷健"打造首家健身社交"O2O"的新理念[N]. 青年报,2014-12-6(A06).

育中渴求的交往、快捷获取信息、了解自身状况等复合性的需求。我国已有的范本，以及发达国家的经验已经证明，健身与手机 APP、电视、身体监测工具、远程互动工具、搜索应用平台、微信公众号等互联网工具的组合，可以促进用户与经营者之间的沟通，增强对用户的黏性，降低健身俱乐部、体育场馆的人力物力成本，提高内部管理效率。因此，在某种意义上说，当前经营者提升自身治理能力的核心在于运用好现代信息技术，将信息技术融入健身及健身产品当中。

三、体育社会组织治理能力建设案例分析

广州市体育总会是具有一定官方背景的非营利性专业社会团体，经广州市社团登记管理机关登记并在业务上接受广州市体育局的指导与监督，会员主要由广州市群众体育团体、个人会员自愿组成，目前有团体会员 132 个，包括企业、媒体、社区单位 31 个，广州市属体育协会 47 个，广州体育系统、市直属单位 31 个。总会专职工作人员工资福利待遇参照事业单位人员执行。作为具有官方背景的体育社会组织，广州市体育总会具有较强的资源获取能力。体育总会注册地位于广州天河体育西路广州市体育局办公楼内，办事处位于广州市体育局社会体育中心之内，无须租金，由广州市体育局免费提供。其办公场所的装修、维护、日常开支也是由体育总局负责支付。根据《广州市体育总会章程》第二十八条，其基金来源包括：（1）政府拨款或资助；（2）社会各界捐赠；（3）本会按照国家有关规定收取会员会费的会费收入；（4）在核准的业务范围内开展活动或服务的收入；（5）利息收入；（6）其他合法收入。随着我国政府向社会购买服务的推开，以及体育社团与体育行政部门的脱钩的落实，广州市体育总会与广州市体育局脱钩将在不久的将来变为现实。广州市体育总会将主要通过为体育行政部门承担公共体育服务来获取自身维持与发展所需要的资源。而事实上，广州市体育总会依靠其强大的社会组织能力，为社会提供了大量的体育服务。2015 年，体育总会及其属下的协会会员，在广州市举办了高达 250 多项的体育活动，参与人数达到 10 万以上，如举办了广州市元旦万人行、体育节、马拉松、登山活动、醒狮锦标赛等体育活动。广州市体育总会及其下属协会会员组织的活动，已经成了广州市民间体育发展的重要力量，承担着大量政府转移的公共体育服务职能。很多体育社会组织，特别是草根的体育社会组织的发展，也在经费、组织建

设、具体业务方面得到了广州市体育总会的支持。①

在治理技术的运用方面，广州市体育总会虽然有独立的网站（http：//qtzx.gzsports.gov.cn/index.htm），但其网站的内容较为脱离实际，没有能够起到沟通百姓，方便百姓的作用。另外一方面，体育总会与其下属协会主办的活动信息，主要是通过广州市体育局网站发布的，网站上通常还附有报名方式，如果需要缴纳费用，还可以通过网站缴纳；再就是广州市群体通手机 APP 也具有发布体育总会举办活动信息的功能，用户可以较为容易地获取相关的信息。体育总会与下属协会的沟通，则主要通过行政管道进行，还没有构建起较为完备的网上办公系统。

在内部治理方面，广州市体育总会是围绕会员大会而进行的，会员大会有最高决策权。财务管理方面，体育总会配备专业会计人员，建立有完备的财务制度，对于来自社会捐赠、国家拨款的款项，接受国家的审计，总会换届或者更换法定代表人的，相关人员要接受审计。

当前，我国体育社会组织与行政脱钩已经被提上日程，这对于长期以来依赖于政府而存在的体育社会组织而言，对其治理面临着严峻的挑战。2016 年上半年，山东启动省级体育协会与行政脱钩改革试点，设定改革时间表与路线图，探索现代的体育社会组织管理体制及以组织章程为核心的内部治理结构。改革试点工作将首先选取 11 个省级体育协会②展开，设定 5 年过渡期，过渡期内给予办公场所、启动资金、工作经费等方面的支持，并在政府购买服务方面予以优惠。改革的目的是推动体育协会向实体化迈进，提高其向社会提供服务能力、经营管理能力、内部治理能力等，最终实现体育协会能够自我造血，获得可持续发展的能力。③ 江苏省早在 2015 年 10 月的体育总会大会上，提出用 5 年的时间建设 4000 个体育社会组织，"推动体育社会组织建设"，形成政社分开、权责明确、内部自治机构完善的体制。④

评析：从上述的案例可以看出，当前我国具有较大影响力的体育社会组

---

① 广州市体育总会简介［EB/OL］.广州市体育局网站，2015 - 05 - 25.
② 这 11 个省级体育协会分别是：篮球、游泳、乒乓球、自行车 4 个奥运项目单项运动协会，以及武术、健美、体育舞蹈、信鸽、钓鱼、轮滑、登山、马术、冰雪、汽车摩托车联合会、体育广告等体育协会。
③ 山东省 15 个省级体育协会将启动脱钩改革［EB/OL］.齐鲁网，2016 - 04 - 29.
④ 钱芳.江苏：2020 年基本形成现代体育社会组织体制［EB/OL］.新华社江苏频道，2015 - 10 - 18.

织大都与体育行政部门有着较为密切的联系，在人员、经费、管理上与行政部门有着千丝万缕的关系，承担了很多政府的职能。随着我国政府职能转移的落实，体育社会组织与体育行政部门脱钩将成为不可避免的趋势。体育社会组织将被推向社会，通过承接政府服务，或者为其他第三方承担服务性工作来获取自身生存与发展的资源。为了适应这种趋势，体育社会组织必须构建完善的内部治理结构，特别是要完善内部的财务制度、治理架构，并不断地通过与登记部门、主管部门的合作提升自身的管理水平与评级。另外，体育社会组织普遍存在缺乏人才的状况，要提高自身的治理能力，还需要提升自身对人才的吸引力，不断地培育与吸纳优秀的人才，加强对已有人才的培训。还有，从治理技术的运用来看，体育社会组织将越来越多地需要运用技术型治理技术来达到对外沟通、内部协调的目的，将互联网等技术纳入提升自身治理能力的范畴。

四、基于案例的理论拓展

治理能力具有多样性，治理能力的建设也涉及多方面的问题，并且相互影响、相互制约。治理体系作为宏观性的制度安排，对于体育健身休闲市场主体治理能力有着根本性的影响，但治理体系制定过程、具体内容方面，社会主体能够施加的影响是甚微的。体育健身休闲市场主体的治理观念，作为一种潜移默化的影响因素，虽然它没有外化为具体的形式，但实实在在地影响着主体的行为，对于政府、健身经营主体、体育社会组织及社会公众的治理能力起到积极或者消极的作用。

体育健身休闲市场社会治理能力的核心，是主体的自我治理能力。无论是政府、健身经营者、体育社会组织或者社会公众，它们在参与市场治理过程中，首要的任务是提升自我治理能力。对于政府而言，随着政府购买公共体育服务的推开，地方体育行政部门机构改革的推进，政府提升自我治理能力的核心，是构建精简、高效、法治的体育行政部门，提升自身为社会公众提供体育服务、促进体育产业发展的服务能力。健身经营者的自我治理能力，面临着人才、管理制度、互联网时代带来的挑战，不断涌现出来的新型健身产品，特别是具有跨界性质的健身产品，也考验着经营者的自我治理能力。健身经营者应当在合法的范畴之内，通过提升自身的治理水平，来实现竞争中的比较优势，而不能以类似于北京体育联合会的形式，通过垄断来抵制新型的健身产品。我国各省的体育社会组织改革在逐步推进，很多依赖于财政拨款、挂靠于体育行政部门而存在的体育社会组织，将在近几年面临着"断乳"的境地。为此，要真正实现脱钩提升其自我治理能力，体育社会组织的首要任务是转变自身的观念，完善内部的财务、会员制度，积极申请等级评定。

治理技术是主体治理能力建设的关键。体育行政部门对于 APP、微信公众号、网站等技术性治理技术的运用，以及为整个健身休闲市场主体制定的大量细则性文件，极大地提升了其对体育健身休闲市场的治理能力。上述的案例表明，无论是传统的健身经营者，还是新型健身产品的经营者，互联网技术的发展与应用，都在深刻地改变着以往市场的治理形态，重构了不同健身经营者之间的合作与竞争关系，改变了健身服务经营者与客户之间的关系。为此，健身经营主体治理能力的建设及对治理技术的应用，必须适用互联网时代的新特点，围绕着由此带来的变化而展开，特别是跨界健身产品的出现，要求经营者必须促进相应标准的完善，也就是说，要运用规则型治理技术来促进本行业、相关类型产品的长远发展。体育社会组织的案例表明，面对着巨大的变革，体育社会组织有必要运用好已有资源的同时，加强自身网站、APP、微信公众号等治理工具的建设，运用好这些技术型治理技术来促进自身的发展。

本章小结

体育健身休闲市场社会治理能力是指社会主体参与体育健身休闲市场治理过程中的能力。从能力的构成来看，它包括社会治理技术、社会治理体系、社会治理观念、社会主体自我治理等几个具体的组成要素。我们应当围绕体育健身休闲市场社会治理能力的组成要素，加强社会主体能力建设，这是发挥社会主体治理作用、克服社会主体治理失败、弥补健身休闲市场与政府治理失败、社会主体更好承接政府职能的要求。当前，体育健身休闲市场社会治理能力建设存在的主要问题包括先进治理技术的应用无法满足现实需求、对互联网健身产品的治理能力不足、社会主体自我治理能力有待提高、社会主体参与市场治理体系不完善等几个方面。

本章还分析了体育健身休闲市场社会治理能力建设中，政府治理能力建设、市场经营主体治理能力建设、体育社会组织治理能力建设的典型案例。

第五章

体育健身休闲市场社会治理的完善

俞可平认为,"善治"简而言之是"良好的治理",它具有"合法、透明、责任、法治、回应、有效"[①]的特点。体育健身休闲市场社会治理的完善,其目标是通过社会主体的参与,实现体育健身休闲市场的善治;它是在治理理论的指导下,对当前我国社会主体参与体育健身休闲市场治理所面临问题的回应。

第一节 社会力量建设:加大社会主体的培育力度

离开社会主体,体育健身休闲市场社会治理、体育行政部门职能向社会转移等问题无从谈起,因而有必要加强体育社会组织等社会主体的培育力度,从数量、质量方面促进社会主体的发展。在这里,我们将重点探讨健身经营主体、体育社会组织、社会公众三类社会主体培育的问题。

一、促进体育健身休闲市场经营主体的发展

我国体育健身休闲市场经营主体的规模还比较小,大多数主体缺乏内生增长能力,且体育健身休闲经营活动投入大,回报周期长,兼具营利性与公益性的特点。为此,除了应当激发健身休闲市场经营主体自身活力外,我们还应当采取必要的鼓励性措施,促进其发展。

(一)加大税费优惠与财政支持力度

通过分析我国税法关于体育健身休闲市场的规定,可以发现体育健身休闲市场大部分经营项目(非经营主体)享受到了一定的优惠税收政策。虽然税收

---

① 俞可平.治理与善治[M].北京:社会科学文献出版社,2000:11,12.

优惠并不会增加体育健身休闲市场的经营收入，但是可以降低经营成本，也就间接地增加了利润。优惠的税率，有利于经营者向体育健身休闲参与者提供更多物美价廉的体育服务，促进居民体育消费习惯的养成，进而促进体育健身休闲市场的发展并增加经营主体的利润与国家税收，形成良性循环。

但观察我国体育健身休闲市场经营主体整体税负，可以发觉其负担依然过重，应进一步实行税收减免政策。针对我国现阶段体育健身休闲市场经营者规模小、亏损面比较大、综合税费负担过重的情况，要想现实体育健身休闲市场的快速发展，有必要进行大力度的税费减免优惠，否则税费负担最终将转嫁到民众头上，必然影响社会公众体育参与，并形成恶性循环，制约市场的发展。

体育产业发展专项资金应当对健身休闲市场经营主体予以特殊照顾。我国有些地方已经按照国务院46号文的要求，设立了促进体育产业发展专项资金，这虽然有可能扭曲市场，但在现实的政策环境下，应当充分发挥其积极作用，促进体育健身休闲市场经营主体的发展。然而，查阅获得专项资金资助的市场主体，绝大多数是体育用品生产企业，甚少有体育健身休闲服务经营者获得资助。事实上，体育健身休闲服务经营者在资金投入、经营规模、税收贡献上难以与体育用品生产企业相抗衡；根据现阶段大多数地方体育发展专项资金的补助规则，补助与投资额、税收贡献、营业额等要素挂钩，健身经营主体难以获取资助也就在情理之中。为此，在资助资格的获取上，有必要将体育健身服务业与体育用品生产业分开来进行评选，这样才有可能发挥财政资金在促进体育健身休闲市场经营主体发展中的作用。另外，还有必要完善财政支持的具体细则，在筛选支持对象过程中减少人为因素的影响，确保资金能够发挥促进健身经营主体发展的作用。

（二）加大体育行政资源向社会主体转移力度

将体育行政主体所掌握的资源逐步向市场转移，符合我国现阶段政府改革的趋势，也是健身休闲经营主体发展的重大机遇。当前，应当向市场经营主体转移的资源，包括以下几方面：一是，权力资源应适当向健身市场社会主体转移。体育行政部门在行使其职能过程中所享有的权力资源，有些是法定不可转让、必须由其自己行使，有些则可以通过授权、委托由第三方行使。譬如，政府购买中体育行政部门的监督评价权，法律并不禁止其由第三方行使，因此可以委托社会的第三方代为行使。也就是说，为了落实简政放权，对于法律不禁止向社会转移的权力，体育行政部门应当尽可能转移由健身经营主体行使。二是文化资源。政府部门拥有体育健身休闲市场经营主体所无法比拟的人才资源、技术资源，以及对这些资源的调配能力。为了促进体育健身休闲市场经营主体的发展，政府可以利用自身的人才、技术等方面文化资源的优势，协助经营主体提高经营管理水平、技术水平等。三是资金资源。体育行政部门掌握庞大的资金，并且直接地决定其用途，这经常会导致公关能力强的主体获取的资金就多，反之获取的资金就少。已有经验证明，由行政部门来决定资源配置虽然高效，但也可能存在权力寻租等难以克服的弊端，通过市场来影响、监督乃至决定行政性体育资金的配置有其必要性。为此，体育行政部门应当减少直接支配的资金，将资金支配权逐步向体育健身休闲市场经营主体或体育社会组织等主体转移，推动服务市场化。

（三）体育行政部门为经营主体做好服务性工作

为体育健身休闲市场经营主体提供服务是政府应有的职能，这些服务性工作应当包括：

1. 整合体育资源，实现不同经营主体之间优势互补，减少恶性竞争

现阶段我国体育健身休闲市场经营主体亏损面较大，市场主体盲目扩张，不同主体之间缺乏差异性，很多经营主体都是低水平重复建设。为此，对于出现此类情况的地区，政府应当担负起宏观调控职能，引导不同主体进行资源整合、加强合作，维护有序竞争，促进体育健身休闲市场长远、可持续发展。

2. 加大体育健身休闲市场经营场地供应

体育健身休闲活动要求较大的场所，单纯地依靠市场经营主体的投资，会造成经营成本高企，并可能制约社会主体进入该市场；此外，体育健身休闲业不仅具有营利性，还具有公益性，从美国的经验来看，政府应当承担起大部分体育基础设施的建设责任。为此，政府应当加大体育基础设施投资，并将其以相对低廉的价格，或者通过政府购买服务的形式，交付给市场经营主体从事经营活动。

3. 政府提供体育资讯整合服务

通过整合体育资讯，社会公众可以便捷地获取体育服务、体育活动、体育场馆等情况，从而为市场经营主体争取更多的客户资源；在整合体育资讯过程中，政府将特定区域范围内的体育场馆、体育活动安排等呈现给社会公众，这本身就是体育服务的宣传营销过程，可以为市场经营主体节省大量的宣传营销费用，不仅方便公众获取信息，更能够降低社会公众参与体育的成本。

4. 政府应做好基础性理论研究

经济学理论已经证明，市场经营主体一般较少开展基础性的理论研究。相对于市场主体，体育行政部门具备更多的信息获取渠道、更好的人才动员能力，政府可以利用这些优势，为体育健身休闲市场发展相关问题进行基础性的理论研究，特别是要做好风险防范的理论研究，具体运动项目发展的理论研究，体育健身休闲市场发展趋势的研究，人们体育参与行为的研究等，为体育健身休闲市场发展提供理论支持。

二、加强体育社会组织建设

从治理理论的角度来看，发展体育社会组织，鼓励体育社会组织担当起健身市场治理责任，实质是"有限政府"① 理念的具体落实，是社会进步的表现。体育社会组织的发展，承担着双重的职责：一是，承担起体育健身休闲市场治理的责任，促进市场自治的实现；二是，承担起政府转移的职能，参与到体育事业治理过程并直接为社会公众提供体育健身休闲服务。因此，大力加强与发展体育社会组织，是我国体育行政改革发展到一定程度的必然产物，也是我国体育健身休闲市场发展的必然要求。然而，长期以来我国体育社会组织实行业务机关与登记机关双重管理的体制，严格限制其发展，导致体育社会组织规模小、资金来源有限、缺乏社会影响力，远远无法满足人民群众体育健身休闲的需求；虽然，党的十八大后我国改变了限制社会组织发展的思维与做法，但体育社会组织在诸多方面依然落后于我国社会与经济发展的需要。为此，我们有必要从多方面促进体育社会组织的发展。

（一）加强体育社会组织法制建设

从顶层制度设计来看，与体育社会组织发展密切相关的宏观制度已经取得了很大的突破，国家与社会层面都在大力地鼓励社会组织的发展，但从微观角度观察体育社会组织相关法律规范，依然存在很多问题需要完善。

1. 加紧完善三类社会组织内部治理的规范

社会团体、基金会、民办非企业单位三类社会组织内部治理的立法，虽然不是专门针对体育社会组织，但是这些一般性的规定，能为体育社会组织的发

---

① "有限政府"，既意味着政府要放松对社会的管制，社会拥有较大的自我治理、自我发展的空间与权利，也意味着政府将部分职能逐步转移到社会中来，政府从更多领域里退出。

展提供基础性的指引，避免体育社会组织发展过程中受到地方利益、部门利益、领导人注意力转移的影响，为其长远发展奠定基础。为此，完善三类社会组织内部治理的规范，对体育社会组织发展有着重要意义。

当前社会组织的三个基本条例，缺乏内部治理结构问题的规定，有必要进行专门立法。三个基本条例，即《社会团体登记管理条例》《基金会管理条例》及《民办非企业单位登记管理暂行条例》，解决了社会组织的登记问题，但对社会组织内部治理结构问题，譬如，任职人员资格、财务管理、对外投资、业务活动、与行政部门的关系、详细的权利义务等深层次的问题，缺乏详细的规范。有些地方民政部门针对这些问题出台了红头文件，但总体而言效力层次偏低，难免会受到行业利益、部门利益、地方利益的影响，难以形成统一有效的治理格局，与现阶段我国社会组织扮演的重要角色并不相符。实际上，社会组织内部治理问题需要专门的行政法规或者法律来规定。如果进行专门的社会组织立法，建议不再由国务院制定行政法规，而是提高立法层次，制定专门性的法律。体育社会组织作为社会组织的一个类型，如果社会组织内部治理这些基本问题得到较好的解决，对体育社会组织内部治理的规范化有着重要的意义，是体育社会组织可持续发展的基础。

2. 完善体育社会组织税收法律制度

我国现阶段缺乏关于社会组织税收的专门法律制度，主要是依靠民政部门、体育行政部门、财政部门、税务部门出台一些税收优惠政策来实施税收减免。总体而言，体育社会组织现阶段享受到的税收优惠幅度、税收优惠种类还是比较少的，主要存在以下两方面需要完善。

一是，体育社会组织的经营性收入与非经营性收入（公益性收入）缺乏明确的界定，实践中往往将非经营性收入视为营业性收入进行课税，导致体育社会组织税负过重。按照国际惯例与法律我国法律规定，体育社会组织的经营性收入应当课税，非经营性收入应当免税。然而，哪些为经营性收入，哪些为非经营性收入，这在实践中是难以明确界定的。特别是对于体育社会组织而言，经常会参与市场上的一些经营性活动而取得收入，也经常会获取一些非经营性收入，如果没有办法界定两种不同的收入类型，通常意味着体育社会组织要对大部分收入缴纳企业所得税，这是非常大的负担。为了避免出现这种情况，税务部门、体育行政部门、民政部门、财政部门等，有必要联合对体育社会组织收入性质问题进行权威性界定。

二是，有必要尽快完善对体育社会组织捐赠免税的规定。按照《关于公益性捐赠税前扣除有关问题的通知》（财税〔2008〕160号）的规定，个人、企业及其他组织向经指定基金会捐赠的，捐赠可以在法定范围内享受税前扣除待遇；2012年，全国经指定的基金会仅有148个，而体育领域更是只有"萨马兰奇体育基金会"和"中华全国体育基金会"。而企业、个人等社会主体对社会团体进行捐赠的，社会主体要享受公益捐赠税前扣除的，按照《全国性社会团体公益性捐赠税前扣除资格初审暂行办法》（民发〔2011〕81号），受捐赠对象必须在民政部门依法登记三年以上，不满三年不得享受公益捐赠税前扣除，这对于新成立的体育社会组织的生存与发展是非常不利的。而体育类民办非企业单位，社会主体对其进行捐赠的，还没有相关税前扣除的规定。可以说，我国过分严格的捐赠税前扣除条件，制约了体育社会组织获取社会资源，对体育社会组织发展十分不利。因此，我国有必要在立法上鼓励社会对体育社会组织捐赠，为体育社会组织获取社会资源自身发展奠定制度基础。

（二）加强体育社会组织的人才培养力度

体育社会组织要实现可持续发展，必须吸引得了人才、留得住人才、能促进人才不断成长。为此，民政部门、体育行政部门乃至全社会，都应当努力地加大各类人才的培养力度，实现体育社会组织可持续发展的目标。

一是，要特别注意培养体育社会组织孵化器的"母鸡"，即要培养能够从实践操作层面、法律层面、管理层面对体育社会组织进行指导，并且又了解体育行业的老师。现阶段，我国体育社会组织大量地成立，但能够对其进行指导的老师少之又少，而体育行政部门对此也还没有针对性的计划，已经严重地影响到了体育社会组织的发展及其生存质量。

二是，要通过转移支付、财政支持等方式，提高体育社会组织专职人员的收入，使人才吸引得来并留得住。这并不是说再走体育社会组织挂靠政府的老路上来，而是为体育社会组织，特别是成立不久的体育社会组织提供更多的资源，培育其尽快长大并具备生存发展能力。

三是，针对当前体育社会组织人才状况，有必要大量吸引有体育健身休闲市场运作经验、管理经验、有组织能力、有法律专业知识、有财务专业知识的人才。被推向了市场的体育社会组织，将和其他社会组织一起参与到市场的竞争中来，有些体育社会组织甚至还会对外投资以获取更多的活动经费，这些都需要体育社会组织有大量熟悉市场运作、经营管理方面的人才。为此，行政部门有必要针对这些现实的情况,通过与科研机构、大学机构、企业机构等,采取联合培养、定向培养等多种方式,培养拥有多种技能的人才,方能满足体育社会组织发展的需要。

(三) 加强体育社会组织内部建设

内部治理是体育社会组织发展的根基。在当前缺乏完整的治理规范,主要依靠民政部门外部评估来实现对于内部治理引导的情况下,体育社会组织完善自身内部建设有着非常重要的意义。一般而言,体育社会组织内部建设的成果,体现于体育社会组织的章程上。因此,应当通过完善体育社会组织的章程,实现对组织内部运作与对外关系的规范。

1. 完善体育社会组织内部管理制度

建立健全体育社会组织内部法人治理结构、日常管理制度、资产及财务管理制度、民主监督制度、对内对外的信息公开制度,并且应当依法纳税,按时年检,避免违法违纪及发生重大责任事故。特别的,应当在章程中规定体育社会组织管理人员的责任、选任方式、罢免方式等内容。这是因为,现实中有些体育社会组织的理事会根本没有发挥应有的作用,组织的主要领导人通常能够独霸大权,出现问题却将责任推给理事会这一领导集体,自身不用承担任何具体的责任。因此,有必要在章程中特别明确管理人员的责任问题,落实"权责相适应"的基本原则,具体可参照《公司法》关于公司高级管理人员责任、选任及罢免的相关规定。

2. 明确工作人员权利义务及薪酬制度

应当在体育社会组织章程中对于工作人员的权利义务,特别是薪酬问题做出明确的规定,降低体育社会组织的管理成本。总体而言,当前我国社会对体育社会组织信任度不够,究其原因,是因为体育社会组织的诚信建设做得还不够,具体表现为很少有体育社会组织在章程中规定工作人员、管理人员的薪酬问题,更没有防止管理人员、工作人员利益输送的监督制约措施。为此,有必要在章程中规定详细的工作人员利益限制措施,并制定体育社会组织管理的指引性规定,规范体育社会组织的管理,降低体育社会组织的运作成本,避免体育社会组织偏离原来的宗旨。

3. 完善体育组织内部的工作指引,提高组织的运作效率

当前有些体育社会组织之所以难以得到大的发展,其根本原因是内部工作指引等细节方面没有做好,导致工作随意性过大,缺乏可持续发展的潜力。为

此，有必要对承接政府购买公共体育服务的工作、接受社会捐赠的工作、对外组织活动或提供体育健身服务的工作、对外投资的工作等，制定出具体的工作指引，为组织的长远发展奠定基础。

4. 体育社会组织要建立健全风险防范制度

体育运动的特点，决定了从事体育活动通常伴随着一定的风险。体育社会组织在为社会公众提供体育服务过程中，应当考虑到潜在的风险因素，采取制度化的措施来应对或化解风险，只有这样才能够最大限度地降低风险的发生，做到防患于未然，或者减少发生风险时的损失。

（四）增强体育社会组织获取资源能力

当前，体育社会组织获取发展所需资源主要来源于政府财政支持、政府购买服务、社会捐献、社会性的经营活动四个方面，有必要针对这四个方面的特点，采取针对性的策略提高自身获取资源的能力。

1. 利用好现阶段财政支持与政府购买政策，促进自身发展

我国很多体育社会组织原来与行政机关有一定的联系，甚至有些体育社会组织的经费直接由行政机关拨付。在体育社会组织与行政机关脱钩已成定局的情况下，有必要在2018年财政支持停止到来之前，争取必要的资源促进自身的发展，尽快适应市场竞争与承接政府公共体育服务职能转移的需要。实际上，政府也在积极地采取措施促进社会组织的发展，颁布了一系列针对性的规范性文件，明确地提出要"有针对性地培育和发展一批社会组织，促进社会组织的发展"，并提出要积极利用财政资金加大向社会组织购买社会服务的力度，贯彻落实对社会组织的税收优惠政策。[①]体育社会组织应当利用好这些政策，争取在财政直接拨款支持结束之前，使自身具备独立生存能力、为社会持续提供体育健身休闲服务的能力、承接政府公共体育服务职能的能力。

2. 体育社会组织需要建立征信体系，争取社会的捐献

获取社会捐献是体育社会组织的弱项，这与我国体育社会组织整体上的公

---

① 财政部、民政部颁布的《关于支持和规范社会组织承接政府购买服务的通知》（财综〔2014〕87号）提到，要"有针对性地培育和发展一批社会组织，促进社会组织的发展。有条件的地方可推广利用财政资金支持社会组织参与服务示范项目，逐步加大政府向社会组织购买服务的力度，适合采取市场化方式提供、社会组织能够承担的公共服务，都可以由社会组织参与、承接，所需资金按照预算管理要求在财政预算安排中统筹考虑。引导、支持社会组织募集资金参与服务。贯彻落实国家对社会组织各项税收优惠政策，符合条件的社会组织按照有关税收法律法规规定，享受相关税收优惠"。

信力缺失有密切的联系。为此，体育社会组织有必要加大自身的宣传力度，让社会了解体育社会组织内部的运作、监管、性质、意义等；而体育行政部门、民政部门等政府组织，应以对体育社会组织的评估为基础，为体育社会组织建立征信体系，帮助社会建立对体育社会组织的信赖。在体育社会组织评估方面，当前我国民政部门虽然有关于社会组织的评估体系，但是已有的评估标准并不能体现体育社会组织的特殊性。因此，有必要由体育行政部门来主持关于体育社会组织评估标准的制定，以及负责组织实施具体的评估。

3. 体育社会组织应积极创造条件从事经营性活动

体育社会组织可以通过为社会提供服务获取自身的发展资源。体育社会组织虽然是非营利性组织，但这是针对其宗旨而言的，也就是说将其所有资产用于社会服务，不能够进行利润的分配而已。体育社会组织只要不违背公益宗旨，无论在法律上还是实践上是允许其进行经营性活动的。除了承接政府购买服务外，体育社会组织应当积极开拓服务范围，主动承担社会业务，通过经营活动获取利润来支持自身的发展。

三、引导社会公众参与对体育健身休闲市场治理

（一）政府鼓励社会公众参与体育健身休闲市场治理

社会公众是体育健身休闲市场治理的重要主体，政府有义务对社会公众进行教育，鼓励他们在市场治理中提出自身的建议与要求。社会公众的参与，不仅是维护他们自身利益的需求，也是政府做好自身工作，履行服务职能的需求。为此，政府应当做好以下几方面。

一是，对社会公众进行积极的舆论引导。通过舆论宣传活动，让社会公众从思想上认识到参与健身休闲市场治理的必要性、重要性、利益的相关性，形成全社会参与健身休闲市场治理的氛围与习惯。另外，政府还应当营造全社会崇尚体育的舆论氛围，激发社会公众参与体育健身活动的热情，使得健身休闲活动成为社会公众生活必不可少的组成部分，从而为他们参与市场治理奠定基础。

二是，建立各种便捷的沟通管道与鼓励措施。社会公众参与体育健身休闲市场治理，需要有便捷的沟通管道让他们发表意见，表达自身的诉求。社会公众参与健身休闲市场治理，无可避免地需要付出时间等方面的潜在成本，政府应当通过引入各种简化参与程序、参与难度的技术手段，降低社会公众的参与

成本。并且，在可能的情况下，还应当采取精神鼓励、物质鼓励等方面的鼓励措施，促进社会公众对健身休闲市场治理的参与。

三是，政府还应当引导社会公众积极加入体育社会组织，通过组织参与到健身市场治理中来。个人的力量是有限的，难以持续有效地参与到体育健身休闲市场治理当中。现代社会中，社会组织作为个体力量的集合体，拥有着个人无法比拟的资源与行动力，社会公众可以根据各自的意愿与主张，参与到各种体育社会组织当中，再通过社会组织的活动来表达自身的诉求，从而深刻地影响体育健身休闲市场治理。

（二）社会公众应当加强自我教育

从治理理论角度而言，公民社会是治理得以顺利开展的重要因素，公民社会的要义是公民权利意识的确立，以及公民对于社会事务积极主动地参与。体育健身休闲市场社会治理作为事关公民切身利益的事项，社会公众应当积极地关注、参与、反馈。这不仅是一个公民的权利，还是一个公民应尽的义务。以政府购买公共体育服务为例，在购买之前民众应当积极与政府沟通，表达自身的诉求，以方便政府了解民意，回应社会的体育健身休闲需求；在政府购买公共体育服务合同履行过程中，社会公众作为体育活动的直接参与者，对于服务提供者的服务质量最具发言权，因而政府对服务提供者进行监督管理的时候，社会公众应当积极参与监督，提高服务的提供质量。对于政府购买体育健身休闲服务合同的检讨与持续改进，社会公众也应当积极参与，建言献策。可以看出，在体育健身休闲市场社会治理中，社会公众有必要树立主人翁责任感，培养自身的公民参与意识，主动并协助其他主体完善市场治理，促进社会公共的利益实现。

第二节　政社合作治理：促进体育行政权力向社会回归

体育健身休闲市场治理需要政府与社会部门合作，人们对此已有共识。比较理想的状态，是政府与社会合理划分治理权限，既有分工又合作，政府侧重从宏观方面提供公共体育服务，而社会主体侧重具体公共体育服务职能的承担。当前，体育健身休闲市场合作治理过程中，存在政府与社会权限划分不合理、政府主导资源投向、两者缺乏良性互动、制度建设滞后等问题。要解决这些问题，在未来很长的一段时间内，我国体育行政部门依然面临着将权力进一步向社会主体回归的任务。

一、加强体育行政部门权力向社会回归的制度建设

我国在顶层制度设计方面，强调政府与社会合作治理、充分发挥社会作用的内容，但具体到体育健身休闲市场治理领域，依然存在宏观制度设计缺失的问题。因而，有必要从多层面加强体育行政部门权力向社会回归的宏观制度设计。

（一）立法完善政府与社会主体合作治理机制

1. 体育行政部门与社会主体合理划分治理权限

非市场缺陷理论认为，政府组织的内在缺陷，导致其向社会公众提供消费品时效率低下、分配不公、成本高企。① 据此我们认为，体育行政部门不应过多承担具体的公共体育服务职能，而应专注于维护公平有序的市场竞争环境；而即使要提供具体的公共体育服务，也应局限于提供社会不能，或者不适合由社会提供的公共体育服务产品，社会能提供的应当交由社会承担，实现社会主体与体育行政部门之间的工作合作。特别是在"互联网+"时代，体育健身休闲市场治理格局面临着重大改变，经营主体之间、传统经营模式与新兴经营模式之间的博弈加剧，某些新兴的健身产品面临着标准缺失等一系列问题。为此，政府在参与市场治理中应以服务市场为导向，转变自身职能，维护好公平有序的市场竞争环境，为体育健身休闲市场健康、有序发展提供支持。

为了达到创造公平有序市场竞争环境的目标，务必在立法领域紧跟改革要求，通过加强体育立法、行政指导等行为，合理划分体育行政部门与社会主体在治理中的权限，特别是促进权力向体育社会组织等社会主体回归，为政府专注于公平有序市场竞争环境创造奠定条件。为此，有必要在政府购买公共体育服务、政府对于公共体育场馆的管理、政府对于体育健身休闲市场的扶持、体育社会组织建设、体育健身休闲市场相关标准制定等方面，制定详尽的、操作性强的制度，通过制度规范社会主体与体育行政部门的分工与合作。

2. 保障社会治理主体对市场立法的参与

---

① 查尔斯·沃尔夫. 市场或政府：权衡两种不完善的选择 [M]. 北京：中国发展出版社，1994：1-12.

针对体育健身休闲市场相关问题进行立法过程中，专门的立法机关应当加强与市场利益相关者的沟通与协同，听取他们的意见，让他们参与到立法的博弈中。人大立法计划的确定，以及政府立法规划、体育行政部门立法计划的确定，虽然会考虑到民意、现实需求等因素；但实践中，还缺乏代表体育健身休闲市场不同利益主体民意代表的参与。特别是我国地方政府、体育行政部门制定的规范健身休闲市场的文件，民意代表的参与程度是不足的，甚少有代表健身市场经营主体、体育社会组织等相关主体利益的代表，而是以一般的民意代表居多。因此，有必要完善民意代表的选任程序，让各方利益相关者充分参与到体育健身休闲政策制定的博弈过程中，才能让相关的规范性文件真正反映民意，体现民主。

3. 立法理顺体育社会组织与体育行政部门沟通渠道

随着双重管理体制的结束，体育社会组织直接到民政部门登记即可，无须经过体育行政部门的批准，并且体育社会组织也是由民政部门进行直接评估，日常与体育行政部门的联系并不密切，两者的关系有趋于弱化的倾向。虽然，政府职能转移、政府购买公共体育服务等，使政府与体育社会组织的业务联系有所增多，但总体而言并没有改变两者联系弱化的趋势。为了更好地履行业务指导职能，体育行政部门有必要主动进行相应的立法活动，构建起体育社会组织与政府沟通联系的规范化渠道，使得体育社会组织在参与社会服务实践中的意见、建议能够迅速地反馈到体育行政部门，而体育行政部门亦可及时地对体育社会组织进行全方位支持。

4. 完善公共健身设施建设中的政社合作治理

我国政府掌握着大量的经济资源、政治资源与社会资源。为保障社会公众的体育权利，推进健康中国的建设，我国很多地方政府投入巨额财政资金，进行10分钟健身圈、大型运动场地等大规模体育基础设施建设。最典型如常州，已经连续多年对公共健身设施进行巨额投入，现已基本建成覆盖所有人口的10分钟健身圈，每个街道都有健身设施。历史经验表明，政府大规模投入对于实现公民体育权利有着重要的意义，但亦容易产生一系列的弊端，譬如体育资源浪费、抑制社会力量投资体育健身休闲市场、降低社会公众对体育市场发展的参与性等，为了减少这些弊端，发挥其积极作用，有必要完善公共健身设施建设中的政社合作治理。

(1) 通过政府购买扶持社会资本对体育健身休闲市场的参与

政府投资体育健身设施突出强调公益性，但投资效率、投资的社会回报率容易被忽视，并且容易基于地方领导人政绩要求，进行低水平重复建设。与政府投资相比，社会投资体育健身休闲市场的目的，除了潜在的公益性之外，还具有盈利的要求，这就要求经营主体必须注重投资的效益，避免浪费资源。从这个角度而言，社会投资体育健身休闲市场具有政府投资所不具有的优势。因此，对于社会能够承担投资任务的健身休闲设施，政府部门不应当喧宾夺主，替代社会投资，而应着眼于调动社会主体对体育健身休闲市场的参与。政府在治理理念上，应当通过政府购买、政府补贴等行为，扶持体育健身休闲市场的发展，达到满足大多数人体育需求、保证大多数人体育权利的目的。

(2) 对于政府直接投资的体育健身设施，应尽量采取政府与社会合作的形式

市场具有局限性，对于社会资本不愿意投资、不适合由社会主体投资的健身休闲设施，政府应当承担起投资任务。即使如此，根据广州、常州等地公共体育场馆管理的经验，完全由政府运营的体育场馆，其成本都比较高。因此，对于政府投资公共体育设施，也应尽量地吸引社会资本的参与，采取政府与社会合作投资的形式。而对于建成后的体育设施，应尽量通过市场化、半市场化的形式，交由社会来管理与运营。

(3) 政府直接投资公共体育设施建设，应充分征询社会各方主体的意见

虽然政府投资公共体育设施资金来源于财政，但这与社会公众体育权利密切相关，并对周边体育健身休闲市场发展产生不可估量的影响。因此，政府的投资行为，不仅体现政府的投资愿意，也应当听取社会公众、体育经营主体、体育社会组织等社会主体的意见。政府通过与社会各方主体的沟通，最大限度地照顾社会各方主体的利益与主张，能够帮助政府适当地约束自身的非理性投资行为，减少不必要的重复性建设，让政府更合理地利用其自身的资源引导整个体育健身休闲市场的发展。

(二) 加强体育行政部门行政职能改革

十八大及十八届三中全会均提出，我国要加强政府职能改革，建设服务型政府，这是党在新时期对政府机构改革的总体安排，是对我国经济社会发展与时代潮流的回应。对于体育健身休闲市场治理而言，服务型政府是指体育行政部门及其他相关的政府机构，在对体育健身休闲市场治理过程中，以权利本位

理念为指导，按照法律及市场、社会公共利益的需要而从事服务行为。构建服务型政府，是政府职能转变的必然选择，是促进体育行政部门职能向社会回归的基础。在体育健身休闲市场治理过程中，加强体育行政部门行政改革，构建服务型政府，应当重点做好以下两方面。

1. 提高体育行政部门的行政效率

高效是服务型政府的应有之义。通常高成本的政府，意味着低效率的政府服务能力。体育行政部门要提高其在体育健身休闲市场治理中的行政效率，降低行政成本，应做好以下几个方面：（1）加快政府公共体育服务职能向社会转移的具体落实。当前，虽然在政策层面已经确定政府公共体育服务职能向社会转移的目标，政府大包大揽社会公众体育健身责任的情况有所改观，但是政府在整个体育健身休闲市场治理中依然扮演着"老大"的角色，是大部分公共体育服务产品的生产者、监督者，还是公共体育服务产品分配的控制者，社会主体在其中的作用微乎其微。只有改变这种情况，政府才能回归体育健身市场宏观治理的角色，提高其效率。（2）发挥体育社会组织的作用。以市场化原则来运作、规范各类体育社会组织，通过体育社会组织来促进市场主体的自治，减少政府权力对市场的介入，这也有利于提高政府的行政效率。（3）建立及时回应社会公众需求的制度。及时回应是高效政府的典型表现，它是指政府应当建立相应的制度，定期或者不定期地主动了解社会公众的体育健身服务需求，对于社会公众遇到的问题进行及时的回应。

2. 减少体育审批的同时加强体育服务

市场经济条件下，对体育健身休闲市场必要的审批能够维护市场经济秩序，保障公共利益。然而，审批不应当成为体育行政部门获取部门利益的工具。在某种意义上说，减少审批是建设服务型政府的基础。随着政府权力清单制度的推行，体育行政部门的审批权限受到了极大限制，保留的少量审批，主要集中于游泳、滑雪等少数几个高危险性体育项目的举办。而其他的一些体育项目，包括商业性与群众性体育赛事的举办，自2014年以来也已经在全国范围内逐步取消；伴随着政府身影的隐退，我国体育健身休闲市场的治理，真正进入了一个社会力量治理扮演不可或缺角色的时代。

体育审批减少的同时，要完善政府服务制度建设。审批减少，并不意味着政府在体育健身休闲市场治理中不再承担责任，究其实际，是政府部门将体育健身活动开展的事前程序性审批，变为事后的过程性监督，因而其承担的责任更为重大。为了适应审批减少、需要更加专注于服务体育健身休闲市场的趋势，体育行政部门有必要加强自身的制度建设，要变被动提供服务为主动提供服务，特别是要做好以下的三方面：(1) 体育行政部门要完善办事程序，为行政相对人提供简单明了的指示。(2) 建议各省在立法层面，规范体育行政部门与工商行政管理部门（包括质量监督与技术监督职能）、公安部门在体育行政执法中的权限及相互配合的行为，为体育行政执法提供制度上的保障。(3) 加强体育行政部门的人员队伍建设、技术装备建设、执法规范建设、具体体育项目的标准建设，为体育健身休闲市场提供更优质的服务。

（三）构建独立而又互补的政社关系

政府与社会主体合作对体育健身休闲市场进行治理，"其基本动力在于通过对资源的交换与共享，实现合作各方的利益诉求"①。然而，在合作治理过程中，它们的目标并不总是一致的，因而有可能会出现多方面的冲突。解决这些冲突，形成两者的利益共同体，是完善政府与社会主体合作治理机制的重要方面，为此应做好以下方面的工作。

1. 体育行政部门合理约束自身权限

体育行政部门要尊重社会主体在体育健身休闲市场治理中的独立地位与独立利益，合理界定与约束自身的权限，避免权力的滥用，并有意识地将社会能够承担的治理职能交由社会来承担，促进体育社会组织等社会主体发展壮大，形成与政府相互制衡的力量。

为了防止合作治理削弱体育社会组织、体育经营主体等社会主体的独立地位，造成社会主体对体育行政部门的过度依赖，有必要培育强大的社会力量。政府将事务性体育健身休闲服务完全交由社会来承接，有利于社会主体在提供服务中发展壮大。具体而言，公共体育场馆管理运营，体育社会组织管理，体育社会指导员培训，国民体质监测，社会体育服务监督等这些职能，体育行政部门均交由社会来承担；体育行政部门只应当承担起监督、制约、服务、调控的功能，以及为弱势群体提供社会不愿、不能提供的体育健身休闲服务，而一般的体育健身休闲服务，则应完全交由社会承担，政府不再参与到其中。

---

① 敬乂嘉. 从购买服务到合作治理——政社合作的形态与发展 [J]. 中国行政管理，2014 (7): 54-59.

2. 体育社会组织、健身经营主体等社会主体要有独立意识

独立是合作的基础，依附于体育行政组织的社会主体难言合作治理；为此，社会主体参与市场治理过程中，务必保持自身的独立性。特别是体育社会组织，要逐步与体育行政部门脱钩，通过主动参与市场竞争以获取自身发展资源。

社会主体的独立性，意味着其必须平衡好自身的服务职能与市场治理职能。从现实来看，体育行政部门更多的是要求社会主体提供体育健身服务，而对于其参与治理的职能则甚少关注；但从社会主体的角度而言，服务与治理职能是相辅相成、相得益彰的关系，社会主体只有处理好两者关系，才可能与体育行政部门各取所需，构建起相互合作的利益共同体。社会主体要处理好这两种职能的关系，不仅要主动参与体育健身休闲市场决策，而且要直接地提供体育服务，两者缺一不可。这是因为，社会主体通过承接政府转移的职能，直接地向社会提供公共体育服务，虽然在经济、治理地位方面可为自身带来直接的改变，然而根本性、长期性、持续性地改变自身在体育健身休闲市场治理中的位置，务必以政策及制度确立为基础。因此，社会主体要实现其自身的目标，务必耐心、富于技巧、持之以恒地投入政府事关体育健身休闲市场治理的决策过程中，而非游离于政府决策之外，仅将自己定位于体育健身休闲服务的提供者；事实上，如果社会主体只专注于体育健身休闲服务的提供而忽略对政策的影响，反而有可能损害其自身向社会公众提供公共体育服务的能力。

3. 合作治理过程中，要促进社会主体与政府形成利益共同体

利益是最好的黏合剂，体育社会组织，在体育健身休闲市场治理过程中，只有与政府之间存在共同的利益，才能实现长久的合作。为此，政府在合作治理过程中，不仅要让权，更重要的是让利，让社会主体在健身市场治理中获得实实在在的利益；社会主体在获得利益的同时，要为体育行政部门分忧，承担起政府转移的服务职能。

二、完善政府购买公共体育服务中的合作治理

政府购买公共体育服务的实际，是政府将自身的权力与其他社会主体进行分享，其他社会主体参与到市场治理当中。当前，政府购买公共体育既需要解决操作层面的细节问题，也需要解决除了少数发达地区之外，大多数地方对购买公共体育服务的制度化建设关注不足的问题。为此，应当采取以下的策略：

（一）加大政府购买公共体育服务的投入

政府购买公共体育服务是政府履行公共服务职能的具体体现。当前，我国

政府购买公共体育服务资金主要来源于体育彩票公益金及财政拨款,其中体育彩票公益金主要用于招标购买群众性的公共体育服务,而财政拨款主要是用于购买学校的体育服务,促进学校体育设施向社会公众开放,而对于投入较大的体育设施建设,我国较为通行的做法是采用财政专项拨款的形式。总体而言,当前政府购买服务的资金来源较为固定,但是投入强度在各地却呈现出非常明显的差异,这与当地经济发展水平及领导的意志有着密切的联系。

因此,有必要根据各地的具体情况,采取制度化措施,促进政府加大购买公共体育服务的投入力度。(1)从法制层面,通过立法确定政府购买公共体育服务在财政支出中的占比,为政府购买服务提供一个稳定的资金来源,避免因为领导人注意力转移而对政府购买公共体育服务造成不必要的影响。(2)应当灵活运用各种资本运作模式,在政府购买中吸引社会资本对体育健身休闲市场进行投资,通过政府与社会合办体育的形式,达到运用较少财政资金,最大限度地调动各方力量为社会公众提供公共体育服务的目的。(3)对于经济欠发达地区,完全由地方承担政府购买公共体育服务的资金有所困难,其总额也非常有限,为此,中央有必要加强财政转移支付,增强其购买公共体育服务的能力。

(二)完善政府购买公共体育服务法律规制

政府购买公共体育服务,除了要解决资金来源问题外,还需要解决法律规制问题。法律规制问题涉及两大类:一类要解决宏观上的立法问题,为政府购买提供法律上的保障;另一类是要完善政府购买公共体育服务的实施细则问题。

1. 宏观层面加强地方政府购买公共体育服务的法制建设

虽然我国政策层面在鼓励政府购买公共体育服务,然而我国还缺乏全国性政府购买公共体育服务的规范。现有政府购买的法律依据,主要是各地根据自身的实际制定的实施办法及实施细则,应当说这符合我国的国情。然而,我国绝大部分地方对于政府购买公共体育服务的规范问题缺乏应有的重视,只有少数地方政府对购买公共体育服务问题进行立法,其中最早的是常州市。很多地方只是将政府购买体育服务列入政府购买的大项中,而对于政府购买中的基本问题,还缺乏应有的规范。为此,国务院有必要加强对地方政府的引导,促进他们将政府购买公共体育服务法制化,通过法定的形式将政府购买主体、承接购买主体、购买形式、购买内容、购买程序、购买监督、购买资金来源等一些宏观性问题,以立法的形式固定下来,减少政府购买公共体育服务的随意性,也为社会主体参与政府购买公共体育服务提供指引。

特别的，政府购买公共体育服务的立法内容中，还应当明确政府与社会主体的权限范围，政府特别要注意自我限权与对社会赋权。政府购买服务，意味着政府需要将其自身直接提供公共体育服务的职能交由社会来承接，自身则主要承担了解社会公众对体育服务的需求、监测体育服务承接方的服务成本、寻找合适购买者、监督服务承接者服务过程、评估服务绩效等方面的职责，防范与控制体育服务外包的潜在风险，社会主体在其中，则需要承担起直接向社会公众提供公共体育服务，分担治理职责等任务。由于政府购买公共体育服务的立法绝大多数情况下由政府主导，因此在规定各方权限过程中，体育行政部门特别注意要自我限权，将社会能承担职责的应当尽数转移给社会承担。

2. 微观层面完善政府购买公共体育服务的实施细则

政府购买公共体育服务实施过程中，所涉及的具体问题主要包括"买什么样的公共体育服务""谁有资格参与公共体育服务的购买""应当向谁购买公共体育服务""购买公共体育服务的程序应当怎样设定""如何让财政资金购买公共体育服务是物有所值的""如何监督并提高公共体育服务产品的质量"等方面。为保障政府购买的顺利开展，有必要对上述的这些问题进行必要的规范；针对我国的现实状况，应重点做好以下几个方面实施细则的规范。

（1）完善政府购买公共体育服务中对于服务承接主体的监督

我国现阶段对于政府购买公共体育服务承接主体的监督，分为事前准入监督、提供服务过程的事中监督，以及提供服务之后的事后监督，这三个阶段的监督都存在一定的问题，有必要对其进行完善。

第一，事前准入监督及其完善。事前准入监督，是指承接政府购买公共体育服务的主体，必须符合一定的条件，否则不能获得准入。这些条件一般会在政府购买的公告中予以载明，通常的条件为税务条件、民政部门的评估条件、年检条件、是否发生过重大事故或受过处罚、规模条件等方面。当前，事前准入监督存在的最大问题，是这些准入条件都需要借助于其他部门的监督结果，体育行政部门自身缺乏应有的话语权，无法体现出体育的特殊性。因此，体育行政部门有必要建立反映体育特色的准入条件体系，适当减少对于第三者监督结果的依赖。

第二，提供服务的事中监督及其完善。提供体育服务过程中，政府主要依靠资金支付来制约和监督服务承接者。社会主体承接政府购买服务后，通常只获得一半的购买资金作为启动经费，在服务结束后再根据对服务结果的评估，才能确定获得剩余资金的比例。应当说,过程性评价监督有利于促进体育服务承接者提高服务质量。以广州市政府购买社会体育场馆服务为例,社会公众可以通过 APP 对体育场馆服务质量进行评价,政府同时聘请第三方对场馆服务进行评价,比较彻底地贯彻了过程性监督模式,是较好的监督模式。然而,我国很多地方对体育服务提供者的监督,还没有建立起应有的体系,这些地方应当发挥后发优势,积极学习我国已有的成功经验,促进事中监督的完善。

第三,事后监督及其完善。事后监督存在的最大问题,是没有形成完备的评价监督体系,主观因素影响比较大,而且事后监督并没有建立应有的黑名单制度。常州市政府购买公共体育服务的立法实践,规定了体育行政部门成立专门的领导小组,对政府购买公共体育服务进行事后评价与监督,并将评价结果与后期拨付的费用相关,但这样的规定在实践中并没有被贯彻与执行。其后期费用的拨付,主要与群众对于活动的反馈挂钩,行政监督并没有真正介入其中。显然,常州立法让行政部门承担事后监督责任的做法,有可能让政府负担过重,无法真正履行监督职能,人为因素影响较大。为此,有必要总结我国在政府购买公共体育服务中事后监督实践中的得失,构建合适的监督评价体系,引入第三方监督,并对于无法真正履行承接政府购买服务的市场或者社会主体,建立黑名单制度,从多方面促使承接主体为社会提供优质的体育服务。

(2) 完善对政府购买公共体育服务行为的监督

实践中,政府购买主体通常为体育行政部门,以及参照公务员管理并具有行政管理职能的事业单位。监督政府购买公共体育服务的行为,其目的在于监督政府购买公共体育服务的决策过程是否合法,资金投向是否合法,是否遵循了法定的程序。现有监督主要是纪委、财政、社会公众等的外部监督,缺乏对购买主体购买行为的体系性、全程性监督。为了降低政府在购买公共体育服务中的风险,提高资金使用效率,购买主体有必要遵循治理理论中的公民参与、沟通和协商等基本原则,构建能够对政府购买公共体育服务全程性监督的体系。

(3) 特别要完善政府向体育社会组织转移行政服务职能的细则

体育社会组织是承接政府购买服务的重要主体,政府正在推动部分职能向体育社会组织转移，相关立法、政策已经有所反映①。实际上，体育社会组织除了能够承担起向社会公众提供公共体育服务的职能外，还能够充当体育行政部门行使具体行政行为的"好帮手"，承担起一定的行政服务职能。但是，究竟哪些行政服务职能可以由体育社会组织承担，哪些职能必须由体育行政部门承担，这在法律上并没有明确的界定。《政府向社会力量购买服务的指导意见》（国办发〔2013〕96号）规定，对于基本公共服务政府应当加大购买力度，而对于不适合社会承担、应当政府直接提供或不属于政府职责范围的服务，则不能通过政府购买向社会提供；而对于非基本公共服务领域，适合社会承担的可以"通过委托、承包、采购等方式交给社会力量承担"。这虽然在政策理论上已经讲清楚政府购买公共体育服务的范围，但落实到实践，依然没有能够很清楚地界定体育社会组织究竟可以承担起哪些行政服务职能。因此，有必要通过立法予以明确这些基本问题，避免体育行政部门对其职权该行使的不行使，该承担的不承担；或者承担一些不该由其承担的事项。

三、完善体育健身领域清单管理制度

无论是体育行政部门的权力清单，还是体育健身休闲市场准入清单，其核心都是绑住政府的手，变事前审批为事中、事后监督，让体育健身经营者等市场主体"撒开腿跑"。随着改革的深入，我国绝大部分地区体育行政部门的权力清单已经向社会公布，行政审批事项已经极大地减少；而市场准入负面清单方面，在试点地区所公布的准入方案中，也已经极大地减少了市场主体在体育健身休闲市场领域的准入限制。我国体育健身领域清单管理取得很大进步的同时，也还有一些问题需要完善与解决：

（一）解决准入规范中相互冲突的内容

我国《外商投资产业指导目录》（2015年修订）禁止外商投资"高尔夫球

---

① 涉及政府购买服务，社会组织承接政府职能的规范文件主要有：十八届三中全会公报，国务院办公厅颁布的《关于政府向社会力量购买服务的指导意见》（国办发〔2013〕96号），财政部、民政部颁布的《关于支持和规范社会组织承接政府购买服务的通知》（财综〔2014〕87号）、中共中央办公厅、国务院办公厅印发的《行业协会商会与行政机关脱钩总体方案》，《关于行业协会商会脱钩有关经费支持方式改革的通知（试行）》（财建〔2015〕788号），《关于做好行业协会商会承接政府购买服务工作有关问题的通知（试行）》（财综〔2015〕73号），中国残疾人联合会、民政部联合颁布的《关于促进助残社会组织发展的指导意见》（残联发〔2014〕66号）。

场、别墅的建设",禁止外商投资"博彩业(含赌博类跑马场)"。《政府核准的投资项目目录》(2014年本)、《产业结构调整指导目录》(2011年本,2013修正)对于高尔夫球场项目、赛马场项目实行限制准入,也就是说,不允许新的投资者进入这个市场;湖北仙桃地区的市场准入制度也限制高尔夫球场与赛马场项目的准入。但是,国务院办公厅2015年公布的《自由贸易试验区外商投资准入特别管理措施(负面清单)》中,并没有将赛马场、高尔夫球场建设列入负面清单当中。另外,国务院《关于推进海南国际旅游岛建设发展的若干意见》(国发〔2009〕44号)中规定,"支持海南举办……高尔夫球职业巡回赛等体育赛事""规范发展高尔夫旅游"。也就是说,依据这个规定,高尔夫球场建设不应当被禁止。综上所述,我国现行的关于高尔夫球场建设、赛马场建设等市场准入的某些规定是相互矛盾的,有必要在以后公布的清单中解决这些矛盾。

(二)建立体育健身休闲市场经营者的信用体系

随着清单管理的推行,应当相应地建立起体育健身休闲市场经营者信用体系,以此来鼓励诚实守信的健身经营主体,惩戒在经营活动中失信、欺诈的行为。这是因为,市场准入实行清单管理,减少审批,变事前审批为事中及事后监督,这在方便健身经营主体进入市场的同时,也会造成基于前置审批缺失而造成的鱼龙混杂的现象。这就要求体育健身休闲市场相关的主体应当诚实守信,严守法律,对于违反市场规则、不讲信用的体育健身休闲服务提供者,应当进行惩戒;对于守信的市场主体,则应当予以激励。只有这样,才能防止健身休闲市场出现劣币驱逐良币的现象。为此,相关主体应当做好以下两个方面:

一是,工商要协助体育行政部门严格执法,对于在经营过程中欺诈消费者,卖健身卡后关店,不同健身俱乐部之间恶意串通操纵价格、排挤其他经营者等行为,应当予以及时的查处并处罚,并应通过让社会充分知晓的形式予以公布。

二是,建立体育健身休闲市场经营主体信息公示与信息共享制度。体育行政部门有必要与其他行政主体协作,建立体育健身休闲市场经营主体的信息公示制度和信息共享制度,让行政部门及社会公众及时监督、了解体育健身休闲市场经营主体的经营管理状况,通过透明化的措施落实事中及事后监督。

(三)强化政府职能转移与社会承接职能意识培养

清单管理制度在我国施行的时间并不长,它要求政府将大部分行政职能转移到由社会承担,无可避免地触动了体育行政部门的既有权益;而体育社会组织等很多社会主体,基于长期以来的惯性,还没有习惯于主动承担体育行政部门的治理权限。为了改变这种状况,有必要从改变政府与健身市场主体的意识做起。

一是,加强对体育行政机构领导干部及工作人员的教育,从思想上保证职能转移的实现。体育领域清单管理制度的真正落实,不仅仅是文件上的规定,甚至不仅仅是体育行政机构设置的变革,更重要的是体育部门的领导干部,要有放弃原有权益的勇气与决心,相关工作人员要改变原有的管理思维。为此,体育健身领域清单管理制度的落实,首要任务是体育行政部门领导干部及工作人员观念的转变。

二是,体育行政部门要转变观念,加强内部机构的改革,优化职能部门的设置。以往以管理为导向的内部机构设置,要转变为以服务为导向的机构设置。体育行政部门不应再将大量精力用于公共体育场馆的管理、兴建体育基础设施方面,而应将工作重心转移到支持社会提供体育健身服务等方面,其内部机构设置应服务于这一转变。

三是,体育社会组织、健身市场经营主体等,要培育起主动参与政府职能转移的意识。清单管理之后,体育行政部门的一些职能会转移到社会上来,体育社会组织、健身经营主体要改变等资源、等政策的习惯,主动到社会去抢资源,通过提供服务以获得更好的发展机会。

第三节 鼓励社会投资:构建社会资本参与体系

社会资本对国家与社会具有重大影响力,能够以特有方式深刻地影响着体育健身休闲市场的治理,是其他主体参与市场治理的重要媒介与手段。虽然,当前我国政策、法律层面对于社会资本进入体育健身休闲市场还是抱着非常欢迎的态度,然而在实践中依然存在一些问题,譬如,政策性金融工具运用不当、银行借贷、风险类投资规范缺失、非金融企业债务及股权融资工具运作不畅等问题,对于我国体育健身休闲市场的发展及其治理造成了消极的影响。为此,我们有必要解决社会资本参与体育健身休闲市场存在的问题,构建起完善的社会资本参与体系,以此来促进我国体育健身休闲市场治理的完善。

一、改革体育健身休闲业税费政策以鼓励社会投资

体育健身休闲市场主体税费过高,减税、免税条件苛刻,已经对市场主体

的内部治理与经营发展造成了严重的影响,导致很多社会投资者对体育健身休闲业望而却步。因此,有必要改革现阶段的健身休闲市场的税费政策,特别是在以下几个方面完善税费的治理。

(一) 降低健身经营主体适用的税率

我国健身市场主体的税负,包括增值税、城建税、数额不等的土地使用税、房产税、教育附加费、所得税等,适用的税率与其他纯商业性质的生产、消费经营主体的税率相同。现有税率的适用,彰显了健身休闲市场主体营利性而忽视了公益性,造成健身市场主体总体税负较重;近年来我国很多健身经营主体亏损、整体经营状况不佳的状况,与税负较重有着密切的关系。可以说,税率过高在一定程度上恶化了市场治理与发展环境,让社会资本不敢深入地参与到健身休闲市场发展当中。

为此,我们有必要对健身市场主体的税率进行必要的改革,降低健身经营主体的税负,既体现公益性特征,又为社会资本营造友善的投资环境。而降低的幅度,可以考虑具体体育项目特点而有所区别;但无论如何,税率的确定要充分考虑到健身市场的公益性特点,特别是主要举办普惠性体育项目的健身市场主体,其适用的税率应当予以降低。而对于一些体育性质的游艺活动,以及高尔夫运动、骑马运动,应当回归其体育性质,废除歧视性的税率,而适用与其他体育项目相同的税率。

(二) 建立普惠、平等的税费减免待遇

1. 避免税负歧视

无论健身市场主体由民间投资,或者由国家、集体、事业单位等主体投资,其在免税、减税待遇上应当奉行平等政策,避免基于身份而形成的税费歧视。以体育场馆的房产税、城镇土地使用税的优惠为例,按照《关于体育场馆房产税和城镇土地使用税政策的通知》(财税〔2015〕130号) 的规定,国家、事业单位等拥有并运营的体育场馆,可以享受房产税及城镇土地使用税免税优惠;企业拥有并运营的大型的体育场馆,则可以获得上述两项税收的减半征收优惠;但对于企业拥有并运营的非大型体育场馆,应当全额缴纳房产税及城镇土地使用税。显然,这对于大量规模较小、更需要扶持的社会体育场馆来说,显得尤为不公平,使其在竞争中处于非常不利的境地。因此,就这个案例而言,即使不对社会投资的体育场馆采取特殊的扶持政策,至少要对所有体育场馆经营者采取一视同仁的税费减免政策,而不应当基于健身市场主体投资者、运营者的身份，以及主体规模大小而采取区别性的税费减免政策。总的来说，基于健身市场主体的身份、规模大小而实行有差别的税费减免政策是不公平的，会恶化市场治理环境，遏制市场竞争机制发挥优胜劣汰的作用。为此，政府层面应当致力于为健身市场主体塑造公平、有序的治理环境，较少不必要的干预，为健身市场主体长远、可持续发展奠定基础。

2. 扩大税费减免范围

民政、财政、税务负责非营利性组织免税资格审查，符合条件①的可以享受免税资格，但在实践执行过程中，免税资格的审查很严，大量初创的体育社会组织基于各种细节性原因没有能够通过免税审查；而获得税费减免的，主要是一些具有官方背景的体育社会组织。并且，作为税收大头的所得税，体育社会组织所能享有的税负减免范围也很窄，仅包括捐赠收入、会费、银行存款利息、政府补助这四项。由此导致的结果，是社会投资创立具有公益性质的体育社会组织，即使没有以营利为目的，但依然要承担较重的税务负担。为此，要鼓励社会投入发展体育社会组织，首先应当在税务方面予以大力度的减免。

（三）取消体育产业发展专项资金，发挥市场资源配置作用

政府给予体育健身休闲市场主体等体育产业类主体财政补贴，虽然出发点是鼓励社会资本投资体育健身业等的体育产业，但从产权理论的角度来看，补贴行为反而会阻碍资源优化配置，导致市场交易成本上升。特别是，体育产业发展专项资金的扶持面比较窄，只有少数的健身经营主体能够获得相应的扶持，对整个健身休闲市场发展并无太大促进作用。并且，由于政府具有补贴规则的

---

① 这些条件包括九项：（一）依照国家有关法律法规设立或登记的事业单位、社会团体、基金会、民办非企业单位、宗教活动场所以及财政部、国家税务总局认定的其他组织；（二）从事公益性或者非营利性活动；（三）取得的收入除用于与该组织有关的、合理的支出外，全部用于登记核定或者章程规定的公益性或者非营利性事业；（四）财产及其孳息不用于分配，但不包括合理的工资薪金支出；（五）按照登记核定或者章程规定，该组织注销后的剩余财产用于公益性或者非营利性目的，或者由登记管理机关转赠给予该组织性质、宗旨相同的组织，并向社会公告；（六）投入人对投入该组织的财产不保留或者享有任何财产权利，本款所称投入人是指除各级人民政府及其部门外的法人、自然人和其他组织；（七）工作人员工资福利开支控制在规定的比例内，不变相分配该组织的财产，其中：工作人员平均工资薪金水平不得超过上年度税务登记所在地人均工资水平的两倍，工作人员福利按照国家有关规定执行；（八）除当年新设立或登记的事业单位、社会团体、基金会及民办非企业单位外，事业单位、社会团体、基金会及民办非企业单位申请前年度的检查结论为"合格"；（九）对取得的应纳税收入及其有关的成本、费用、损失应与免税收入及其有关的成本、费用、损失分别核算。

制定权、补贴申请的审核决定权,因而补贴行为容易产生权力寻租等腐败现象,恶化整个健身休闲市场的治理环境。实际上,政府对于体育健身市场主体最优的扶持策略,是以普惠性的税收优惠取代专项资金扶持政策,充分发挥市场优胜劣汰的作用,提高市场效率。

二、创新支持健身市场主体融资的政策性金融工具

政策性金融,通常而言指金融机构在政府支持下,配合国家政策实现而采取的资金融通行为,包括具有政策性质的存款贷款、投资、担保、信保、贴息、贴现等。政策性金融工具,是指为实现政策性金融而创设的各种产品及机构,它是国家通过经济手段参与市场治理的重要形式。我国体育产业被定性为朝阳产业、未来国民经济支柱性产业,体育健身休闲市场的发展得到了国家的大力扶持。为了更好地促进健身休闲市场的治理与发展,有必要不断创新我国政策性金融工具,为健身市场主体融资提供支持。

(一)发展政策性体育信用担保机构与贷款信用保险

健身休闲市场主体贷款难的最大原因,是缺少担保物而造成信贷机构的风险偏高。完全地让贷款机构承担这种风险,不符合商业信贷活动的风险控制原则,也与理性经济人的利益性原则相违背。因此鼓励信贷机构支持健身经营主体的核心问题,是确保信贷机构贷款的安全性。为此,有必要发展政策性体育信用担保机构与贷款信用保险。

信用担保机构,是指有偿从事银行贷款担保业务的机构,贷款人不能按时偿还银行贷款时,由担保机构予以代偿。我国有很多为中小企业贷款提供担保服务信用担保机构,主要遵循商业运行原则,但是,我国却还没有政策性的信用担保机构。健身休闲市场主体贷款,如果完全由商业性的信用担保机构进行担保,即使是完全按照物价局核定的担保费用,也通常要收取贷款利率一半的担保费用,并且通常还会有一些其他的费用,其成本太高,会降低健身市场主体的融资积极性。为此,在当前我国体育健身休闲市场整体利润率并不高的情况下,有必要建立政策性的体育信用担保机构,专门从事体育信贷担保服务,以此来降低健身市场主体贷款成本。体育信用担保机构的资金来源,初期可以由财政性资金予以拨付,发展到一定阶段后可以吸纳社会资本的进入。

贷款信用保险,是指保险人担保银行或其他金融机构与企业间的借贷合同能得到有效履行的险种,它与信用担保机构功能有异曲同工之妙。发展这种险种的目的，是为健身市场主体信贷行为提供担保，降低融资难度。国家通过发展这个险种，可以有效地提高体育健身领域信贷的安全性，为信贷机构提供释放风险的"安全垫"。另外，从健身经营主体层面来看，该保险可以降低贷款的难度，为其提供银行渠道的融资方式，实现对民间高成本融资方式的替代。

（二）建立政策性体育银行

从国际的经验来看，意大利的体育信贷所运营得比较成功，其服务对象主要包括"地方政府、公共团体、全国单项体育协会、体育俱乐部和体育促进团体。对国家承认的'非直接赢利的''以娱乐和健身为目的'的组织也可以给予支持"①，自成立以来为各类体育团体，特别是私人俱乐部提供了大量贷款，对于促进意大利公共体育事业的发展起到了很大的作用。2010年，我国也有学者对设立体育银行进行过初步的探讨②，但总体而言，研究还比较少。

为了解决我国健身休闲业在内的体育产业融资难的问题，我国有必要参考别国体育银行运作的成功经验，设立政策性体育银行，以优惠的利率水平、较长的贷款期限，在体育健身俱乐部建设、体育设施建设等方面，为市场主体提供融资服务。政策性体育银行在内部治理方面，应当建立现代的银行治理架构，在运作上以促进社会公众体育权利的实现为宗旨，并适当遵循商业性原则。政策性体育银行的资金来源，可以采取初期投资由国家财政投入，逐步引入社会资本参与的形式；在条件具备的情况下，还可以通过上市来募集资金，增强自身实力，扩大对体育健身领域的支持力度。

除了创新上述的政策性金融工具外，我国还应当充分利用贴息、政府担保、政府投资等金融工具，促进体育健身休闲市场的治理与发展。特别的是，政府购买公共体育服务也是政策性金融工具，政府通过决定购买内容、购买形式、购买程序等内容，充当了社会资本流动的指挥棒，从源头上引导体育健身休闲市场发展的方向。

三、完善体育健身休闲市场商业信贷政策

现代社会，商业贷款是市场发展最重要的资金来源，对市场主体的内部治

---

① 王力军，石磊. 意大利体育管理体制的特点及其改革走向[J]. 成都体育学院学报，2000，3（26）：16-19.
② 杨年松. 2010年广州亚运会投融资新模式思考[J]. 广州体育学院学报，2009（2）：35.

理，以及整个市场的治理都有巨大影响。体育健身休闲市场主体与信贷机构之间的通力合作，实现资金顺利融通，这本身就是体育健身休闲市场社会治理的主要形式。在我国，虽然有很多银行等信贷机构具有政策性银行的性质，但对于体育健身休闲市场主体的贷款，则绝大多数为商业贷款，遵循风险控制原则、利益最大化原则。针对商业信贷机构支持健身休闲市场主体普遍存在的高风险、低收益问题，我们有必要制定相应的策略，鼓励商业信贷的开展。

一是，充分利用政策性金融工具，实行差别化监管原则。体育健身休闲市场发展初期，投入大，回报周期长，沿用已有的风险监控原则，市场主体几乎难以得到贷款。为此，银行等商业信贷机构有必要针对体育健身休闲市场发展时期所固有的特点，对市场主体的信贷实行差别化监管，提高对发展时期体育健身市场主体的风险容忍度，避免采取一刀切的监管模式。体育行政部门、政策性保险机构等，应积极介入信贷机构对于健身市场主体的贷款过程，采取贷款信用保险工具、贴息工具等政策性金融工具，分散差别化监管给信贷机构带来的风险，并减轻健身市场主体的贷款负担。

二是，完善商业信贷支持体育健身休闲市场发展的实施细则。国发〔2014〕46号文指出，要"鼓励各类金融机构在风险可控、商业可持续的基础上积极开发新产品，开拓新业务，增加适合中小微体育企业的信贷品种"。就当前的实际而言，信贷难是当前我国各类体育健身休闲市场社会投资主体面临的重要难题之一。虽然，国家政策上支持信贷机构向体育健身业在内的体育产业发放贷款，但是，我国现阶段缺乏可操作性、配套性的落实措施，相关政策没有落到实处。为此，体育行政部门、金融部门、立法机构有必要尽快出台实施细则，为体育健身休闲市场商业信贷提供支持。

三是，总结已有成功经验，发挥体育行政部门在促进信贷支持体育产业（包括体育健身休闲业）中的作用。2013年宁波市体育局、2015年青海省体育局分别与当地银行信贷机构签订合作协议，引入信贷资金支持体育产业发展，其中宁波信贷额度更是高达50亿，时间跨度达5年。① 我们有必要总结已有的这些成功经验，发挥体育行政部门在信贷机构与健身经营主体之间的桥梁作用，促进信贷支持的广泛开展。建议国家体育行政部门与财政部门、银行监管部门、发改委等部门进行密切的沟通合作，借鉴地方体育局与金融机构签订合作协议

---

① 宁波体育局与中行合作 体育企业获50亿信贷支持［EB/OL］．中国宁波网，2013-8-4．

的模式,共同制订一个具有广泛适用性、操作性的信贷支持体育发展的方案,从而实现社会资本与体育健身休闲市场之间的顺利融通。

四、发展健身市场主体非金融企业债务融资工具

国办发〔2013〕96号指出,要"支持符合条件的企业发行企业债券、公司债、短期融资券、中期票据、中小企业集合票据和中小企业私募债等非金融企业债务融资工具"。理论上,只要具备法人资格的非金融企业,均可以发行非金融企业债务融资工具。当前,我国体育竞赛市场、体育用品市场中,已有企业运用这些债务融资工具,但就体育健身休闲市场主体而言,还较少有公司运用这些债务融资工具。相对于股市、私募、银行贷款的融资方式,运用非金融企业债务融资工具的融资成本较低、融资方式也比较灵活。为了满足健身市场经营主体的资金需求,有必要适当地发展这些公司债务融资工具。为此,应特别做好以下三点:

(一) 规范健身经营主体治理

规范健身经营主体治理,是非金融企业债务融资工具发行的基本条件,内部治理混乱的企业,其发行的融资债券容易受到市场的抛弃,甚至发行不成功。当前,健身市场主体内部治理,除了少数规模较大的健身俱乐部较为规范外,有很多小规模的健身经营主体,在客户管理、财务管理、教练管理、股权结构安排等方面,存在不少的问题,这些都会成为其长远发展的隐患。为此,健身市场主体有必要按照《公司法》《证券法》《公司债券发行试点办法》等规定[1],严格规范自身治理,使自身达到发行非金融企业债务融资工具的要求。

(二) 健身市场主体还应当注重自身信用建设

无论是短期、中期的票据发行,还是公司债的发行,都必须经过评级机构的信用评级,并需要向市场予以公示,也就是说,运用公司债务融资工具都隐含着对于主体的信用要求。具体到健身经营主体而言,高信用的健身经营主体所发行的债务融资工具容易为市场所接受,利率及发行成本均较低;信用度低的健身经营主体,发行债务融资工具的利率与承销成本均较高,甚至会触发禁

---

[1] 这些规定还包括《银行间债券市场非金融企业债务融资工具注册规则》《银行间债券市场非金融企业债务融资工具信息披露规则》《短期融资券管理办法》《银行间债券市场非金融企业短期融资券业务指引》《银行间债券市场非金融企业中期票据业务指引》等。

止使用债务融资工具的条件。要实现低成本的发行企业债务融资工具，健身市场主体应诚信经营，保护好消费者的权益，切实履行自身的社会责任。

（三）做好健身经营主体债务融资的人才培养工作

我国健身市场主体资金短缺时，主要通过民间借贷、吸引社会资本直接投入的形式予以融资，甚少适用非金融企业债务融资工具。究其原因，主要是因为健身经营主体金融人才欠缺，缺乏运用债务融资工具的意识与能力。为此，要充分发挥企业债务融资工具的作用，首要的条件是为健身经营主体培养具有现代金融意识的经营管理人才，可以根据自身的需要，灵活运用包括非金融企业债务融资工具在内的各种融资手段。

五、扶持体育健身休闲市场经营主体上市

股市有多重功能，可以为资本稀缺企业筹集资金，引导社会资本合理配置，并对上市企业产生间接的监督与评价作用。国发〔2014〕46号文指出，要"进一步拓宽体育产业投融资渠道，支持符合条件的体育产品、服务等企业上市"。体育健身休闲市场社会资本参与体系的构建，离不开发挥股市的作用；然而，当前我国还没有一家专门从事健身休闲服务业的上市公司。随着我国股票市场不断发展，在将来可能会实行股份有限公司上市注册制，这将为体育健身休闲市场主体发展提供难得的发展机遇，不仅可以从市场获得融资机会，还可以借此提高自身的治理水平。此外，体育健身休闲市场经营主体上市，对地方政府的税收、地方的形象都有着正面的影响，并且也符合当前我国大部分地区的产业发展政策，地方政府乐于支持健身经营主体上市。为此，我们应当采取以下积极措施支持健身市场经营主体上市。

（一）税务支持

税务支持，主要体现在税额豁免或减免。税务减免，可以减轻健身市场经营主体的负担，帮助其集中力量发展业务，达到快速上市的目的，这对于处于高速发展时期的健身休闲经营主体而言尤为重要。税务豁免，主要是针对上市辅导阶段而言的。这一阶段，健身市场经营主体为了达到上市目的，需要对其税务进行必要的规范化，对历年漏缴的税额予以补缴。此时，如果税务机关予以全额征收并处以罚款，通常会导致企业无法上市。为此，实践中有些地方的做法是，对于漏缴的税额予以一定额度的豁免，为企业上市铺平道路。健身市场经营主体在我国还处于初期发展阶段，部分公司难免存在税务瑕疵，为此，对于准备上市的健身经营主体予以一定的税务豁免，可以促进企业的长远发展，实现多方共赢。

（二）为健身经营主体上市提供多方服务

针对现阶段我国大多数健身经营主体金融人才、法律人才缺乏的情况，体育行政部门、工商行政部门、税务部门、财政部门、发改委等部门，有必要为规模较大的健身经营主体做好上市的培训服务工作，增强经营主体的上市意识，引导其在税务、股权结构、内部治理等方面，针对行业的特点做好上市前的准备工作，特别是做好企业的股份制改造。对于上市的中介机构，政府部门要加强评级管理，体育行政部门要与中介机构加强合作，引导中介机构研究体育健身休闲经营主体上市筹备中的特殊之处，为健身经营主体提供针对性的上市辅导服务。

（三）鼓励健身经营主体利用好注册制的机遇

所谓证券发行注册制是相对证券发行核准制而言的一种证券发行制度。证券发行申请人只需按照证券法规定的要求将信息资料向社会公众公开，并且送交发行主管部门进行审查，发行主管部门对于证券发行申请人的材料只做形式审查，不进行实质判断，如果材料符合形式要求，证券发行申请人可以自行IPO（Initial Public Offerings，即公司首次将其股份向公众出售），无须以证券发行主管部门的批准为前提。我国体育健身休闲市场主体大多规模不大，经营的规范性也不强，在核准制条件下上市非常困难。证券发行注册制的推行，不仅为我国大量的中小型的体育健身休闲市场主体提供难得的发展机会，更为重要的是基于股市的造富效应，可以吸纳更多的社会资金投资体育健身休闲市场，为市场的发展提供充足的资本动力。面对注册制带来的机遇，市场主体有必要首先提高治理水平，使自身符合证券法规定的发行证券的基本条件，以便时机来临时，可以实现迅速上市。特别的是面对我国体育健身休闲市场主体规模较小的现状，应当鼓励市场主体挂牌新三板，通过新三板的广告效应、财富效应、规范治理效应、成本比较低等的优势，为市场主体进一步发展积蓄力量。

六、发展并规范体育健身投资领域的风险投资基金

风险类投资对于发展阶段的体育健身经营主体而言，具有特别重要的意义。处于发展初期的健身经营主体，通常难以获得银行的贷款，也难以满足发行债务的条件，更不可能利用股市直接融资；此时，风险类投资基金将有可能为健

身市场经营者提供难得的发展机遇。而且，由于风险类投资基金的进入大多以上市为目的，因而通常会介入健身经营主体内部治理中，对提高经营主体的经营管理水平有着积极的意义。针对体育领域风投存在的问题，我们应当着重做好以下几点服务。

（一）提供架接风投平台与体育健身休闲项目的中介服务

现阶段健身创业者主要通过互联网渠道、朋友的信息渠道获取风险类投资平台的信息，然后进行接洽谈判。在这个过程中，健身创业者需要付出巨大的努力了解平台的状况、投资特点；同样，风投平台也需要花大量的时间精力来了解健身休闲项目创业者的信息。这对双方而言都意味着极高的时间成本与经济成本。为此，各省级体育行政部门，或者国家体育总局，应当促成体育风投中介机构的成立，为投资者、健身项目创业者提供接洽的平台，促成双方以较低成本的方式，达成投资意向。

（二）提供体育创业项目的估值中介服务

体育健身创业者与风险类投资者达成投资协议签前，需要对健身创业项目进行估值。由于风险类投资机构为专业的投资机构，在估值方面具有知识、经营方面的优势，而健身项目创业者则擅长项目的经营，对项目的估值问题缺乏应有的经验。为此，为了平衡双方基于知识、经验而造成的不平等，体育行政部门有必要在全国范围内成立专门的体育类初创项目评估机构，为创业者与风投类机构提供估值服务。中介机构的估值虽然不具有强制性，但可以从专业第三方的角度，相对客观地为双方协议达成的估值提供参考，有助于平衡双方的权利义务，避免由于权利义务显失公平而造成纠纷，为健身创业项目的长远发展与治理奠定基础。

（三）为体育健身项目创业者提供法律服务指引

就实践而言，风险类投资者与健身项目创业者之间，风险类投资者处于强势地位、有的风险类投资者利用这种强势地位在与创业者之间签订的合同中，加入了一些对创业者非常不利的条款。譬如，有的风险投资者在合同中只享受收益、不承担风险，或者只承担较小的风险，而健身项目创业者则需要承担绝大部分的风险，并且以个人的财产来担保风投权益的实现。出现此类问题的原因是多方面的，除了地位上的差异外，还有很多健身项目创业者法律意识淡薄，法律知识缺失，对引入风险投资中可能存在的法律问题、治理问题缺乏清醒的认识。体育行政部门可以参照房地产交易部门的做法，结合体育健身行业的特点，出台风险投资协议书范本，引导健身项目创业者与风险投资者平衡双方的权利义务。

第四节 治理能力提高：强化社会主体治理能力建设

体育健身休闲市场社会主体治理能力提升是系统性工程。针对当前我国社会主体参与健身休闲市场治理中存在的问题，我们将重点探讨在制度层面、体育文化建设层面、治理技术层面、治理评估体系方面提升社会主体治理能力，特别是提升社会主体对互联网健身产品的治理能力。

一、加强体育健身休闲市场社会治理的制度建设

党的十八届三中全会提出要加强"国家治理体系与治理能力建设"，其中"治理体系"指的是制度层面，"治理能力"指的是对于制度的执行能力，两者有着密切的联系。体育健身休闲市场社会治理能力建设，其实质是让社会主体在治理过程中具备良好的制度执行能力，要实现这一目标，我们有必要完善制度自身，让制度具备良好的可操作性、易于执行性。为此，我们有必要从制度创新、制度磨合、制度移植三个维度，讨论通过制度建设提高社会主体治理能力的问题。

（一）创新体育健身休闲市场社会治理制度

体育健身休闲市场社会治理的制度创新，是指政府、体育社会组织、市场经营主体、社会公众等，基于现实的经济、政治、文化风俗等条件，通过创设新的行为规范，鼓励社会公众参与体育健身休闲活动，引导各方主体将更多的资源投入体育健身休闲市场中来。对于当下而言，制度创新特别要注意好以下几点：

1. 健身休闲市场社会治理制度的创新，应当因地制宜

"以其所处的现代化过程之阶段为标度，就可以发现整体国家形象之下内部形态的千殊万异，故而不同地区在实际治理过程中所面临的主要矛盾很可能是不同的，其所能采用的治理资源也会有差异，解决问题所需要的治理思维也随

着而调整。"① 从宏观的角度来看，我国是一个人口众多、地域辽阔、风土人情各异的大国，并且各地的经济社会发展也不平衡，整齐划一的制度显然难以适应现实复杂的情况；从微观的角度来看，人们消费习惯不同，经济状况不同，对于健身休闲服务有着各种各样的需求，这就需要我们根据现实的需求，因地制宜制定不同的健身休闲制度与政策，避免千篇一律的情形。

2. 体育健身休闲市场社会治理制度创新可以是多方面、多层次

以当前的制度创新实践为例，杭州拱墅区是通过向社会公众发放体育消费券的形式，来促进体育健身休闲市场的消费；有的地方则出台制度，允许医保卡的持卡人利用卡上余额，进行体育健身休闲消费；而上海的一些社区，则通过政府购买服务的形式，为公众提供低廉的体育健身休闲服务；在我国中西部、农村等经济欠发达地区，体育健身休闲服务事业的发展，还处于解决群众基本体育设施由无到有的阶段，因而政府购买服务的重点是建设更多普惠、简便、实用的户外公共体育设施。可以看出，社会主体参与体育健身休闲市场治理的制度创新，不应当拘泥于统一的形式，它是可以多角度、多层次的。

（二）减少体育健身休闲市场社会治理的制度冲突

体育健身休闲市场社会治理过程中，不同规范性文件对于利益的不同安排，使得体育行政组织、体育社会组织、健身市场经营主体、社会公众等社会主体间的冲突是一种常态的存在，这就需要不同主体之间进行必要的沟通、协调乃至法律的修改，使之最终达到磨合的状态。现阶段，要解决体育健身休闲市场社会治理相关的制度冲突，着重应当做好以下两个方面。

1. 解决社会治理相关制度在立法原则、立法思想上的冲突

这些冲突的根源是多方面的，有的是因为不同立法主体之间缺乏沟通协作，导致制定出相互矛盾的规范性文件。譬如，我国有的地方探讨可以利用医保卡进行体育健身休闲消费，但是根据我国大多数地方关于医保卡管理的规定，医保卡的余额是不能够用于门诊、日常医疗消费之外的其他消费的；这些矛盾性规定的出台，应当是立法主体之间缺乏相互沟通协作而造成的。还有一些冲突的根源，是因为不同立法主体之间对于类似问题有着截然不同的理解，导致制定出来的文件相互冲突。要解决体育健身休闲市场社会治理相关制度上的冲突，

---

① 张小劲，于晓虹. 推进国家治理体系和治理能力现代化［M］. 北京：人民出版社，2014：195.

首先要统一立法思想、立法原则，加强不同立法主体之间的沟通协作，才可能尽量避免制定出相互冲突的规范性文件。

2. 对脱离现实的规范性文件进行及时的修改

减少健身休闲市场社会治理的制度冲突，有必要对脱离现实的规范性文件进行及时的修改。譬如，在体育运动及体育器械标准的制定方面，某些方面还落后于现实的需要。我国法律规定体育行政部门对于体育社会组织有业务指导的职能，但在实践中这种职能流于形式。

（三）移植先进的体育健身休闲市场社会治理制度

制度移植是体育健身休闲市场社会治理能力建设的重要方面。所谓制度移植，是指对于其他国家与地区的制度，在鉴别、认同、整合的基础上进行吸收、采纳，使之成为本国制度的有机组成部分。移植的制度，必须与本国制度能够相互接纳，适应本国的具体情况为前提。移植先进国家与地区体育健身休闲市场治理的制度，有利于我们吸纳别国先进的治理制度与经验，促进我国体育健身休闲市场社会治理的自我完善。因此，我们在推进体育健身休闲市场社会治理能力建设过程中，要注意制度的移植，对于别的国家与地区已经被证明行之有效的经验应当大胆进行吸纳。

当前，我国应当重点关注美国、欧洲、新加坡等发达国家和地区在体育健身休闲市场社会治理几个方面的经验，并针对我国的实际情况进行移植。一是，专门服务于体育的金融机构及其治理。这些金融机构包括体育银行、体育保险机构等。移植的目的，在于弥补我国在体育金融领域发展比较滞后的情况，促进社会投资体育健身休闲市场领域。二是，体育行政职能向社会转移、政府与社会合作的经验。美国很多州在体育健身休闲市场发展及其治理中，对社会力量发挥得比较充分，并通过制度安排，较好地处理政府与社会在体育健身休闲市场治理中的合作与分工，对弱势群体体育权利的保障也比较到位，这些都值得我们借鉴。三是，促进社会资本投资体育健身休闲市场的经验。美国是发挥社会力量比较充分的国家，体育健身休闲市场发展得比较充分，有很多制度值得我们借鉴。

要特别注意的是，我们移植域外体育健身休闲市场社会治理制度及其具体做法的同时，要因地制宜、适当改造，将其与本土的实际情况相结合，否则容易发生水土不服的现象，不仅不利于体育健身休闲市场社会治理能力的提升，还有可能造成制度内在价值的深层次冲突，最终伤害到社会力量参与市场治理能力的提高。"这提醒我们，法律意义上的制度架构未必能够带来有效制度化现实，甚至与制度本身所意欲的强大而充分的治理能力更可能会相去甚远。"①

二、通过发展体育文化提升社会主体治理能力

海德格尔认为，人是文化的产儿，如果没有文化，人将茫然无家可归。体育作为人类最基本的活动之一，既受到文化的滋养，也创造着体育文化的本身。我们认为"体育文化是指由思想和行为构成的，以身体活动为基本特征，以健康和娱乐为目的的社会现象与文化样式"②。体育正是通过体育文化，使其"具有改变世界的力量"③，深刻地影响着人类社会及作为社会组成要素的个人。体育文化作为一种潜移默化的力量，是社会主体治理能力的表现形式，它能以其独有的方式，促进社会力量的发展，增强社会公众体育权利意识，影响体育健身休闲市场的治理与发展。

我们应当通过提升体育文化，增强社会主体治理能力。体育健身休闲市场的繁荣、体育产业的发展是社会主体参与市场治理的基础，也是主体治理能力提升的基础；缺乏文化支撑的体育健身休闲市场与体育产业，是不可能发展壮大的，"因为体育产业最终是一种文化产业，体育需要文化的积淀才能产生更高的附加值，才能把整个行业的蛋糕做大"④。因此，要提高社会主体治理能力，首先要大力发展体育文化。

发展体育文化，应坚持从理论发展、商业推广、人才培养等方面多管齐下。从理论层面发展体育文化，主要是不断地挖掘体育项目的健身、娱乐价值，推进体育项目标准化、科学化工作，为体育健身休闲项目商业化奠定基础。商业推广是体育文化发展的不懈动力，对于体育文化的传承、传播、影响力的形成，乃至健身休闲项目的发展等都有深刻而长远的影响，譬如，马术文化、高尔夫文化、风筝文化、网球文化、端午龙舟文化等的商业推广，除了发展文化的本身之外，还能够推动体育项目的普及。这除了我国经济快速发展的因素之外，与高尔夫作为高雅、贵族运动的文化符号在全社会推广也有着密切的联系。而

---

① 张小劲，于晓虹. 推进国家治理体系和治理能力现代化 [M]. 北京：人民出版社，2014：186.
② 郝勤. 论体育与体育文化 [J]. 上海体育学院学报，2012，36（3）：3-6.
③ 卢元镇. 中国体育文化纵横谈 [M]. 北京：北京体育大学出版社，2005：2.
④ 体育产业潜力巨大 2015 年产值将达 2500 亿 [EB/OL]. 证券时报网，2012-11-21.

体育文化人才的培养则是一项系统工程，需要国家与社会的不懈努力才有可能办到。还有的学者认为，要发展体育文化应当坚持民族特色、体现"中国元素"，既要强调文化的域外借鉴，也要强调文化的自强、自信，将体育文化的发展与高科技及现代传媒结合起来。① 有学者提出来，体育文化建设可以从市场运作机制、体制改革两方面着手，通过市场、政府、社会各方共同努力来促进其发展②。

发展体育文化，还需要找到其内在可持续发展的立足点与生长点，特别是找到体育文化与市场的结合点，通过市场机制来促进体育文化的自力更生，自我超越。在当前我国倡导理论自信、制度自信、道路自信的大背景下，中国文化迎来了蓬勃发展的大好时机，体育文化作为我国文化的重要组成部分，应当借势于大趋势，既将自身与其他文化融合，又广泛吸纳其他文化领域、国外文化的内容，借助现代社会的各种文化消费渠道，实现自身的自我发展与超越。

三、创新与推广先进的体育健身休闲市场治理技术

"尝试通过技术层面的努力，以提升治理能力，实现治道变革，正在成为全球治理运动的一个新潮流"③；为此，鼓励体育健身休闲市场社会治理领域的不断创新，不断地总结已有治理经验，推广适合中国国情的体育健身休闲市场治理技术，对于提升社会主体治理能力有着特殊的意义。结合我国体育健身休闲市场社会治理实践，我们对于治理技术的应用，应特别要注意以下几个方面。

（一）通过完善规则型治理技术来促进社会主体治理能力的提高

规则型治理技术是制度到实践的桥梁，其核心在于通过微观的规则与程序设计，将抽象制度具体落到实处。当前，完善体育健身休闲市场社会治理规则型技术，重点做好以下几个方面：一是，进一步完善与落实体育健身休闲市场领域的清单制度。"清单制度"是一种被证明行之有效的规则型治理技术，有必要进一步在全国监督落实"政府清单"，并在市场准入方面推广"清单式管理"，制约政府干预体育健身休闲市场的冲动，进一步放宽体育领域的市场准

---

① 苗治文，齐凤. 体育文化发展的基本问题［J］. 武汉体育学院学报，2013，47（2）：25-29.
② 郝勤. 论体育与体育文化［J］. 上海体育学院学报，2012，36（3）：3-6.
③ 张小劲，于晓虹. 推进国家治理体系和治理能力现代化［M］. 北京：人民出版社，2014：208.

入。通过清单制度的真正、彻底、完全的落实，实现政府对于体育健身休闲市场治理权力最大程度向社会主体转移。二是，完善体育健身休闲市场税收的具体操作细则，真正落实对体育社会组织、体育类民办非企业单位、基金会、体育捐赠主体等的税收优惠，改变当前税收优惠看得着、摸不到的情况。三是，制定相关实施细则，落实国发〔2014〕46号文中诸多利用社会力量，发展体育健身休闲市场的举措，将这些好的顶层制度设计落到实处。特别是要尽快制定鼓励社会资本投资体育健身休闲市场的细则，以及健身市场主体融资的具体细则。

（二）运用现代科技信息技术提高社会主体的治理能力

现代社会，互联网等各种媒体非常发达，社会力量参与市场治理也应当与时俱进，充分发挥新媒体在治理中的作用，嫁接起社会力量与社会公众之间、社会力量与政府之间、社会力量内部之间的沟通桥梁，更好地回应社会公众的体育需求与治理需求，促进群众体育权利的实现。以广州体育局为例，它通过"群体通"信息平台，将政府购买的体育社会服务向社会公布，统计体育场馆的服务量；社会公众则可以通过"群体通"查询到体育场馆的空闲时段，并能以优惠的价格订购体育场馆，在接受服务后，社会公众可以通过"群体通"对服务质量进行评价，促使体育服务提供者提高服务质量；而体育服务提供者则可以通过"群体通"这一平台，节约推广费用，增加客流量，与社会公众、政府进行及时的互动。可以看出，现代信息技术是社会主体治理能力的倍增器，它使得治理呈现出扁平化的趋势，社会公众的体育诉求能够迅速地反映到决策层，为准确、及时地决策奠定基础。

（三）治理过程中应当关注行为型技术

行为型技术，就是社会治理主体在参与治理过程中，应当具备具体的操作技术与实践技能。再好的制度要想得到落实，也需要社会主体具备良好的操作技术及实践技能。譬如，社会主体参与提供公共体育服务的过程中，不仅需要自身具备良好地提供服务的能力，还需要自身具备良好的参与能力、获取信息的能力、与政府部门及民众的沟通能力等，才有可能将自身提供体育服务的潜在能力转化为现实能力。为此，有必要对社会主体，特别是社会公众进行必要的知识教育、技术教育，增强其参与健身休闲市场治理的实践技能。

四、构建体育健身休闲市场社会治理评估体系

建立体育健身休闲市场社会治理评估指标体系，除了可以通过评估肯定社会主体参与治理的绩效之外，还可通过评估发现社会主体参与治理过程中存在的问题，使得我们可以进行有针对性的完善。为此，要提高社会主体的治理能力，我们有必要尽快建立符合我国实际的体育健身休闲市场社会治理指标体系。

（一）制定综合性与分散性评估指标体系

一方面，要制定综合性的评估指标体系。宏观性、综合性的评估指标体系，可以帮助我们从整体的角度了解体育健身休闲市场社会治理的状况，避免只见树木不见森林，从而促进政府改进自身的治理策略，提高自身的治理水平。在设计综合性指标体系时，应遵循抓大放小的原则，综合考虑治理理论的内涵、体育健身休闲市场的现状、我国社会力量发展的状况、我国治理评估指标体系研究的已有成果与实践等多方面的情况。

另一方面，制定分散性评估指标体系，是参与治理的社会主体众多、情况复杂多样决定的。我国参与体育健身休闲市场治理的社会主体数量众多，有市场经营主体、体育社会组织、社会公众等，如果将所有涉及体育健身休闲市场社会治理主体相关指标，都纳入一个统一的指标体系当中，会出现指标项目过多、体系庞杂、不具操作性的情况，未必是评估指标体系设计的最佳选择。为此，有必要根据不同主体制定不同的评估指标体系，增强体系可操作性，使得制定出来的评估指标体系简单明了。这些分散的评估指标体系，可以包括社会公众参与体育健身休闲市场治理评估指标体系、体育社会组织参与体育健身休闲市场治理评估指标体系、市场经营主体参与体育健身休闲市场治理评估指标体系等。

（二）对特定事项制定有针对性的评估指标体系

除了要制定宏观性、分散性的评估指标体系外，我们还可以制定"社会主体参与政府购买公共体育服务的评估指标体系""体育健身休闲市场社会治理能力建设评估指标体系"两个体系。之所以制定这两个评估指标体系，是因为社会力量参与政府购买公共体育服务、社会力量治理能力建设这两方面的内容，是社会力量参与体育健身休闲市场治理的重要方面，有必要对其准确把握，不断改进。

五、提升社会主体对互联网健身产品的治理能力

近年来,互联网健身产品蓬勃发展,无论是体育行政部门,还是体育社会组织、市场经营主体等,对其所带来的挑战还缺乏必要的准备。为此,社会主体有必要采取系列的措施,增强对互联网健身产品的治理能力。

首先,组建健身 App 产品经营者协会。现实中,很多传统健身房抵制互联网健身产品,因为这会在一定程度上拉低顾客的健身成本,造成传统健身房无利可图。针对很多健身 APP 受到抵制的情况,健身 App 产品经营者应当组建相关的协会予以应对,这是因为,健身 APP 经营者由于需要借助传统健身房的资源,因而单个经营者是难以应对这种抵制的,有必要组建相关的协会,通过抱团来增强自身与传统健身房进行博弈的能力,找到双方可以接受的利益平衡点,从而实现互利共赢。

其次,还需要组建智能硬件健身产品生产及经营者协会。当前,智能硬件健身产品生产者及经营者存在的最大问题,是标准缺失,这些都并非单纯地依靠个体可以解决的。在标准问题上,如果每个智能硬件生产者自行其是,搞标准壁垒,将导致是双输局面。为此,组建相关的协会,通过协会来协调各方的利益,完成行业标准的制定,对于维护行业的长远利益有着重要的意义。

最后,要增强社会主体对互联网健身产品的治理能力,还需要我国体育行政部门、司法部门加强执法,维护好良好的法治环境。在法律领域,我国互联网健身产品最大的隐忧是不公平竞争问题、知识产权侵权问题。传统健身房集体抵制健身 App,甚至建立组织、制定章程、发表宣言进行抵制的行为,实际已经触犯了我国的反不正当竞争法;而很多互联网健身产品自身又存在侵犯他人知识产权行为。这些乱象的出现,单纯地依靠社会力量是无法解决的,有赖于国家司法部门的介入。只有在互联网健身产品处于合法的环境当中,社会主体的治理能力才有发挥的余地。

本章小结

体育健身休闲市场社会治理的完善以"善治"为目标,体现着合法、透明、责任、法治、回应、有效等几方面的具体诉求。完善体育健身休闲市场社会治理应当从以下几个方面入手。

1. 加强社会主体的培育力度。应当通过法律、政策及完善主体自身治理等手段，促进体育健身休闲市场经营主体的发展，加强体育社会组织建设，吸引更多社会公众参与到体育健身休闲市场社会治理当中。

2. 重构政府与社会的关系，促进政府权力向社会回归。在体育健身休闲市场治理中，政府与社会应当构建各司其职、分工合作的治理机制，政府应当加大购买公共体育服务的力度，完善清单管理，促进政府权力向社会转移；而社会主体则应当加强服务能力建设，担负起直接向社会提供公共体育服务、承接政府职能转移的职责。

3. 构建社会资本参与体系，具体措施包括：改革体育健身休闲业税费政策以鼓励社会投资；创新支持体育健身休闲市场主体融资的政策性金融工具；完善体育健身休闲市场商业信贷政策；发展健身市场主体非金融企业债务融资工具；扶持体育健身休闲市场经营主体上市；发展并规范体育健身投资领域的风险投资基金。

4. 强化社会主体治理能力建设。提高社会主体治理能力的路径，包括：通过制度创新、制度移植、制度磨合等，加强体育健身休闲市场社会治理的制度建设；通过发展体育文化提升社会主体治理能力；创新与推广先进的体育健身休闲市场治理技术；构建体育健身休闲市场社会治理评估指标体系；提升社会主体对互联网健身产品的治理能力。

研究结论

体育健身休闲市场的发展、国家治理理念的转变、政府职能转移、体育社会组织的发展、依法治国的推进等诸多背景要素，决定了我国必然重视社会主体在体育健身休闲市场治理中的作用。本研究从治理理论出发，基于法学视角，分析了体育健身休闲市场社会治理的主体、价值维度、发展历程、面临的挑战，探讨了体育健身休闲市场社会治理所涉及的政府与社会合作治理、社会资本与社会治理、社会主体治理能力建设三大核心问题，在此基础上提出了体育健身休闲市场社会治理完善的方案。其结论主要如下：

1. "体育健身休闲市场社会治理"是指社会主体基于合作、分权、多中心、沟通、协调、参与、多种治理工具并行等治理的核心理念，依据法律、政策规定并通过正式或非正式的制度安排，对体育健身休闲市场进行规范的方式方法总和。

2. 体育健身休闲市场社会治理的主体包括政府、市场经营主体、体育社会组织、社会公众等，它们之间各司其职，通力合作，共同致力于体育健身休闲市场社会治理的完善。社会主体参与体育健身休闲市场治理过程中，应遵循公益性、合法性、权责一致性、参与性、合作性五个层面的价值维度。

3. 体育健身休闲市场社会治理问题具有系统性的特征，应从多角度分析治理的现状。当前，我国体育健身休闲市场社会治理领域面临的挑战包括社会主体发展滞后、社会主体参与治理缺乏完善的法律保障、政府与社会合作治理面临诸多挑战、缺乏对社会资本投资的实质性支持、忽略社会主体治理能力建设等。

4. 体育健身休闲市场政府与社会合作治理是政府简政放权、职能向社会转移的必然要求。它主要有两种形式，包括政府购买公共体育服务背景下的政府与社会合作治理，以及清单管理背景下的政府与社会合作治理。当前，政府购买背景下的政社合作治理，存在着政府购买公共体育服务资源投向不合理、制度不完善、社会主体作用没有被充分发挥、政府与社会主体互动不够、体育社会组织培育不够等问题。要解决这些问题，除了促进体育行政权力向社会回归之外，有必要加大政府购买公共体育服务的投入、加强地方政府购买公共体育服务的法制建设，完善政府购买的实施细则。清单管理背景下政社合作治理存在着政府与社会主体职责界限不清晰、社会主体承接政府职能转移的意识不强、政府职能转移意识也不高、清单制定缺乏社会参与等问题。对此，应当完善体育健身领域清单管理制度、解决准入规范中相互冲突的内容、建立经营者的信用体系、强化政府职能转移与社会承接职能的意识。

5. 体育健身休闲市场社会治理受社会资本的重大影响。体育健身休闲市场社会投资者通过行使所有者权益、影响资金投向、利用金融体系的监督管理制度等，对市场治理产生重要影响。在理论及案例分析的基础上，本研究认为，当前我国制约社会资本投资体育健身休闲市场的因素，具体包括体育健身休闲市场各类融资工具发展滞后、风险类投资具有诸多局限性、缺乏鼓励社会资本投资体育健身休闲市场的税费政策、部分市场主体缺乏获取社会资本的能力等方面。要解决这些问题，应当采取的措施可以包括改革体育健身休闲业的税费政策以鼓励社会投资、创新支持健身市场主体融资的政策性金融工具、完善体育健身休闲市场商业信贷政策、发展健身市场主体非金融企业债务融资工具、扶持体育健身经营主体上市、发展并规范体育健身投资领域的风险投资基金等。

6. 体育健身休闲市场社会治理能力是指社会主体参与体育健身休闲市场治理过程中的能力。它包括社会治理技术、社会治理体系、社会治理观念、社会主体自我治理等几个具体的能力构成要素。我们应当围绕能力构成要素加强社会主体能力建设，这是发挥社会主体治理作用、克服社会主体治理失败、弥补健身休闲市场与政府治理失败、社会主体更好承接政府职能的要求。从理论及现阶段的案例来看，当前体育健身休闲市场社会治理能力建设存在的主要问题包括先进治理技术的应用无法满足现实需求、对互联网健身产品的治理能力不足、社会主体自我治理能力有待提高、社会主体参与市场治理体系不完善等几个方面。为此，可以采取相应的措施，具体如加强体育健身休闲市场社会治理的制度建设、创新与推广先进的体育健身休闲市场治理技术、通过发展体育文化提升社会主体治理能力、提升社会主体对互联网健身产品的治理能力、构建体育健身休闲市场社会治理评估体系等。

参考文献

一、中文文献

[1] 王名. 社会组织与社会治理 [M]. 北京：社会科学文献出版社, 2014.

[2] 王名. 社会组织体制改革与现代社会治理 [M]. 北京：社会科学文献出版社, 2014.

[3] 王名. 中国非营利评论 [M]. 北京：社会科学文献出版社, 2014.

[4] 王诗宗. 治理理论及其中国适用性 [M]. 杭州：浙江大学出版社, 2009.

[5] 陈金钊. 法治与法律方法 [M]. 济南：山东人民出版社, 2003.

[6] 陈谭, 等. 大数据时代的国家治理 [M]. 北京：中国社会科学出版社, 2015.

[7] 陈振明. 政策科学——公共政策分析导论 [M]. 北京：中国人民大学出版社, 2006.

[8] 俞可平. 治理与善治 [M]. 北京：社会科学文献出版社, 2000.

[9] 俞可平. 论国家治理现代化 [M]. 北京：社会科学文献出版社, 2014.

[10] 俞可平. 国家治理评估——中国与世界 [M]. 北京：中央编译出版社, 2009.

[11] 柴国荣. 社会治理视角下的社会组织法治建设研究 [M]. 北京：人民出版社, 2014.

[12] 柯卫, 朱海波. 社会主义法治意识与人的现代化研究 [M]. 北京：法律出版社, 2010.

[13] 谷世权．体育理论与体育史论丛［M］．北京：当代中国出版社，2012．

[14] 蒋德海．社会治理回归社会路径研究［M］．北京：知识产权出版社，2015．

[15] 刘衡．国际法之治：从国际法之治到全球治理——欧洲联盟、世界贸易组织与中国［M］．武汉：武汉大学出版社，2014．

[16] 卢嘉鑫，张社平．体育产业发展——理论与政策［M］．北京：北京大学出版社，2011．

[17] 马长山．法治进程中的民间治理［M］．北京：法律出版社，2006．

[18] 夏书宇．中国体育通史简编［M］．郑州：河南人民出版社，2007．

[19] 孙柏英．当代地方治理：面向21世纪的挑战［M］．北京：中国人民大学出版社，2004．

[20] 张文显．法学基本范畴研究［M］．北京：中国政法大学出版社，1993．

[21] 周叶中．宪法学［M］．北京：北京大学出版社、高等教育出版社，2000．

[22] 史际春，邓峰．经济法总论［M］．北京：法律出版社，2008．

[23] 漆多俊．经济法基础理论［M］．4版．北京：法律出版社，2008．

[24] 王保树．经济法原理［M］．北京：社会科学文献出版社，2004．

[25] 端木正．国际法［M］．北京：北京大学出版社，1997．

[26] 朱立群．全球治理：现代与趋势［M］//朱立群，富里奥·赛鲁蒂，卢静．全球治理：挑战与趋势．北京：社会科学文献出版社，2014．

[27] 李培林．社会改革与社会治理［M］．北京：社会科学文献出版社，2014．

[28] 郑海东．企业社会责任行为表现：测量维度、影响因素及绩效关系［M］．北京：高等教育出版社，2012．

[29] 彭华岗．中国企业社会责任报告编写指南（CASS－CSR 2.0）［M］．北京：经济管理出版社，2011．

[30] 黄群慧．中国企业社会责任研究报告（2013）［M］．北京：社会科学文献出版社，2013．

[31] 杨紫烜．经济法学［M］．北京：北京大学出版社，1997．

[32] 李昌麒. 经济法——国家干预经济的基本法律形式 [M]. 成都：四川人民出版社, 1995.

[33] 马洪. 什么是社会主义市场经济 [M]. 北京：中国发展出版社, 1993.

[34] 资中筠. 财富的归宿：美国现代公益基金会评述 [M]. 上海：上海人民出版社, 2006.

[35] 张国清. 社会治理理论 [M]. 杭州：浙江教育出版社, 2013.

[36] 马长山. 法治进程中的民间治理 [M]. 北京：法律出版社, 2006.

[37] 魏建国. 诚信建设与良法之治互动中的法治现代化 [M]. 北京：法律出版社, 2013.

[38] 敬乂嘉. 合作治理：再造公共服务的逻辑 [M]. 天津：天津人民出版社, 2009.

[39] 贺金社. 经济学（回归亚当·斯密的幸福和谐框架）（上）[M]. 上海：上海人民出版社, 2010.

[40] 吴雅杰. 中国转型期市场失灵与政府干预 [M]. 北京：知识产权出版社, 2011.

[41] 李勇. 当前中国社会组织培育与发展 [M] //李德, 于洪生. 加强与创新社会治理. 北京：人民出版社, 2014.

[42] 卢元镇. 中国体育文化纵横谈 [M]. 北京：北京体育大学出版社, 2005.

[43] [英] 格里·斯托克. 作为理论的治理：五个论点 [M] //俞可平. 治理与善治. 华夏风, 编译. 北京：社会科学文献出版社, 2000.

[44] [英] 戴雪. 英宪精义 [M]. 北京：中国法制出版社, 2011.

[45] [英] 亚当·斯密. 国民财富的性质与原理（上、下卷）[M]. 北京：商务印书馆, 2006.

[46] [英] 威廉·韦伯. 行政法 [M]. 北京：中国大百科全书出版社, 1997.

[47] [英] 亚当·斯密. 道德情操论 [M]. 谢宗林, 译. 北京：商务印书馆, 2005.

[48] [英] 罗伯特·罗茨, 新的治理 [M] //俞可平. 治理与善治. 木易, 译. 北京：社会科学文献出版社, 2000.

[49] [美] 埃尔斯特, [挪] 斯莱格斯塔特. 宪政与民主 [M]. 潘勤, 谢

鹏程,译.北京:生活·读书·新知三联书店,1997.

[50] [美] 查尔斯·沃尔夫. 市场,还是政府:市场、政府失灵真相 [M]. 陆俊,谢旭,译.重庆:重庆出版社,2009.

[51] [美] 福山. 国家构建——21世纪的国家治理与世界秩序 [M]. 北京:中国社会科学出版社,2007.

[52] [美] 安德鲁·芬伯格. 可选择的现代性 [M]. 陆俊,严耕,译,北京:中国社会科学出版社,2003.

[53] [美] 布伦达·G.匹兹,戴维·K.斯托特勒. 体育营销原理与务实 [M]. 裘理瑾,孙一民,译.沈阳:辽宁科学技术出版社,2005.

[54] [美] MVLL R F. BAYLESS K G, JAMIESON L M. 娱乐体育管理 [M]. 韩勇,康胜,译.沈阳:辽宁科学技术出版社,2009.

[55] [美] 托克维尔. 论美国的民主(上卷)[M]. 董果良,译.北京:商务印书馆,1991.

[56] [古希腊] 亚里士多德. 政治学 [M]. 吴寿彭,译.北京:商务印书馆,1965.

[57] 巴伯. 强势民主 [M]. 长春:吉林人民出版社,2006.

[58] 彼得斯. 政府未来的治理模式 [M]. 北京:中国人民大学出版社,2001.

[59] 刘文华. 新编经济法学 [M]. 北京:高等教育出版社,1993.

[60] 马克思恩格斯选集(第3卷)[M]. 北京:人民出版社,1995.

[61] 乔治·佛里德里克森. 公共行政的精神 [M]. 北京:中国人民大学出版社,2003.

[62] 海伍德. 政治学 [M]. 北京:中国人民大学出版社,2006.

[63] 罗伯特·A.达尔. 多元主义民主的困境 [M]. 尤正明,译.北京:求实出版社,1989.

[64] [瑞士] 朗索瓦-格扎维尔·梅里安. 治理问题与现代福利国家 [M] // 俞可平. 治理与善治.肖孝毛,编译.北京:社会科学文献出版社,2000.

[65] 刘文华. 新编经济法学 [M]. 北京:高等教育出版社,1993.

[66] [法] 阿里·卡赞西吉尔. 治理和科学:治理社会与生产知识的市场式模式 [M] //俞可平. 治理与善治.黄纪苏,编译.北京:社会科学文献出版社,2000.

[67] 福柯. 安全、领土与人口 [M]. 钱翰, 陈晓径, 译. 上海: 上海人民出版社, 2010.

[68] 范伟达. 现代社会研究方法 [M]. 上海: 复旦大学出版社, 2007.

[69] 奥斯特罗姆. 美国公共行政的思想危机 [M]. 毛寿龙, 译. 上海: 上海三联书店, 1999.

[70] 约斯特·鲍威林. 国际公法规则之冲突——WTO法与其他国际法规则如何联系 [M]. 周忠海, 周丽瑛, 马静, 等译. 北京: 法律出版社, 2005.

[71] 施米托夫. 国际贸易法文选 [M]. 赵秀文, 译. 北京: 中国大百科全书出版社, 1993.

[72] 路易斯·亨金. 权利的时代 [M]. 信春鹰, 吴玉章, 译. 北京: 知识出版社, 1997.

[73] 詹姆斯·N. 罗西瑙. 没有政府的治理 [M]. 张胜军, 刘小林, 等译. 南昌: 江西人民出版社, 2001.

[74] 沃克. 牛津法律大辞典 [Z]. 北京: 光明日报出版社, 1989.

[75] 约翰·伊特韦, 等. 新帕尔格雷夫经济学大辞典 [Z]. 北京: 经济科学出版社, 1992.

[76] 伯林. 自由论 [M]. 胡传胜, 译. 北京: 译林出版社, 2003.

[77] 阿克顿. 自由与权力 [M]. 侯建, 译. 北京: 商务印书馆, 2001.

[78] 保罗·A. 萨缪尔森, 威廉·D. 诺德豪斯. 经济学（上、下册）[M]. 12版. 高鸿业, 等译. 北京: 中国发展出版社, 1992.

[79] 任泽涛. 社会协同治理中的社会成长、实现机制及制度保障 [D]. 杭州: 浙江大学博士学位论文, 2013.

[80] 陈会平. 论公司社会治理 [D]. 上海: 复旦大学博士学位论文, 2013.

[81] 陈倩倩. 制度环境、社会资本与家族企业 [D]. 杭州: 浙江大学博士学位论文, 2014.

[82] 罗光华. 城市基层社会管理模式创新研究——以广州市新一轮基层社会管理创新为例 [D]. 武汉: 武汉大学博士论文, 2011.

[83] 谢新松. 文化的社会治理功能研究 [D]. 昆明: 云南大学博士学位论文, 2013.

[84] 孟蕊. 综合型社区体育俱乐部法人化及运行机制研究 [D]. 武汉:

武汉理工大学硕士学位论文, 2012.

[85] 卢晓梅. 我国体育产业投资基金发展模式研究 [D]. 北京: 北京体育大学博士学位论文, 2000.

[86] 陈驰. 珠海市体育产业发展现状和前景研究 [D]. 北京: 对外经济贸易大学硕士学位论文, 2002.

[87] 刘涛. 经营性体育健身场所服务质量评价指标体系的研究 [D]. 南京: 南京师范大学硕士学位论文, 2003.

[88] 张振龙. 我国体育服务标准化法律问题研究 [D]. 天津: 天津体育学院硕士学位论文, 2008.

[89] 曹琛. 中外休闲体育产业比较研究 [D]. 北京: 首都经济贸易大学硕士学位论文, 2005.

[90] 李劲. 社会转型视域中的中国公民社会问题 [D]. 北京: 中共中央党校博士学位论文, 2008.

[91] 阮伟, 钟秉枢. 中国体育产业发展报告 (2013) [R]. 北京: 社会科学文献出版社, 2013.

[92] 姜晓萍. 社会治理创新发展报告 (2014) [R]. 北京: 中国人民大学出版社, 2014.

[93] 王名. 示范与中国式治理——中央财政支持社会组织参与社会服务项目评估报告 [R]. 北京: 北京联合出版公司, 2015.

[94] 张小劲. 推进国家治理体系和治理能力现代化 (六讲) [C]. 北京: 人民出版社, 2014.

[95] 胡税根、陈彪. 治理评估的主要维度和通用性指标框架研究 [C]. 中央编译局比较政治与经济研究中心"治理评估的理论与实践学术研讨会"会议论文.

[96] 康晓光. 分类控制: 当前中国大陆国家与社会关系研究 [J]. 社会学研究, 2005 (6).

[97] 杰索普. 治理的兴起及其失败的风险: 以经济发展为例的论述 [J]. 漆燕, 译. 国际社会科学 (中文版), 1999 (2).

[98] [英] R.A.W. 罗茨. 新的治理 [J]. 木易, 编译. 马克思主义与现实, 1999 (5).

[99] 卡罗瑟斯. 市民社会 [J]. 国外社会科学文摘, 2000 (7).

[100] 玛丽-克劳德·斯莫茨. 治理在国际关系中的正确运用 [J]. 肖孝毛, 译. 国际社会科学 (中文版), 1999 (1).

[101] 葛洪义. 法治建设中的"地方" [J]. 吉林大学社会科学学报, 2012, 52 (2).

[102] 王廷惠. 非正式制度、社会资本与经济发展 [J]. 开放时代, 2002 (3).

[103] 王诗宗. 治理理论的内在矛盾及其出路 [J]. 哲学研究, 2008 (2).

[104] 王诗宗. 地方治理在中国的适用性及其限度——以宁波市海曙区政府购买居家养老政策为例 [J]. 公共管理学报, 2007 (4).

[105] 张远, 祁光华. 第三部门兴起与我国公共政策的创新 [J]. 探索, 2006 (1).

[106] 夏恿. 法治是什么——渊源、规诫与价值 [J]. 中国社会科学, 1999 (4).

[107] 杨雪冬. 论治理的制度基础 [J]. 天津社会科学, 2002 (2).

[108] 杨雪冬. 走向社会权利导向的社会管理体制 [J]. 华中师范大学学报 (人文社会科学版), 2010 (1).

[109] 娄成武, 张建伟. 从地方政府到地方治理——地方治理之内涵与模式研究 [J]. 中国行政管理, 2007 (7).

[110] 周学荣, 何平, 等. 政府治理、市场治理、社会治理及其相互关系探讨 [J]. 中国审计评论, 2014 (1).

[111] 臧志军. "治理": 乌托邦还是现实? [J]. 理论文萃, 2003 (4).

[112] 郭道晖. 政府治理与公民社会参与 [J]. 河北法学, 2006 (1).

[113] 陈剩勇, 马斌. 温州民间商会: 自主治理的制度分析——温州服装商会的典型研究 [J]. 管理世界, 2004 (3).

[114] 何增科, 王海, 舒耕德. 中国地方治理改革、政治参与和政治合法性初探 [J]. 经济社会体制比较, 2007 (4).

[115] 杨庆东. 中国农村地方治理中基层政府行为方式变革初探 [J]. 云南行政学院学报, 2002 (2).

[116] 李文星, 郑海明. 论地方治理视野下的政府与公众互动式沟通机制的构建 [J]. 中国行政管理, 2007 (5).

[117] 刘志昌. 草根组织的生长与社区治理结构的转型 [J]. 社会主义研究, 2007 (4).

[118] 郁建兴. 治理与国家建构的张力 [J]. 马克思主义与现实, 2008 (1).

[119] 杨波. 论我国体育市场管理法制化建设与完善 [J]. 成都体育学院学报, 2008 (10).

[120] 刘一纯, 村夫. 论社会组织的社会管理主体地位及其法治保障 [J]. 社团管理研究, 2012 (1).

[121] 谢舜. 非政府组织与当代中国的社会转型 [J]. 中国行政管理, 2005 (2).

[122] 文国锋. 日本民间非营利组织: 法律框架、制度改革和发展趋势——"日本NPO法律制度研修"考察报告 [J]. 学会, 2006 (10).

[123] 吴鹏森. 论社会管理创新的理念与路径 [J]. 南京师大学报 (社会科学版), 2012 (3).

[124] 陈海明. 国际软法在国际法律秩序中的作用 [J]. 新疆社科论坛, 2010 (1).

[125] 陈多旺. 法与政策的关系浅论——以规范功能为视角 [J]. 学理论, 2014 (6).

[126] 陈世伟. 政府与NGO信任关系研究——以"合作式治理"模式为视角 [J]. 江西社会科学, 2008 (11).

[127] 陈尧. 从参与到协商: 协商民主对参与式民主的批判与深化 [J]. 北京: 社会科学, 2013 (12).

[128] 陈立基, 李志明. 广西体育市场的现状与管理对策研究 [J]. 体育科技, 2001 (4).

[129] 李江, 蔡明明, 等. 对江苏省体育健身休闲市场法规建设的原则与途径的思考 [J]. 南京体育学院学报 (社会科学版), 2008 (4).

[130] 李艳翎, 刘湘溶, 龚正伟. 对竞技运动中技术运用的伦理思考 [J]. 北京体育大学学报, 2003 (6).

[131] 杨小龙, 刘述芝, 李丽. 体育健身休闲业引入ISO9000质量管理体系提升体育消费质量的探讨 [J]. 上饶师范学院学报, 2009 (6).

[132] 杨亮, 宋盛庆. 我国体育产业融资问题研究 [J]. 河北体育学院学

报,2012 (5).

[133] 杨文轩,冯霞.体育文化在社会主义精神文明建设中的地位和作用[J].体育学刊,2006,13 (1).

[134] 杨桦.深化体育改革推进体育治理体系和治理能力现代化[J].北京体育大学学报,2015,38 (1).

[135] 王晓蕾.我国体育市场规制研究[J].法制与社会,2009 (35).

[136] 王智慧,赵海波,刘书元.奥运经济对北京市体育健身休闲市场影响的研究[J].北京体育大学学报,2007 (9).

[137] 王绍光.权利的代价与改革的路径依赖[J].战略与管理,2005 (5).

[138] 王子朴,原玉杰,詹新寰.我国体育产业政策发展历程及其特点[J].上海体育学院学报,2008,88 (2).

[139] 王世强.社会企业在全球兴起的理论解释及比较分析[J].南京航空航天大学学报(社会科学版),2012 (3).

[140] 黄卓,蔡学俊.体育健身休闲产业项目投资开发研究[J].北京体育大学学报,2005 (6).

[141] 林显鹏.强大的美国体育产业[J].时事报告,2015 (1).

[142] 郑巧.服务型政府:公共性的本原价值回归[J].延边大学学报(社会科学版),2009,42 (3).

[143] 郑瑞,潘绍伟,金玉.中美两国体育健身休闲业现状比较研究[J].辽宁体育科技,2007,30 (2).

[144] 许勤.全面推行清单式管理与服务促进法治政府和服务型政府建设[J].中国机构改革与管理,2015 (2).

[145] 许晶,王正然.美国大众体育健身服务业发展研究及其启示[J].南京体育学院学报,2010,24 (5).

[146] 金涛.美国《业余体育法》解读与启示[J].体育学刊,2014,21 (2).

[147] 赵银红.中国NGO发展的独特历史背景分析[J].求实,2003 (11).

[148] 戴文忠,栾开封.中国与英国、瑞典体育管理体制比较[J].体育文史,1999 (1).

[149] 戴长征. 中国国家治理体系与治理能力建设初探 [J]. 中国行政管理, 2014 (1).

[150] 张康之. 论参与治理、社会自治与合作治理 [J]. 行政论坛, 2008 (6).

[151] 张志强, 王春香. 西方企业社会责任的演化及其体系 [J]. 宏观经济研究, 2005 (9).

[152] 张昕. 转型中国的治理新格局: 一种类型学途径 [J]. 中国软科学, 2010 (1).

[153] 叶竹盛. 非正式规则与法治: "中国难题"的挑战 [J]. 法律科学 (西北政法大学学报), 2013 (3).

[154] 童志坚, 袁古洁. 弱势群体体育权利保障的国际法渊源分析 [J]. 体育科学, 2013, 33 (8).

[155] 袁古洁. 国际体育法发展的特点及趋势 [J]. 体育学刊, 2014, 21 (4).

[156] 袁古洁. 我国体育法制建设发展的现状、问题与对策 [J]. 体育科学, 2009, 29 (8).

[157] 周晓云, 党秀云. 西方国家的社会治理: 机制, 理念及其启示 [J]. 南京社会科学, 2013 (10).

[158] 黄世锡. 国际体育运动中的人权问题研究 [J]. 天津体育学院学报 2004, 18 (3).

[159] 刘鑫, 孙宇飞. 经济法的社会法性质研究 [J]. 行政与法, 2003 (12).

[160] 刘兵. 上海市体育健身休闲业服务质量分析 [J]. 北京体育大学学报, 2007 (2).

[161] 刘爱国, 刘俊祥. 论中国特色的依法治国体系建设 [J]. 江汉论坛, 2014 (1).

[162] 刘玉. 发达国家体育公共服务社会化改革实践及启示 [J]. 成都体育学院学报, 2011, 37 (3).

[163] 饶艾, 曾红宇. 制定法运行机制及其障碍探索 [J]. 西南民族大学学报 (人文社科版), 2008, 198 (2).

[164] 石淑华. 关于信用经济的几个理论问题 [J]. 福建师范大学学报

（哲学社会科学版），2004（1）．

[165] 阳东辉，赵静．第三部门的功能异化及其矫治——经济法视野下的社会团体 [J]．时代法学，2011（6）．

[166] 柴尚金."参与民主"助力国家治理——拉美左翼"参与民主"及启示 [J]．中国特色社会主义研究，2014（2）．

[167] 敬乂嘉．从购买服务到合作治理——政社合作的形态与发展 [J]．中国行政管理，2014（7）．

[168] 罗林，杜从新．对欧洲体育俱乐部体制的研究 [J]．北京体育大学学报，2002（3）．

[169] 罗观翠，王军芳．政府购买服务的香港经验和内地发展探讨 [J]．学习与实践，2008（9）．

[170] 杰瑞·斯托克．地方治理研究：范式、理论与启示 [J]．楼苏萍，译，郁建兴，校．浙江大学学报（人文社会科学版），2007（2）．

[171] 徐嘉良，赵挺．政府购买公共服务的现实困境与路径创新：上海的实践 [J]．中国行政管理，2013（8）．

[172] 余敏江．生态治理评价指标体系研究 [J]．南京农业大学学报（社会科学版），2011，11（1）．

[173] 朱毅然．发达国家政府购买公共体育服务的经验及启示 [J]．天津体育学院学报，2014（4）．

[174] 句华．公共服务合同外包的适用范围：理论与实践的反差 [J]．中国行政管理，2010（4）．

[175] "中国社会管理评价体系"课题组．中国社会治理评价指标体系 [J]．中国治理评论，2012（2）．

[176] 高小平．国家治理体系与治理能力现代化的实现路径 [J]．中国行政管理，2014（1）．

[177] 蔡文成，赵洪良．国家治理能力现代化研究述评 [J]．中共山西省委党校学报，2015，38（3）．

[178] 何俊志．权力、观念与治理技术的接合：温岭"民主恳谈会"模式的生长机制 [J]．南京社会科学，2010（9）．

[179] 苗治文，齐凤．体育文化发展的基本问题 [J]．武汉体育学院学报，2013，47（2）．

[180] 王名,王春婷.国外政府如何向社会组织购买服务[J].中国社会组织,2015(2).

[181] 格里·斯托克.作为理论的治理:五个论点[J].华夏风,译.国际社会科学(中文版),1999(2).

二、英文文献

[1] KOOIMAN J. Governing as Governance [M]. London: Sage Publication, 2003: 115.

[2] FINNIS J. Nature Law and Nature Rights [M]. Oxford: Clarendon Press, 1980: 270.

[3] O'BRIEN P. toward an International Rule of Law [DB/OL]. 2010 - 07 - 09. http://untreaty.un.org/ola/legal_counsell.aspx.

[4] FREEHOF R S. The Natural Law in the Jewish Tradition [A]. University of Notre Dame Natural Law Institute Proceedings [C]. 1953.

[5] HIRST P. Democracyandgovernance [M]. PIERRE J. Debating Governance [M]. New York: Oxford University press, 2000: 15.

[6] DENHARDT J. DENHARDT R. The New Public Service: Serving Rather Than Steering [J]. Public Administration Review, 2000, 66 (6).

[7] WARREN M. Deliberative Democracy and Authority [J]. American Political Science Review, 1996 (1): 46.

[8] SCHULTZ T W. Institutions and the Rising Economic Value of Man [J]. American Journal of Agricultural Economics, 1968 (5): 1113.

[9] FREDERICKSON H G. Whatever Happened to Public Administration? Governance, Governance Everywhere [M]//FERLIE E, LYNN L E, POLLITT C. The Oxford Handbook of Public Management Oxford: Oxford University Press, 2005.

[10] Deth. Social Capital and European Democracy [M]. London: Routledge, 1999.

[11] WEEKS E C. The Practice of Deliberative Democracy: Results from Four Large - Scale Trials [J]. American Political Science Review, 2000: 69 (4): 361.

[12] GRINDLE M S. Good Enough Governance: Poverty Reduction and Reform in Developing Countries [J]. Governance: An International Journal of Policy, Ad-

ministration, and Institutions, 2004, 17 (4): 525-548.

[13] POSNER R A. Social Norms and the Law: An Economic Approach [J]. The American Economic Review, 1997, 87 (2): 365-369.

[14] MCKEAN R N. The Unseen Hand in Government [J]. The American Economic Review, 1965, 55 (3): 496-506.

[15] BELLO J H. The WTO Dispute Settlement Understanding: Less is More? [J]. American Journal of International Law, 1996 (3): 416.

[16] JESSOP B. The Regulation Approach, Governance and Post-Fordism: Alternative Perspectives on Economic and Political Change [J]. Economy and Society, 1995, 24 (3): 307-333.

[17] JESSOP B. Capitalism and its Future: Remarks on Regulation, Government and Governance [J]. Review of International Political Economy, 1997, 4 (3): 561.

[18] SCHARPF F W. Games real Actors Could Play: Positive and Negative Co-Ordination in Embedded Negotiations [J]. Journal of Theoretical Politics, 1994, 6 (1): 27-53.

[19] CARROLL A B. The pyramid of corporate social responsibility: Toward the moral management of organizational stakeholders [J]. Business Horizons, 1991 (4): 39-48.

[20] AUSTIN J E. The Collaboration Challenge: How Nonprofits and Business Succeed Through Strategic Alliances [M]. San Francisco: Jossey Bass, 2000.

[21] DRUCKER P F. Converting Social Problems into Business Opportunities: The New Meaning of Corporate Social Responsibility [J]. California Management Review, 1984, 26 (2): 53-63.

[22] WILLIAMSOM O. The Economics of Organization [J]. American Journal of Sociology, 1981, 87 (3): 548-577.

[23] HART O, SHLEIFER A, VISHNY R W. The Proper Scope of Government: Theory and an Application to Prisons [J]. Quarterly Journal of Economics, 1997 (4): 1127.

[24] COASE R H. Adam Smith's View of Man [J]. Journal of Law and Economics, 1976 (3): 529-545.

[25] The UN commission on Global Governance. Our Global Neighborhood [R].

Oxford: Oxford University Press, 1995.

［26］KOOIMAN J. Social - Political Governance: Introduction［M］//KOOIMAN J. Modern Governance［M］. London: Sage Publication, 1993: 1 -9.

［27］KOOIMAN J, VAN VLIET M. Governance and Public Management［M］//ELIASSEN K, KOOIMAN J. *Managing Public Organisations*［M］2nd ed. London: Sage. 1993.

三、网络及报刊资料

［1］中国社会组织政策法规［DB/OL］. 中国社会组织官方网站, 2015 -09 -10.

［2］我国体育人口不到10%［N］. 新民周刊, 2009 -11 -4.

［3］2014年全球及中国健身俱乐部区域分布格局和数量分析［DB/OL］. 中国产业信息网, 2015 -8 -4.

［4］RACHMAN G, And Now for a World Government［DB/OL］. Financial times, 2015 -06 -05. http: //blogs. ft. com/rachmanblog/2008/12/and - now - for - a - world - government/.

［5］国家体育总局和江苏省政府在常签订建设公共体育服务体系示范区合作协议［EB/OL］. 常州市体育局, 2014 -01 -02.

［6］我市首批市级体育产业发展引导资金揭晓 480 万元重点扶持 14 个项目［EB/OL］. 常州市体育局, 2015 -12 -16.

［7］唐传虎. 常州启动今年政府购买公共体育服务［EB/OL］. 新华报业网, 2015 -01 -08.

［8］政府购买公共体育服务 常州完成全国"第一单"［EB/OL］. 人民网, 2014 -12 -1.

［9］财政局: 常州购买公共体育服务获部省高度评价［EB/OL］. 常州市人民政府网站, 2013 -12 -31.

［10］朱笑冰. 2015年常州市政府购买公共体育服务新闻发布稿［EB/OL］. 常州市人民政府新闻发布会网站, 2015 -01 -08.

［11］聚焦公共体育服务体系建设的"常州模式"［EB/OL］. 常州市体育局网站, 2015 -04 -27.

［12］广东省（广州市）全民健身日和体育节活动启动［EB/OL］. 广州市

体育局网站，2015-08-08．

［13］广州市体育局网站关于"群体通"的介绍，网址：http：//www.quntitong.cn/sport/sport/foot/aboutUs.jsp，访问时间：2015-11-20．

［14］广州启动新一轮体育惠民服务——300家社会体育场馆将向市民优惠开放［EB/OL］．广州市体育局网站，2015-10-13．

［15］2015年广州市学校体育设施向社会开放名录［EB/OL］．广州市体育局网站，2015-11-11．

［16］穗体法宣．穗2014年体育产业统计总体保持稳步增长［EB/OL］．广州市体育局网站，2015-12-25．

［17］汉德森市官方网站，网址：http：//www.cityofhenderson.com/．

［18］汉德森市政府公园与娱乐部网站，网址：http：//www.cityofhenderson.com/parks-and-recreation/sports，访问时间：2015-11-25．

［19］中央财政设农村文化建设专项资金 每村每年补助万元［EB/OL］．新华网，2013-4-18．

［20］中央财政下拨20亿元专项资金支持地方体育事业［EB/OL］．中央政府门户网站，2013-11-5．

［21］中国体育产业连续5年"蛙跳式"发展［EB/OL］．新华网，2010-09-26．

［22］范南．我国体育产业股权投资的相关思考［EB/OL］．中国证券网，2015-01-28．

［23］关于组织申报2015年度省级体育产业发展引导资金项目的通知［EB/OL］．常州市体育局网站，http：//tyj.changzhou.gov.cn/html/tyj/2015/MQHNJNLO_0603/10403.html．2015-10-10．

［24］张伟．美国体育产业：经营模式成熟 规模庞大［EB/OL］．中国经济网，2014-10-28．

［25］香港大学体育设施对外开放 信息公示上网［EB/OL］．人民网江苏视窗，2012-12-31．

［26］习近平．切实把思想统一到党的十八届三中全会精神上来［EB/OL］．新华网，2013-12-31．

［27］城市概貌［EB/OL］．常州市人民政府网站，http：//www.changzhou.gov.cn/ns_class/zjcz_01_01，访问时间：2015-12-30．

[28] 常州全民健身再开全省先河[EB/OL]. 南京晨报网, 2011-11-16.

[29] 李玥. 社会组织从业青年: 在京城追求接地气的梦想[EB/OL]. 中青在线, 2015-05-20.

[30] 民政部. 2014年社会服务发展统计公报[EB/OL]. 中华人民共和国民政部网站, 2015-06-10.

[31] 上海浦东: 公益组织孵化器成功培育近百个公益项目[EB/OL]. 新华网, 2010-06-09.

[32] 宁波体育局与中行合作 体育企业获50亿信贷支持[EB/OL]. 中国宁波网, 2013-8-4.

[33] 体育产业潜力巨大2015年产值将达2500亿[EB/OL]. 证券时报网, 2012-11-21.

[34] 曹玲娟. 上海 让更多人享受体育[N]. 人民日报, 2009-01-16(12).

[35] 我国体育产业将迎黄金发展期2020年总规模将超3万亿元[N]. 福建日报, 2015-12-10(3).

[36] 卢苇, 李若愚. 北京经常参加锻炼人数比例从11.5%增加到49.1%[N]. 中国体育报, 2011-08-03(4).

[37] 梁璇. 被时代"推平"的高尔夫球场[N]. 中国青年报, 2015-01-19(5).

[38] 习近平. 完善和发展中国特色社会主义制度 推进国家治理体系和治理能力现代化[N]. 人民日报, 2014-02-18(1).

[39] 王世强. 社会组织孵化器任重而道远[N]. 中国社会报, 2012-05-17.

[40] 拱墅区在杭州首发450万元体育消费券[N]. 钱江晚报, 2009-06-09(A10).

[41] 唐钧. 社会治理的四个特征[N]. 北京日报, 2015-03-02(14).

[42] 王方杰. 河北清理行政权力公布"权力清单"引起各界关注[N]. 人民日报, 2006-01-16(5).

四、政策法规

[1]《中华人民共和国宪法》

[2]《体育法》

[3]《物权法》

[4]《公司法》

[5]《民法通则》

[6]《合伙企业法》

[7]《私营企业暂行条例》

[8]《个人独资企业法》

[9]《中外合作经营企业法》

[10]《中外合资经营企业法》

[11]《反垄断法》

[12]《反不正当竞争法》

[13]《产品质量法》

[14]《消费者权益保护法》

[15]《中国人民银行法》

[16]《国有资产管理法》

[17]《价格法》

[18]《产业结构与布局规划法》

[19]《固定资产投资法》

[20]《银行业监督管理法》

[21]《劳动法》

[22]《会计法》

[23]《审计法》

[24]《技术监督法》

[25]《环境保护监督法》

[26]《标准化法》

[27]《民政部关于探索建立社会组织第三方评估机制的指导意见》（民发〔2015〕89号）

[28]《社会组织评估管理办法》（2011年实施，民政部令第39号）

[29]《民政部关于印发各类社会组织评估指标的通知》（民发〔2011〕127号）

[30]《民政部关于推进民间组织评估工作的指导意见》（民发〔2007〕127

号）

[31]《关于调整社会团体会费政策等有关问题的通知》（民发〔2003〕95号）

[32]《关于事业单位和社会团体有关收费管理问题的通知》（财规〔2000〕47号

[33]《关于支持和规范社会组织承接政府购买服务的通知》（财综〔2014〕87号）

[34]《广州市体育设施向社会开放管理办法》

[35]《财政部关于加强政府非税收入管理的通知》（财综〔2004〕53号）

[36]《关于进一步明确社会团体会费政策的通知》（民发〔2006〕123号）

[37]《关于规范社会团体收费行为有关问题的通知》（民发〔2007〕167号）

[38]《关于加强和完善基金会注册会计师审计制度的通知》（财会〔2011〕23号）

[39]《关于加强社会团体分支（代表）机构财务管理的通知》（民发〔2014〕259号）

[40]《关于规范全国性社会组织年度财务审计工作的通知》（民发〔2015〕47号）

[41]《关于政府向社会力量购买服务的指导意见》（国办发〔2013〕96号）

[42]《洛阳市体育经营活动管理条例》

[43]《行业协会商会与行政机关脱钩总体方案》

[44]《关于行业协会商会脱钩有关经费支持方式改革的通知（试行）》（财建〔2015〕788号）

[45]《关于做好行业协会商会承接政府购买服务工作有关问题的通知（试行）》（财综〔2015〕73号）

[46]《关于促进助残社会组织发展的指导意见》（残联发〔2014〕66号）

[47]《全国性体育社会团体管理暂行办法》

[48]《体育类民办非企业单位登记审查与管理暂行办法》

[49]《重庆市民政局关于印发全市性专业性和联合性社会团体评估指标的通知》

[50]《重庆市全市性社会组织评估实施办法》（渝民发〔2012〕111号）

[51]《荆门市企业投资项目管理负面清单（内资）》（2015年本）

[52]《荆门市企业投资项目管理负面清单（外资）》（2015年本）

[53]《广州市社会组织管理办法》

[54]《广州市第六次全国体育场地普查数据公报》

[55]《常州市学校体育设施向社会开放的实施意见》（常政发〔2008〕166号）

[56]《常州市人民政府关于进一步加强公共体育设施管理工作的意见》

[57]《2014年全民健身活动状况调查公报》

[58]《2007年中国城乡居民参加体育锻炼现状调查公报》

[59]《2014年全民健身活动状况调查公报》

[60]中共十八大报告

[61]中共十八届三中全会公报

[62]《全民健身条例》

[63]《公共文化体育设施条例》

[64]《国务院关于加快发展体育产业促进体育消费的若干意见》（国发〔2014〕46号）

[65]《关于进一步加强学校体育工作若干意见的通知》（国办发〔2012〕53号）

[66]《国务院办公厅关于加快发展体育产业的指导意见》（国办发〔2010〕22号）

[67]《国务院办公厅关于进一步加强残疾人体育工作的意见》（国办发〔2007〕31号）

[68]《贵州省体育条例》（黔人常备〔2015〕17号）

[69]《黑龙江省体育经营活动管理条例》

[70]《广东省高危险性体育项目经营活动管理规定》

[71]《上海市市民体育健身条例（2012）》（上海市人民代表大会常务委员会公告第45号）

[72]《内蒙古自治区体育市场管理条例（2011年修订）》（内蒙古第十一届人大常务委员会公告第30号）

[73]《山西省体育设施条例》《上海市市民体育健身条例（2010年修正）》

(上海市人大常委会公告第24号)

  [74]《河北省体育设施管理条例（2010年修正）》（河北省第十一届人大常委会公告第27号）

  [75]《内蒙古自治区体育设施管理条例（2010年修正）》

  [76]《河南省体育发展条例》

  [77]《山西省体育经营活动管理条例（2006年修正）》

  [78]《福建省体育经营活动管理条例》（闽常〔2006〕9号）

  [79]《新疆维吾尔自治区体育发展条例》（新疆维吾尔自治区第十届人民代表大会常务委员会公告第26号）

  [80]《重庆市公共体育场馆条例（2005年修正）》（重庆市人民代表大会常务委员会公告〔2005〕27号）

  [81]《重庆市体育市场管理条例（2005年修订）》（重庆市人民代表大会常务委员会公告〔2005〕3号）

  [82]《山东省全民体育健身条例》（山东省人民代表大会常务委员会公告第41号）

  [83]《山东省体育条例（2004年修正）》

  [84]《湖南省体育经营活动管理条例（2004年修正）》（湖南省第十届人大常委会公告第30号）

  [85]《山东省体育市场管理条例（2004年修正）》

  [86]《四川省体育条例（2004年修正）》（四川省第十届人民代表大会常务委员会公告第17号）

  [87]《广西壮族自治区体育市场条例》

  [88]《黑龙江省体育场管理条例》

  [89]《大连市体育经营活动管理条例》（大连市人民代表大会常务委员会公告第6号）

  [90]《徐州市公共体育设施条例》（徐州市第十五届人民代表大会常务委员会公告第17号）

  [91]《沈阳市公共体育设施条例》（沈阳市人民代表大会常务委员会公告第5号）

  [92]《哈尔滨市全民体育健身条例（2013年修正）》（哈尔滨市第十四届人民代表大会常务委员会公告第3号）

[93]《苏州市市民体育健身条例（2012年修正）》（苏州市第十四届人民代表大会常务委员会公告第24号）

[94]《苏州市体育经营活动管理条例（2011年修正）》（苏州市第十四届人大常委会公告第18号）

[95]《武汉市体育场所管理办法（2010年修正）》

[96]《抚顺市体育市场管理条例（2010年修正）》

[97]《吉林市高危体育经营活动管理条例》

[98]《无锡市体育经营活动管理条例》

[99]《成都市体育条例》（成人发〔2006〕52号）

[100]《长春市体育经营活动管理条例（2004年修正）》

[101]《合肥市体育市场管理条例（2004年修正）》

[102]《大同市体育市场管理办法》

[103] 常州市人民政府关于印发《常州市基本实现体育现代化工作实施意见》的通知（常政发〔2012〕75号）

[104] 常州市人民政府办公室关于印发《常州市城市"10分钟体育健身圈"建设三年行动计划（2012—2014年）》的通知（常政办发〔2012〕15号）

[105]《常州市人民政府关于进一步加强公共体育设施管理工作的意见》

[106] 关于体育场馆房产税和城镇土地使用税政策的通知（财税〔2015〕130号）

后 记

体育健身休闲市场社会治理是一个庞大的体系，涉及的问题纷繁复杂。本研究基于抓大放小的思路，抓住影响体育健身休闲市场社会治理核心的几个问题展开研究，难免对一些问题有所遗漏。除此之外，本研究还存在以下的一些局限性，有待我们将来进一步研究充实。

一是，对域外体育健身休闲市场社会治理的资料运用得不够。虽然，在论文写作过程中，作者参考了一些英国、美国、新加坡、日本、中国台湾、澳大利亚的资料，但这些资料不成系统，这在一定程度上影响到我们的研究视野。

二是，实证研究还显不足。体育健身休闲市场社会治理是理论问题，更是实践性问题，但本研究理论探讨有余而案例选择还不够多，导致文章对一些具体问题的分析不够深入和接地气。

三是，体育健身休闲市场社会治理的评估问题是一个有现实意义、值得深入探讨的问题，但文章对其仅一笔带过，没有进行深入的探讨，这些都有待以后的研究予以解决。

本书从开题、撰写，到最后的修改定稿，历经四年多。这四年里，感谢我的恩师袁古洁教授对我的启发与鼓励，特别是我与她基于选题、文章框架等内容发生分歧的时候，她非常耐心地与我沟通，给予我指导。本书将"社会""治理"与"体育健身休闲市场"三者结合起来研究，涉及的问题千丝万缕；为了从纷繁复杂的问题中梳理出合适的、最重要的、符合逻辑的内容进行研究，我和导师进行了反反复复的研讨，才最终得以确定。此外，体科院老师、同学给予了我很大的帮助，提出了很多非常有益的建议。在此，我要感谢杨文轩老师、周爱光老师、谭华老师、邓星华老师、谭建湘老师……特别的，我要感谢让我高山仰止，现已逝世的胡小明老师。我还要感谢杨波师兄、张玉超师兄、程蕉师姐、廖克环师兄、张闻文师妹、周进国同学、梁健同学、王晓东同学、齐立斌同学、季晓燕同学、陈坚伟同学……和他们聊天，让我在写作过程中有了很多的灵感。

  感谢我的领导与同事，在我读博过程中给予了很多的便利与帮助，让我得以顺利地完成学业。

  感谢父母，感谢我的太太，感谢我的孩子，感谢兄弟姐妹！是你们给予我不断前进的动力。

童志坚

2020 年 1 月 23 日